识干家

企業閱讀　學以致用

建材家居门店销量提升

一个店面升级的系统工程

贾同领◎著

中华工商联合出版社

图书在版编目（CIP）数据

建材家居门店销量提升/贾同领著．—北京：中华工商联合出版社，2014.4

ISBN 978-7-5158-0882-6

Ⅰ.①建… Ⅱ.①贾… Ⅲ.①建筑材料-装饰材料-专业商店-销售管理 Ⅳ.①F717.5

中国版本图书馆 CIP 数据核字（2014）第 047111 号

建材家居门店销量提升

作　　者：贾同领
责任编辑：于建廷　臧赞杰
责任审读：郭敬梅
封面设计：久品轩设计
责任印制：迈致红
出版发行：中华工商联合出版社有限责任公司
印　　刷：北京宝昌彩色印刷有限公司
版　　次：2014 年 6 月第 1 版
印　　次：2018 年 3 月第 2 次印刷
开　　本：787×1092 毫米　1/16
字　　数：260 千字
印　　张：19.25
书　　号：ISBN 978-7-5158-0882-6
定　　价：52.00 元

服务热线：010-58301130
团购热线：010-58302813
地址邮编：北京市西城区西环广场 A 座 19-20 层，100044
http：//www.chgslcbs.cn
E-mail：cicap1202@sina.com（营销中心）
E-mail：gslzbs@sina.com（总编室）

博瑞森图书：企业视角　本土实践

亲爱的读者朋友：

也许您是博瑞森图书的老读者，也许是新朋友，欢迎您阅读博瑞森图书！

当今中国，各行各业都存在着转型升级的压力与机遇。博瑞森图书与您一同应对转型挑战并发现其带来的机遇。

我们一直在问：什么样的书能为您解决管理难题并带来启发？

我们一直在找：哪些作品能帮助企业从跟随到领先？

我们一直在做：把最好的作品以最便捷的方式呈现给您，纸质版、电子版、听读版、书摘邮件、微信……

我们策划图书的原则是：

- 企业视角——与您一样，做水中的游泳者，而非岸上的观众或教练，企业的困惑就是我们的任务。
- 本土实践——与您一样，立足本土环境，追求卓越实践，传播最适合当下中国企业的管理之道。

针对部分读者朋友提出的“道理都懂了，但还是不知道怎么做?”2014 年，我们将推出“作者见面会”，内容涉及营销、管理、生产、HR 等诸多领域。让来自实战一线的专家作者现场指点传授。

如果有一天，您把博瑞森图书视为您优秀的事业伙伴、管理助手，我们也就实现了自己的梦想。

博瑞森图书
010 - 51900529
bookgood@126. com

推荐序

十年沉淀　行业见证

联纵智达管理集团董事长、总裁　何慕

建材家居行业，是联纵智达自成立近20年以来，研究至深、咨询能力也极强的一个服务板块。联纵智达建材家居事业部，专门聚焦于建材家居行业的研究与实战营销咨询，服务过瓷砖、地板、卫浴、涂料、门业、家私、橱柜、五金、壁纸、家具、集成吊顶等各细分领域的一百余家行业客户和品牌。

作为中国建材家居行业快速发展的参与者、见证者和推动者，联纵智达在服务客户的过程中，也培养了一批建材家居行业的营销精英，成为中国建材家居行业营销咨询的主导力量。

门店销量提升这一专门课题，首次提出是在2002年服务于诺贝尔瓷砖的时候（当时我们称为“单店营业力提升”）。因为我们都知道，销量是由门店数量×单店销量而得出的，在门店数量一定的条件下，只有增加单店的产出才能够提升销量；同时，门店数量的扩张（无论是直营还是加盟），本质上也是以确保单店营业力/盈利能力为最根本的前提。也就是从2002年开始，联纵智达就把门店销量提升，作为了一个极其重要的研究与咨询服务板块。随着客户服务的增多，联纵智达在门店销量研究上不断沉淀，积累了大量的实践经验。

贾同领老师原来是研究保健品和快消品行业的，后切入建材家居行业。在服务东鹏瓷砖和三棵树漆后，抽出了宝贵的时间，进行门店销量提升问题的再次思考，通过系统梳理和浓缩沉淀，使得本书得以面市。

贾同领老师在联纵智达已经工作多年，是联纵智达最敬业爱岗、功底扎实的优秀同仁之一，他是典型的联纵智达人的代表。

门店的销售，是跟随市场环境的改变而发生变化的，在当前网络销售冲击实体店的背景下，门店销售的功夫已经有一半转移到了店外。门店销量提升的继续研究是否有必要和如何应对，本书都给予了一些思考。总体来说，我认为门店销售不会消失，只是网络与门店销售会有机地联系在一起，线上线下的互动变得更加普遍。如果只把精力放到店内的话术与技巧上，显然是不够的。

店面销售是一项系统的工程，不是一招制胜的，唯有做好影响店面销量因素的相关细节，才能积少成多提升店面的销量。

本书从店面的选址开始，按照消费者的动线由外及内进行分章节介绍，共分9个板块。在我看来，这其中很多都是实践经验总结出来的“干货”，又有很多表格工具，可以直接拿来就用，是非常难得的一套店面运营、管理和提升的系统工具，具有很强的操作性和针对性。内容深入浅出，把看似复杂的销量问题简单化、模块化、工具化、傻瓜化，非常实用。

本书最后还配合一些队伍的管理和建设方法，软性、硬性兼有，使得本书的结构和内容更加系统。这是一本难得的门店销量提升的系统工具书，推荐经销商朋友和区域及以上管理者阅读。

综合打造　系统提升

在目前房产调控、市场低迷的大环境下，企业依靠“渠道为王、终端制胜”，希望通过建设旗舰店、大店和体验店等来聚拢人气、彰显品牌形象；然而店租、装修等终端成本急剧上升，建材市场又门可罗雀、人气越来越淡……两者之间的矛盾，使得终端越来越难以盈利。

销量提升是系统工程。

“终端制胜”如何真正完美实现？影响门店销售的因素有哪些？如何系统提升门店的销量？这是每个以门店销售为主的建材家居企业所必须关注的。

门店销量提升绝不只是靠一场促销活动就能带来结果的，因为那只是套现未来，或者是门店销量提升的短期行为而已。在电子商务的时代，店面职能不会弱化，特别是O2O模式的出现，说明店面的体验功能是无可取代的，只不过店面销量提升的因素要调整、要优化。打造**“完整营销体系”**，构建**“全面市场竞争能力”**，才是提升店面终端销量、企业基业长青的根本所在！

本书主要是从影响门店销量的多种因素出发（店面选址、广告投放、推广助销、空间布局、生动展示、店面运营、导购技能、服务能力和团队建设等），系统、全面地分析影响门店销量的因素，提出相应的对策，以破解门店销量提升的密码！

这本书适合什么人看？

看到市面上有些介绍店面销量提升的书目，大多是聚焦于店面的运营，笔者觉得很好、很翔实，也比较适合店长或导购去阅读。但现在影响店面销售的因素太多，在建材家居行业销量比较好的店面有一半的成交都是在店外，店面销量的提升是系统工程，店内店外的功夫都需要具备。

还有一些书目介绍店面销量提升是偏重于促销活动的，提出了“集中爆破”“倍增”等概念，笔者认为这是店面运营的一种补充，属于“西药”疗法，可以少用，不能依赖，否则会有副作用。店面销量提升是个系统工程，涉及因素比较多，本书的内容应该属于“中药”调理的范畴。

另外，有些书目的内容缺少了对“人”的关注，比如填鸭式地让导购人员学这学那，机械式地运用技巧及话术。如何激发店员的原动力也值得思考，这就需要店老板或区域经销商来进行统筹，不能天天盯着店面、店长和导购人员，也要从自己身上开始反思。

故此，这本书比较适合**门店老板、经销商或企业中高层管理者**阅读。

门店销量提升板块是联纵智达服务客户的一项重要内容，积累了大量的经验，笔者有幸成为这一过程的见证者。根据多人的积累和沉淀，笔者做了进一步的梳理，促成了本书的面世。在编写过程中，得到了联纵智达家居事业部人员的大力帮助，特别是毛海舰和熊亚柱等，给予了大量的支持，在此一并向他们表示诚挚的谢意！

由于行文仓促，加之笔者能力有限，营销环境、手段又在不断变化，文中肯定有不足之处，敬请读者批评指正！

目录

第一章
店面终端很重要

——建材家居门店销量提升

一、到底什么是终端

在标准的营销书上，“终端”是个很难找到的名词，即使偶有介绍，其对终端的定义也不尽相同。

“终端”这个词在菲利普·科特勒的早期经典教材《营销管理》中是找不到的，它是典型的“中国制造”，以至于终端这个词对应的英文也不完全统一：一种说是 outlet，一种说是 terminal。

第一个提出“终端”这个概念并将之付诸实践者，是当今营销界的领军人物何慕先生。那是 1988 年，当时何慕还在霞飞化妆品厂做销售员。当时产品是分品类销售的，比如口红、洗发水、洗面奶等在一个商场内是分区域、分开销售，何慕销售霞飞产品要和好几个售货员联系。他当时想，为什么不能把这些产品都集中在一起按品牌进行销售呢？这个想法在当时是很大胆的，他觉得应该进行尝试。通过一个月的销售对比，就发现这样做之后销量大幅度提高，接下来几个月的销售也是如此！这一发现非常了不得，何慕觉得应该对这种售卖场所进行命名，于是就有了本土的“终端”这个词。更没有想到的是，此后在国内却掀起了 10 多年的“终端狂潮”。何慕本人也由此被誉为中国市场“终端”学说创始人。

到底什么是终端？终端是指市场营销过程中最末阶段的空间，是商品与消费者相接触，并能够进行交易的场所或地点。终端也有广义和狭义之分。

从广义上理解，终端可以定义为：商品从生产厂家到消费者手中的最后一环。从这个意义上来看，终端可以是零售卖场，也可以是人员直销、厂家直销、邮购、展览会等。

以涂料市场为例。

据统计，超过80%的消费者对涂料不甚了解，在购买时，会多家品牌对比选择，故会在品牌集中展示的建材市场（含建材超市）购买涂料。其他在小区店购买涂料的仅有3%，向装修公司购买的占7%，直接向包工头购买的占6%，以及更少量的网上购买等。这些到达消费者手中的最后一环，都属于广义的终端，如图1-1所示。

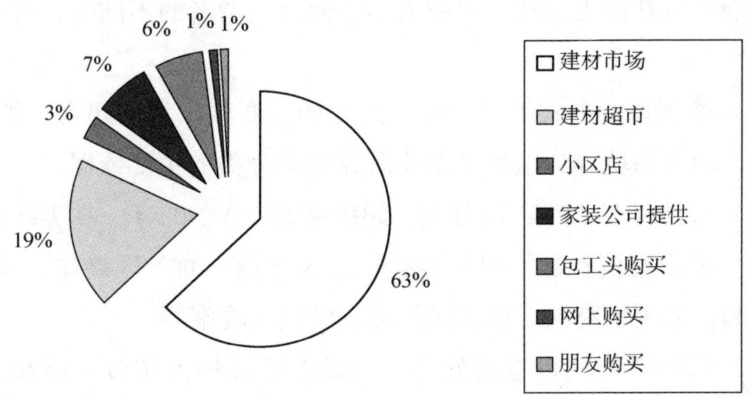

图1-1　涂料市场购买占比

从狭义上看，终端可以理解为商品的零售卖场，是可以“看得见、摸得着”的实际交易场所。我们一般看到的各种店面，都是狭义终端的范畴。如以建材家居终端为例，一般包括以下几类：

（1）建材家居商城店面，如全国性的红星美凯龙、居然之家，以及其他地方家居商城品牌的店面。

（2）建材家居超市，如百安居、宜家家居等。

（3）建材市场店面，各类建材家居产品集中销售的区域，与上述市场比较为简陋。

（4）建材家居街边店，沿街一些自然形成的比较集中的建材家居销售场所。

本文主要聚焦的就是狭义的终端，是一个个以店面形式销售为主的场所，常称为“终端店面”、“店面”、“展厅”等。以店面销售为主的产品，因各店销售模式类似，只要能研究好一个店面的销售就可以全国复制和推广，这就是研究门店销量提升的魅力所在！

终端的分类

终端按照其售卖形式、规模大小、面对消费者的不同等，有不同的分类：

（1）按照售卖形式不同分类：大卖场，商城，大型超市，街边店，社区店，网上商城等，这也是企业研究终端分类的主要依据。

（2）按照销量大小不同分类：超级终端，A、B、C、D类终端等。

（3）按面对消费群不同分类：居民区终端，商务区终端，shopping mall终端，休闲区终端，旅游区终端，学校区终端等。

（4）按照所处城市市场分类：一级市场（特大城市）终端、二级市场（省会城市）终端、三级市场（地级市）终端、四级市场（县级）终端、五级市场（镇级）终端、六级市场（村级）终端等。

（5）按对企业意义不同分类：营利型终端、展示型终端、促销型终端、拦截型终端、培育型终端、鸡肋型终端等。

准确的终端分类，对企业制定终端布局与终端联动策略，以及制定针对性终端销量提升方案都会起到很大的帮助！

在本书讨论主题中的“门店销量提升”，主要是针对独立店面、有一定规模的有效终端、专卖型终端，如上述的商城、A类终端、居民区终端、商务区终端、一二三级市场终端等。

附录：有效终端的界定

对特定的企业或特定的产品而言，并非所有的终端都是有效的，只有具备以下4个条件（至少是其中之一），才能称之为有效终端。

（1）终端产出（卖场销售利润）大于开发与维护的投入，这类我们一般叫做赢利型终端。

（2）对展示产品、宣传品牌和企业形象具有较大的帮助，这类为广告型终端。

（3）适合于开展各类促销活动的终端，即促销型终端。

（4）对竞争品牌具有拦截作用，即竞争型终端。

当然，一般来说，终端并不是仅有一种功能，只是重点作用不同而已。

二、店面终端：最关键的“神经末梢”

终端是竞争最激烈并具有决定性的环节，在终端，各种品牌将会短兵相接，如何吸引消费者的目光和影响消费者的购买心理是终端工作的关键。

总之，终端是消费者实现购买的场所，是分销渠道中最关键的“神经末梢”。

（一）店面终端是实现销售难以逾越的“鸿沟”

我们还是从最基本的渠道层级链谈起。产品从生产企业开始，到最终的消费者，不论是通过经销商、分销商到终端，或通过经销商到终端，还是生产企业直接到终端，终端都是不可逾越的“鸿沟”，如图1-2所示。

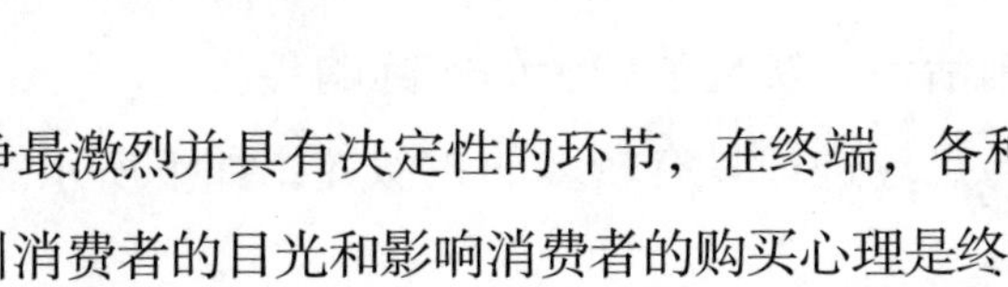

生产企业 → 经销商 → 分销商 → 终端 → 消费者
生产企业 → 经销商 → 终端 → 消费者
生产企业 → 终端 → 消费者

图1-2　店面终端渠道链图

快消品行业渠道层级长，终端数量多、分散、规模偏小；建材家居、家电等耐消品渠道层级短，终端数量相对较少，终端比较集中，规模比较大；品牌企业往往是依靠专卖店模式运作；工业品企业一般没有终端，但现在体验式或服务型大终端也逐渐初露端倪。

总体来说，不论什么行业，终端均是企业不可逾越的一环，是企业必须要关注的。

（二）店面终端是商品实现销售的“临门一脚”

足球场上，队员之间的配合、盘带、传吊、过人、射门等，以及场外啦啦队的呐喊、助威都是为了进球时的关键一脚。同样，商品的渠道建设、分销、宣传推广、促销等，也都是为了终端的“临门一脚”，通过一系列的营销活动，实现消费者的实际购买。

终端销售与足球进球具有较多的相似性，如下所示。

发球→传球→盘带→过人→……→射门→进球

生产→配送→分销→推广→……→终端→购买

分销渠道模式有多种，但有一条却是各种渠道模式建设中不变的“真理”——只有拥有终端才算拥有渠道，才能接近“球门”（消费者），才有“进球”（实现销售并获利）的机会和可能。赢得终端是渠道建设的根本目的。

（三）“决胜终端”需要构建体系

多年以来，市场最流行的“渠道为王、决胜终端”的理论在实践中显然已经遭遇到了“红海”。自从“终端”这个概念提出以来，中国市场上的“终端热”就没有停止过。先是在快消品领域，再扩展延伸至耐消品行业，直至家电行业、建材家居行业，“终端”的竞争已达到了白热化的程度。

在当今网络营销、电子商务大行其道时，店面在当今的竞争中，越来越受到网络渠道的冲击，甚至有人曾一度悲观地预言传统店面终端必将被网络所取代。但随着时间的流逝，我们发现传统的店面终端并没有被取代，**店面能给消费者带来的体验式销售，是其他渠道所不能取代的。于是，线上线下相结合的O2O模式（online to offline），使得店面终端的作用更加重要**。只不过要说明的是，在之前的单一模式下，终端的提升会有很明显的变化，但现在仅仅凭“一招制胜”的日子已经过去，门店的销量提升必须是系统的提升。

另一方面，在当前投放媒体越来越多、形式越来越分散、效果越来越差的时候，如何通过终端吸引消费者并使得消费者快速产生信任、快速形成消费者购买变得越来越重要。终端的重要性仍然很重要，只不过在进入饱和竞争阶段的终端销售环节，依靠单点上的发力或某个简单的促销活动是很难奏效的。市场的“全面竞争时代”已经持续发酵，“决胜终端”也一定要通过构建“完整终端营销体系”，打造出“终端全面竞争力”，终端方能立于不败之地。

“决胜终端”也不是一朝一夕的短期行为，而是一个更长的、持续的研究过程。

三、店面终端的作用

“店面”是终端最常见的形式，虽然现在互联网的销售占比越来越大，大有威胁传统渠道之势，但随着近几年的发展来看，店面的地位不降反升。因为店面的重要功能是其他终端类型所不能取代的，那就是终端的体验功能。于是线上线下的O2O模式，近几年来大放异彩，使得店面的地位更加稳固和重要。

店面终端具有以下作用：

（1）**收信息**：接近消费者的最佳机会和场所，倾听消费者声音的最佳途径（信息反馈），获取最及时、最真实的市场信息（消费者及经销者的意见、竞品动态等），为产品研发、营销策略调整等决策提供最直接的帮助和依据。

（2）**树品牌**：展示产品、品牌和企业形象的最佳舞台——终端承载着企业品牌价值的展现、具化、活化与积累的作用。在店面终端建设中，若有广告投入的品牌，广告宣传会更接“地气”；若没有广告投入的品牌，终端本身也是一个形象广告。特别是品牌能在黄金地段出现，就已经说明了品牌的地位。

（3）**易于见**：“百闻不如一见”——多数情况下，消费者与你的产品“一见”的机会和场地就在终端。没有忠诚的消费者，只有忠诚的经销商，所以要尽量把商品铺到消费者可能需要和便于购买的地方！

（4）**方便买**：让消费者在方便和习惯购买的地方看到你的商品，就会离成交更近一步——“方便买”就是终端建设的指导思想。一般情况下，广告宣传是把商品铺到消费者的心里，告诉消费者：“别忘了有我”；而店面终端则是把商品展现在消费者眼前，明确告诉消费者：“最好买我。”

（5）**增吸引**：店面终端是开展促销活动的最理想也是最实效的场地，通过终端活动增强对消费者的吸引。高明的策划与终端建设相结合会产生理想的市场结果。比如在建材家居行业，终端通过产品促销、品牌联盟、节日庆典、签售会等形式来增强终端的吸引力。

（6）**展形象**：通过终端设计、功能分区、产品生动化展示等手段，向消费者展示产品形象。通过终端形象，来提升产品静销力。消费者对“听说过”、“不讨厌”的品牌，通过对终端和产品本身的综合感受来决定购买行为。

（7）**享体验**：店面终端的体验功能是其他类型的终端或售卖形式所不能取代的，也是店面终端能够持久存在的基础，消费者从眼、耳、身、心的所看、所听、所感、所受来综合满足购买前的实证和体验。（具体参见下节专门介绍）

（8）**拦竞品**：拦截竞品是最后也是最有效的防线。所以，为了树立品牌形象，有的企业要求经销商要有一家在当地最大的店面终端，以树立"第一"的品牌印象，便于对竞品的拦截。

（9）**促购买**：在决定购买的最后一刻因受到诸如人员推介、现场演示、促销等因素的影响，直接促使成交。

四、消费者眼中的店面终端

消费者是如何选择商品的？我们可根据消费者认识终端的过程，采取相应的措施，如表1－1所示：

表1－1　消费者认识的终端分析

过程	描述	思考
耳闻	外在的感知，通过广告接触和品牌印象实现对品牌的初步印象	口碑如何，形象如何？品牌印象如何
眼观	市场的感知，通过眼观所在市场的氛围，店面布局，对品牌的整体印象进一步加深	店面的空间布局、产品陈列如何
身触	店面的综合感知，通过进入店内，对店面布局、产品陈列、接待感受、产品等判断是否值得购买	导购形象、话术如何？价值如何感知？工艺、流程，或动画演示
心证	对效果的感知，通过装修效果、使用过程中印证产品是否如其所说，是否达到原来的预期目标	我们的产品和装饰效果令其最终判断如何
口说	对售后的感知，通过售后服务及上述对产品的综合判断，如超出其预期，则会进行口碑传播	我们如何能让消费者说出来

（1）**“耳闻”**：消费者选择商品，首先是听过广告或听别人提到过等。若是消费者听说过的品牌和商品，将对消费者的购买决定起很大的作用。对于消费者一点都不了解的品牌，商品金额越高，购买概率就越低。

（2）**“眼观”**：通过看到商品所在的店面外部及内部的布局、陈列等，进行初步的品牌定位和判断。这个判断过程对消费者来说是最直接的，对店面综合环境、产品、促销活动、店员等几个方面，有没有“感觉”可能就是这一眼或几眼。为了消费者的这“一眼”，店面要付出巨大的努力。

（3）**“身触”**：如果有幸这“一眼”感觉还好，消费者会更进一步进行判断，从产品的陈列，到店员的接待等，去检验产品价值，这是最关键的一步。店员的能力和技巧在这一步发挥着关键的作用。

（4）**“心证”**：如果消费者对商品比较满意，达成了交易，对于店面来说，也不是万事大吉，因为消费者还有一个“心证”的过程，就是会看商品使用效果能否达到预期。如果没有达到理想目标，麻烦就来了，售后服务在这一个过程最为重要。

（5）**“口说”**：如果一切顺利，甚至购买过程、商品效果超出预期，消费者就会开始对其进行赞美，对外的广告传播就是完全自发的。东西好，这才是真功夫。所以，一些只看中店面交易，而不注重售后环节的品牌企业，是目光短浅的。

五、店面终端构成要素

通常，我们认为终端包括软终端和硬终端。硬终端主要指终端的硬件设施，如：商品、包装、配件、附件、VI 表现、售卖形式、陈列位置与陈列方式、宣传品（说明书、DM、POP、小报等）、促销物、辅助展示物（专用货架等）、整洁度、与其他品牌的同类商品（竞品）的显著区别等等。

软终端主要指终端软件设施，如：人员着装、容貌与举止，人员素养与谈话方式，待客态度，对企业情况及产品知识的了解，对行业及竞品的了解，察言观色与随机应变的能力，与竞品导购人员的区别，等等。

本书主要考虑影响门店销量的因素，从店外和店内来进行分类，共分九个部分展开介绍，分别是**店面选址、广告投放、推广助销、空间布局、生动展示、店面运营、导购技能、服务能力和团队建设**等，如图1－3所示。

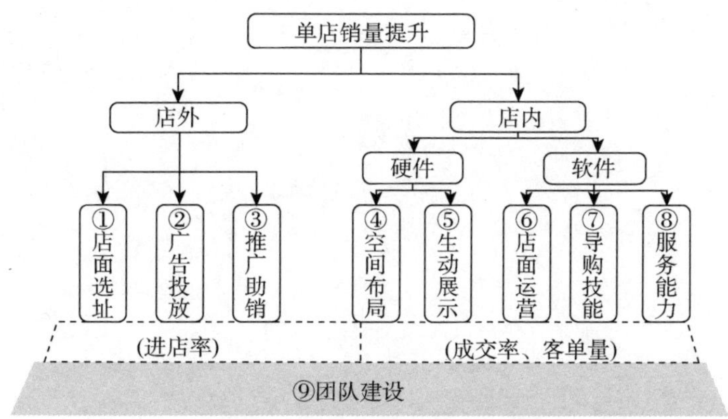

图1－3　店面终端构成要素

本书所提及的店面，为了介绍方便，以建材家居行业为基础来展开。

第二章 店面选址是门店开设成功的第一步

——建材家居门店销量提升

店面选址是一项重大的决策，不仅需要长期性的投资，也关系着店面将来的发展前途。店面位置是将来制订经营目标和经营策略的重要依据。

肯德基和麦当劳在中国的每一个城市几乎都是生意火爆，究其原因，其中他们的选址本领非常值得称道。当他们选好一个店面以后，很少见其更换店面。良好的选址给其经营带来滚滚财源，设想：如果他们因为位置不理想以后再去换店面，势必将花费很多的人力、物力和财力，带来较大的损失。

古人说："凤栖梧桐"，其意思是说凤凰只有在梧桐树上才会栖息。对于单个店面来说，选址问题就相当于能不能找到一棵"梧桐树"。如果位置选得好，无形中已为凤凰的到来提供了坚实可靠的前提条件。与之相反，如果位置选择不当，即使使用经营的高手，也会事倍功半。

店面选址是门店开设成功的第一步。有人说："选择好的店面位置，开店就成功了一半。"尽管这种说法很难有严密的数据验证，但选址的重要性由此可见一斑。

一、预测目标客流量能否满足需要

关于店面销售额，一般跟三率有关，即**进店率、成交率、客单率**（另说客单值），并有这样的计算公式：

店面销售额＝入店率×成交率×客单值

但仔细观察上述公式，就会发现有一个问题，就是缺少了客流基础值，即**目标客流量**，公式应该为：

店面销售额＝目标客流量×入店率×成交率×客单值

目标客流量，即跟店面位置有关。我们知道不同的位置有不同的客流量，选择位置其实就是选择客流量。

关于客流量，我们一般都喜欢凭习惯去大概预估，看看客流的多少。其实客流量是可以精确测试出来的。

附录：客流量测试方法

下面介绍在目标店面前进行客流量测试的方法：

◇ 测量范围：在设想店面前5米内进行来往人群数量的统计。

◇ 测试时间：选择一个周期内的周二、周四、周六，三天，特殊天气除外。

◇ 具体时间段测试，有两种方法：

（1）选择当天的9：00－10：00，13：00－14：00，17：00－18：00三个时间段进行测量，各时段客流量加和除以3，即得当天营业时间的每小时客流量。该时间主要是上午上班时、下午上班时和下班前后的时间段，如新疆等地有时差区域，时间顺应调整。

（2）选择当天的9：00－19：00，将每个小时的前15分钟作为一个测量时间段，共连续统计10个测量时间段。加和除以2.5，即得当天营业时间的每小时客流量。

演算公式：营业时间每小时客流量＝（值1＋值2＋……＋值10）/10×4

周每小时客流量的计算：

〔（周二每小时平均客流量＋周四每小时平均客流量）×2.5＋周六每小时客流量×2〕/7

测试精确客流量，就可以对比与房租的租金、预期收益等进行综合评定，通过对比“日小时平均目标客流量/月单位面积租金”（月单位面积租金＝月租金额/店面面积），就可以来确定这个位置的合适与否。

对于客流量的测定，还有两点要补充说明：

（1）在进行客流量的测试时，应该针对自身所售产品的特点，来确定是“目标客流量”，而不是全部的客流量，把不是自身产品消费者

的人群刨除掉才更精确、更有参考价值。

如以建材家居行业为例，消费者人群年龄主要是25～55岁，超过这一范围的年龄小的或老的就不是目标客户人群。这样在目标客流测试时，应该把年龄看上去比较小的，或者年龄比较大的不要统计进去，这样的数据才具有参考价值。

店面的租金是以自然客流量来确定的，所以，**目标客流量占比越高的区域，店面越有价值。**

（2）**注意目标客户是“仅仅路过”，还是有消费目的。**如果大部分人都是匆匆路过，并不是专门来消费的，那么这样的目标客流量也要大打折扣，要选择有意向停留消费的人群进行统计。比如车站、地铁过道等，人虽然很多，但究竟有多少是有消费目的的，就必须要有一个初步的预估。

如果路过客流大部分会留足，并可能是购买者，那么这个区域就是该品类产品的商圈概念了。

二、街边店的选址：“人流、人聚、人见、人停”处

在早期没有形成大的商业市场之前，街边店是店面中的最传统形式。街边店以形象展示效果强、消费者购买方便等因素仍然是主流的店面业态。对家居建材市场来说，三四线市场街边店形态多，二三线建材市场兴起，一二线市场建材家居商城开始占据主流。

街边店的“旺铺”标准是什么样的呢？一般来说，要具备以下几个特征：

◇ 客流量较大，人气旺。

◇ 目标消费者聚集，在市场的核心商圈内。

◇ 店面视野宽，利于店面形象展示。

具体来说，街边店的“旺铺”位置推荐如下：

（1）**人群聚集处**。人气即财气，在该品牌所属的商圈内要选择人群相对集中处。如果要打造第一品牌，尽可能选择该区域人气最旺之处；如果此区域竞争激烈，没有合适位置，则可以用建设该商圈最大的店来弥补。特别对于三四线市场的街边店来说，你的店面最大、最漂亮，你就是这里的第一品牌，会比一些高空广告之类的效果要明显很多。

（2）**交通便利处**。店前交通方便，便于顾客到达，如地铁旁、公交站旁等。“酒香不怕巷子深”的年代已经过去。公交站台旁是顾客第一接触点，因停留时间长，跟店面接触时间相对较长，加深顾客记忆，从而人们对第一接触的周边店面记忆会较为深刻。另外，有的店面在交通站点对面看上去近在咫尺，但由于交通隔栏顾客到达需饶一大圈，或者离公共交通站点较远等，都会影响顾客的光顾率。

（3）**易于停车处**。现在私家车非常普及，交通拥堵更是家常便饭，停车是令人头痛的事情。如果店前面有停车位，将大大提升店面的光顾率。如果店面没有停车位，那就要选择离公共停车区比较近的店面。试想，谁愿意到一个停车费劲的地方，或者停车后要走很远的地方购物呢？

（4）**选择阳街**。街道 25 米宽，最易形成人气和顾客潮。超过 30 米，有时反而不聚人气。如果道路中间被隔开，或人行道两边被栅栏隔开，店面应选择在行人较多一侧，即阳街。阴街即客流量较少的一侧。阴阳街的形成有其地理、历史因素，其房租水平往往相差不大，但其客流量差异较大。

（5）**店面视野开阔**。店面前道路平整，人行道宽阔。店面视野开阔，有利于店面的展示，给更多的消费者提供更多的可见机会，就意味着有更多的品牌传播机会。晚上配合店面店招灯光的展示，也是靓丽的品牌展示机会。要注意的是，店面前有没有树、建筑物等遮挡店招的视线。

（6）**店招空间大**。门头 30～50 米范围内可见，甚至 50 米外仍可见。门头空间大，店面可展示的空间就大，有利于抓住更多消费者的眼球。门头高，品牌可展示空间大，吸引人。相比较来说，同样的店面面积，横向宽的要比纵向深的好得多。

（7）**大品牌店旁**。无论自身店面品牌是如何定位，大品牌店旁都是一个不错的选择，俗称“傍大款”。因为大品牌店具有较多的客流量，是地方的一个标杆。若品牌定位同等，自身店面也多了一个客户选择的机会，人气更加聚集；若品牌定位低，一般价格也会低，给低价产品的推销选择了一个比较好的靶子。

（8）**三岔或十字路口**。店面位于三岔口、十字路口、拐角处等，可以吸纳来自两个方向的客流。三岔路口是两个方向客流量的交汇处，客流量相对较大。

（9）**前景看好**。该区域符合市政规划，前景一致看好，可以使店面存活更长久。眼下客流虽然不多，但租金等开始也低，甚至为了市场的发展而免租一定期限，这样的店面也具有较好的参考投资价值。

街边店的开设也要注意周边一些“不利”环境的影响，这些不利的因素列举如下：

（1）**附近待转让的店面较多**。这样有可能是该市场不景气，使得大部分门店经营者都失去了信心，改往他处；或者房子不符合市政规划，将要拆迁，要谨慎进入。

（2）**门口有树、电杆、变压器、楼梯等遮挡**。这样会影响店面的展示，造成店面展示空间的浪费；同时也不利于消费者的流动，减少客流量。店面前的树，影响店面门头品牌展示和客流量。

（3）**店面纵深大，视线窄，导致里侧阴暗，气流不畅**。这样不利于店面的品牌形象展示，吸引顾客力度差，顾客往往也不愿意往里面走太深。

（4）**门头窄，无门头，或门头易被遮挡**。这样不利于形象的展示，对顾客的品牌吸引力就大幅度下降。

（5）**店面前有台阶，不利于客户进入店内**。一般来说，台阶不能超过5阶，特别是100平方米以下店面更是如此。如果是5阶台阶，不连续的、中间有平台停顿的，如3+2，比直接连续的5阶要好一些。尽管如此，还是会影响消费者光顾。

（6）**炎热地区日照时间长的店面**。天气炎热时，消费者不愿意走在太阳直射的一侧，特别是下午的时间。如果是北方区域，或偏冷区域，阳光的一侧反而会吸引客流。

（7）**与杂货店、小吃店、机械修理店等为邻**。若非餐饮行业的店面，应该回避这样的店面，这样降低了店面档次，降低了顾客对产品价值的判断。一个好邻居是很重要的，“近朱者赤，近墨者黑”！

（8）**周边有公共厕所、垃圾点等异味源**。这样顾客经过时，都会匆匆而过，躲开为妙，哪里还会有心思购物呢？同时，在这些区域旁，也会降低店面的档次和形象，不利于品牌形象的提升。

（9）**一侧是在建设建筑物**。在建设建筑物一带，形成了顾客流的死角，还有安全隐患，从而缺乏客流量。如果是短期的或即将结束的建设工程还可以考虑，否则脏乱的环境如何能够带来顾客对店面良好的印象？一侧是在建建筑物，嘈杂的声音、安全隐患怎能不影响顾客购买？

（10）**繁华街道，立交桥附近**。对于驾车一族来说，这些地方，从高架桥上很容易看到，但要想驾车到达非常不易，路口车辆繁多，还有一些交通限制，很容易走错路，驾车新手更是如此。步行一族，也面临着噪音不断，尘土飞扬，故也躲而远之。虽然是在繁华街道，但立交桥附近区域属于“阳中之阴”的场所，故选择要慎重。

（11）**水流不畅，下雨易积水处**。在阴雨天气时会影响客流量，影响销售。

（12）**店面前人行道窄，小于5米或5米内有栅栏阻隔**。这样容易造成客流的拥堵，同时也使消费者对人群产生压抑感，难以形成大的客流。

（13）**行人匆匆处**。行人匆匆路过并不是为了驻足购物，这样的客流也失去了意义，比如上班流、乘车流等。

（14）**断头路尾**。断头路，减少了一侧客流的来源，形成了偏僻角落，对客流量影响较大。

（15）**附近曾经发生过不吉利的事情**。有过不吉利事情出现的店面或者其店面附近，最好不要选择。

综合上述内容，店面选址要尽可能选择具有下列特点的地域：商业活动频度高；人口密度高；客流量大；交通便利；接近集客地；同类商店适量集聚地。

用八字真言总结，即“**人流、人聚、人见、人停**”处。

三、商城店内选址如何最优

shopping mall、购物广场、商场、建材家居商城、电器商城、电脑商城等，是专业某品类的购物市场。在这些地方，作为其中一个品牌的店面位置，应该如何选择呢？

一般来说，应遵守以下原则：

空间：周围视线宽阔，要有品牌形象展示位置。

位置：卖场出口或入口处，主通道佳、次通道次之，收银台旁、近电梯处等。

品牌：有行业相关品牌进入，品牌数量10家以内为宜，防止品牌过多而扎堆。

客流方向：在客流方向上，最好在来向客流的右手边。

接下来用商城内示意图来介绍店面选址，如图2－1所示。

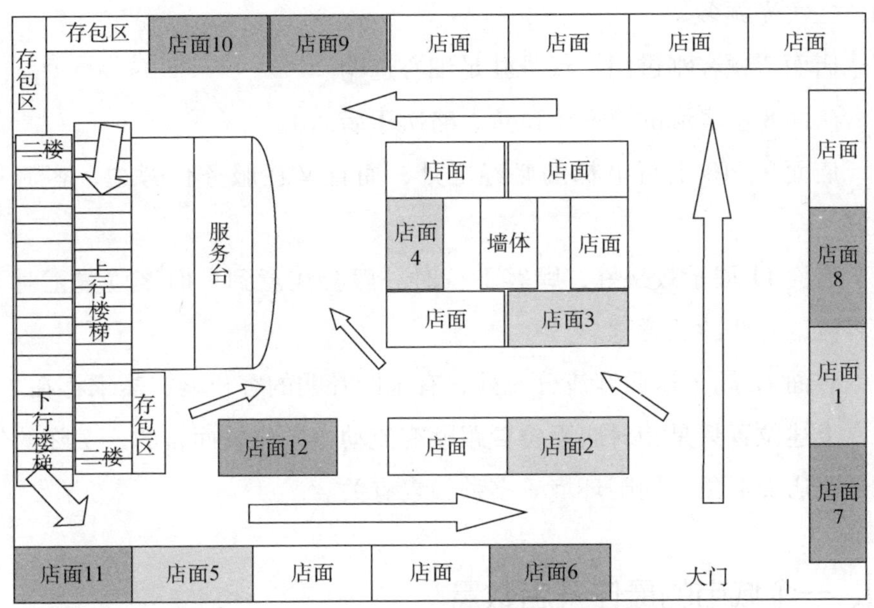

图 2－1　商城内示意图

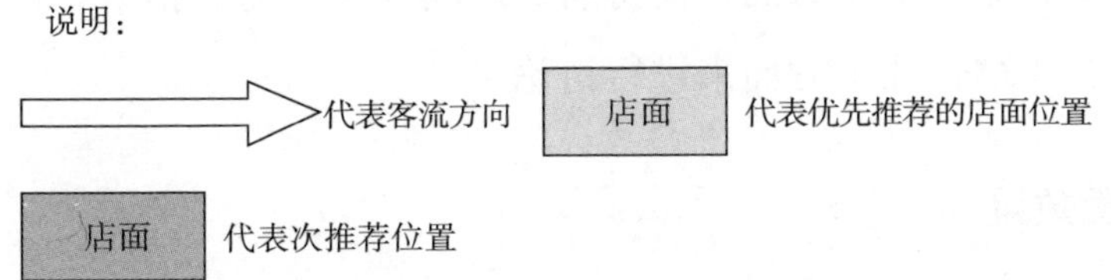

店面 1 属于主客流方的右侧区域，容易引起注意，并且客流集中。根据一项对一排店面的研究发现，一排店面中，第二个是最容易成交的，因为顾客在第一个往往只是驻足一下做个比较。

店面 2、3 正对主人群的前方视线，进店第一眼看到，视线佳，而且是横向对着客流，展示面积大。

店面 4 在服务台附近，容易引起客户驻足，并且是横向店面展示。

店面 5 是下行必经之处，而且在客流的右侧，店面横向展示区域大，属于一排的第二个位置，再往前走，客流就开始分流。

店面 6 进门的左侧，窄面展示，效果一般；但又是返回客流的右侧，二次光顾多。

店面 7 顾客刚进门，很难驻足细心选购。

店面 8 主客流的第三个位置，略次于店面 1。

店面 9、10 上行电梯的必经之处，而且又在服务台旁边，客流量较好。

店面 11 展示效果好，顾客下行时一般会注意到，但该位置正对下行客流，有些冲的感觉。

店面 12 属于返回客流分流处，有未购补购的客户购买需求存在。

上述位置只是相对店面位置跟顾客流动方向比较而言的，实际的效果还跟店面形象、周围环境等多种因素有关。

四、一个城市的最佳开店数量

一个城市到底能开多少店面，使得店面之间互相映衬、抬升，而不造成冲突呢？这要结合几个方面来进行讨论。

（一）商圈数量

商圈数量的概念，对某种行业产品在一个城市内的开店数，具有较好的研究和参考价值。

什么是商圈？商圈是指定商业区或者某种行业产品销售区，对顾客吸引力所覆盖的范围。根据其影响力强弱分为三种商圈：核心商圈、次级商圈和边缘商圈，如图 2－2 所示。

核心商圈最为重要，这里我们只考察店面的核心商圈，即店面 3 公里范围内，商圈状况决定了店面的存活度。开设专卖店面，一般核心商圈内的人口数量应达到 10～30 万人。

一般来说，**一个行业的核心商圈内可以开设一个店。**

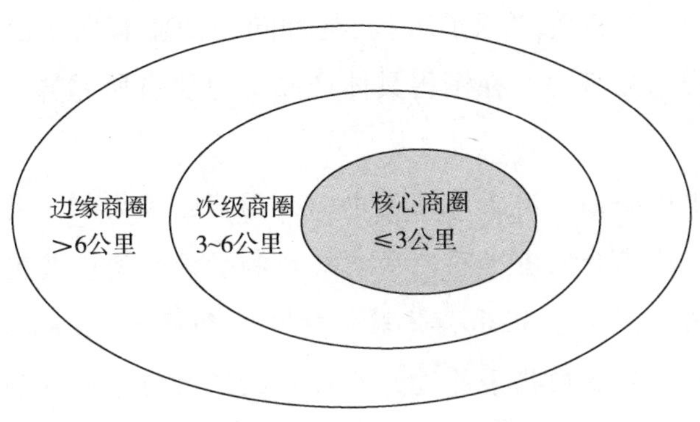

图 2-2　商圈分类图

比如建材家居商圈，在一个县城城区，往往有1~2个。其中一个是传统的建材家居产品聚集地，沿街而自发形成，形象一般。如果这个县城经济实力较强，或者有一定的城市规划，则可能会形成一个新的建材家居产品销售区域，形成一个新的建材家居商圈。地级市、市区一般有2~4个类似的商圈。大致上来说，有多少个商圈就可以有多少家品牌专卖店面。

（二）竞品参考

品牌店面建设总会有对标品牌进行参考，根据对标品牌在该区域的分布与布局，可以很好地为店面的数量和选址提供参考。

根据品牌的销售业绩、品牌定位、价格区间、未来发展等，选取区域内希望学习的品牌或相似度较多的3个品牌作为对标。在该区域内，这3个品牌的平均店面数量即是应该具备的店面数量。在店面位置和面积上也是很好的参照指标。多了解对标企业，“知己知彼，百战不殆”。

（三）“双子店”思考

这是指在同一商圈内，同一品牌有两家店铺出现，中间有适当的距离，两端分布，故称为“双子店”。这种同一商圈有两个品牌店者，往往需要有较强的品牌力，在销售具体产品上也要有所差异。

如上海中山公园，有上海国美中山公园店，隔街相望的有国美联通大厦店，两家门店分别有不同的战略规划和资源配给。其定位互补、各有特色，成为集购物、娱乐、体验、休闲、服务于一体的大型家电卖场。它们在同一商圈内携手并进，共筑一道抵御对手进攻的防线。

同一品牌在一个商圈多开店，在服装行业是比较流行的趋势，石家庄的中山路有六家“真维斯”店，天津滨江道有5家“应大”专卖店，“耐克”在长春最旺的一条街有4家店面，等等。这可以给建材家居行业一个启示。

比如涂料市场，涂料市场的龙头品牌立邦漆，为了获得更多的销售终端和消费者接触点，在专卖店建设上就开始推行“双子店”模式。在同一商圈内进行两店布局，这两家店往往有一定的距离，除了大众化的低价产品相同外，各自拥有该店面独卖的产品以进行店面保护。

（四）品牌商业模式的影响

一个城市的店面位置和数量还应与该品牌的定位和商业模式相关。如果该品牌为中档定位，一般是每商圈有专卖店面；如果是低端定位，有些较高端商圈则不会出现其店面，专卖模式也会比较少；如果是高端定位，店面所在位置和数量也要与商圈的定位相吻合，店面较为精致，数量偏少，不会出现在低端商圈。对于租金非常高的区域，要综合销量与品牌展示的因素，进行该区域店面的定位，如果严重收支不平衡，则要考虑减少店面面积，在房租相对合理的地方进行大店的展示和建设。

五、建材家居行业终端的创新设想

终端的跨界与创新是与时间有关的话题，因为终端在“新生”时，开始属于跨界或创新，一旦形成一定的市场氛围或消费者已经对该购物终端习以为常时，终端慢慢就不是创新了，或者不是跨界了，变成了一种新的必备渠道或终端的补充形式。比如，前几年兴起的化妆品、日用品进药店的营销手段，现在也司空见惯了，特别是社区型药店，甚至大米都在其中销售。一开始，加油站除了加油别无其他业务，慢慢地，联合便利超市在其中兴起。时至今日，混搭、跨界日益流行，所谓的商圈概念越来越模糊，“你中有我，我中有你”，互相交融的时代来临了。

下面以建材家居行业为例，进行初步的终端创新分析。

（一）繁华非建材商圈的机会

我们首先分析终端的销售利润构成公式：

终端的销售利润＝终端客流量×购买率×平均购买金额－租金等成本

对照建材家居商圈，客流量目前较少，但由于建材商圈的指向性比较强，故购买率比较高。

如果是非建材商圈，那么购买建材家居的指向性较弱，即购买率较低。这也是建材商圈和非建材商圈的最明显的差异，如表 2－1 所示。

表 2－1　建材家居商圈与非建材商圈的终端差异

区域	客流量	购买率	租金
建材家居商圈	低	高	一般
繁华非建材商圈	高	低	较高
其他非建材商圈	低	一般	低

根据上述分析，要在购买率低时，保证一定的销售利润，就需要选择客流量比较高的地方，才能保证一定的销量，故需选择繁华度超过建材商圈的市场。

在繁华商圈，已有相似的成功案例：

广东佛山某定制家具企业把产品专卖店开到了 shopping mall 里。

该品牌在佛山禅城区的最大购物广场——三水区广场的直营店全部都在 Shopping mall 里，与其他知名服装品牌、肯德基等国际连锁机构一起，却没有扎堆在橱柜区。与加盟商卖场里的生意冷淡甚至入不敷出相比，shopping mall 的优势更明显，于是企业们纷纷推荐加盟商进驻当地主流的综合性卖场。

据分析，曾经有一些家居企业走过这条路，但由于租金费用巨大，后来就慢慢退出了。从多方面来看，更高的租金可以获得更大的客流量，虽然这些客户不一定马上有需求，但这是一个潜移默化的过程，**此处的广告宣传效应明显。**

当然，由于定制家具产品的目标人群和宜家一样，多是年轻一族，这与 shopping mall 的主要人群结构类似，这也增加了其销售成功的概率。**故在选择繁华非建材商圈时，要充分考虑产品销售的目标人群与该商圈人群的一致性。**

由于繁华商圈的租金较高，开大店要慎重。企业可以考虑与当前比较流行的电子屏展示相结合，即店面规模不一定大，以“部分实物 + 电子屏模拟样板展示”两者结合进行。如果有几家同类的企业集合在同一商圈，则家居销售氛围会大大增强。

笔者认为，电子屏展示的效果介于网络店和实体店之间，比网络店更形象、更逼真，比实体店缺少真实的体验感。

另外，笔者在为壁纸企业服务时，就见到不少的壁纸店开设在所谓的建材商圈之外，由于只有一两家店，竞争不激烈，销量反而更好。

（二）尝试建立常态化社区店

在新小区集中交付后，会形成一定的装修高峰，一些建材家居企业纷纷在这里开店，往往有不错的收益。当该小区新房装修接近尾声后，一些店面就会慢慢淡出了。这也是一种形式的社区店，但与本书接下来要提及的社区店在概念上稍有不同。**这里的社区店是指小区基本建成几年后的一种常态化社区店形式。**

2011 年，北京的某品牌社区店纷纷开业。沈阳也开始出现家居品牌社区店。在国外，社区店（Neighborhood Market Store）一般选址在大型社区临近的商场、超市附近，营业面积一般在几十到 1000 平方米之间，商品也多达千种。**在国内，社区店会成为未来的发展趋势吗？**

社区店由于其靠近市场终端，会满足消费者对购买家居便利性的需求，同时对周边居民专业性的服务将显现其独特优势。虽然很多业内人士纷纷看好社区店，认为是未来发展的大趋势，但作为一种新的业态，社区店要健康存活，在当前还必须要有三个方面的服务思考：

（1）**提供各类家居用品的装修、安装服务。**如针对旧房翻新或小型局部装修需求，提供一条龙的服务。

（2）**社区居民的产品需求。**社区居民对产品的选择也有讲究，需求包括五金件、收纳用品、饰品和家居生活用品等。产品构成可以有 50% 的家居商品、35% 的装饰用品和 15% 的五金用品。

（3）**提供社区日常的维修服务功能。**门锁坏了找社区店，窗户维修找社区店，马桶淘汰更新找社区店，水管滴漏跑冒找社区店……

社区店的未来完全有可能代替街边小五金店、零售店，优势就在于品牌家居企业开设的社区店，其品牌保障要高。

社区店未来可展示实景样板间，甚至可以是集家装、家电、家饰于

一体的体验馆。品类可以涵盖木门、地板、瓷砖、建材家居、壁纸、灯具等，以及整体卫浴、整体厨房、整体家具并提供传统的选材、设计、施工等一站式服务。

这种趋势能给我们的生产型建材家居企业带来什么启示呢?

第一，这种延伸服务的商业模式，蕴藏着较多的机会，一些有志于上市或跨越式发展的企业，完全可以与其他公司合作或单独介入此类的商业模式拓展。

第二，在综合社区店进入时，相关品类的产品销售存在着一定的销售机会。

第三，一旦这种趋势确立，那些看起来长久不换的产品，配以合理的产品诉求，也可以大大提升更新速度，从而支撑起小型店面的开设。

比如壁纸产品，在美国，壁纸的更新比较快，3～5年就可能进行更新，每当圣诞节时，就可以在附近的店面购买壁纸，自行进行施工。换种壁纸换种心情和氛围，比现在不装修时就很难去更换的频率快多了。关键是当前的施工环节复杂导致了产品的更新速度比较慢。

再比如，卫浴产品，如果配合合理的健康诉求："马桶、水池大量接触病菌，会形成较多的死角，威胁人们的健康。据科学研究表明，马桶5年就需要更换，以防止潜在的疾病威胁。"再加上淘宝式的落地宣传："亲，该换马桶了，谁愿意天天坐在病菌滋生的马桶上呢?"马桶、水槽的更新换代，也并不是什么大工程，配合便利的上门服务，产品的购买频率就可以大大提高。

此类终端如果按上述的分析，虽然客流量和购买率都低，但其租金也较低，再加上对消费者服务性需求的满足，店面的盈利水平是无需过多担心的。

(三)“集成”终端的机会

现在很多有实力企业的终端定位多是一种专卖模式，这对一些行业领导品牌固然可行，但毕竟终端资源、面积有限，众多的第二梯队品牌出路在哪里？

现象一：品牌联盟出现

终端租金越来越高、市场越来越不景气，造成门店销量的下滑和利润降低，使得一些企业开始构想更多的利润增长方式，品牌联盟就是其一。冠军联盟出现后，其他相关品牌组建了较多的品牌联盟，以对抗冠军联盟。但这种联盟多是较为简单的促销活动联合，很少在实体店上走到一起。

现象二：企业自身的跨品类拓展

地板业的圣象，橱柜业的欧派都是跨品类发展的典范。泛家居行业多元化经营的终极理想是集成家居。时至今日，集成家居这个概念早已不再新鲜，很多生产家具、橱柜、地板、木门的企业都试图涉足。

现象三：经销商的多品类经营尝试

一些有实力的经销商，纷纷进行多品类、多品牌经营，有的还集中于同一终端，形成多品类的终端展示。

以上现象给我们带来一些思考：为了终端资源的充分利用，为了吸引更多的消费者，为了同一消费者在终端能有更多的成交，实体终端的多品类组合呼之欲出。

不同品类之间整合、集成的时代已经临近——既节约了空间，其实就是节省了店面租金，又方便消费者的一站式多品类采购。

两种形式的品牌合作已经出现雏形：**一是品牌联盟逐渐走向实体；二是集成概念类的建材家居产品组合经营。**

你准备好了吗？

第三章 建材家居行业的广告要精准

——建材家居门店销量提升

一、“吸”字诀：户外广告投放

在广告效果上，流传有这样一个说法，就是企业所投放的广告有一半是浪费的，但又不知道浪费在哪里。或许是因为构成广告投放效果的因素太多，很难确定是哪一点造成的浪费。不知道浪费在哪里只是其无奈之说。其实细细分析，也能找出一些问题，比如人群不聚焦，位置、时间段选择不当，画面不吸引人，内容不能引起消费者共鸣，等等，都会造成真金白银的白白流失。

所以，在户外广告上，也必须对广告的投放慎之又慎。

（一）建材家居行业消费者的认知来源

区域广告的投放，首先要研究消费者的媒体接触特性。建材家居行业与快消品行业不同，消费者不是日常去消费的，而仅仅是在需要装修的特定阶段才会去关注其产品和品牌。所以广告投放的精准原则也就是集中在有这部分需求的人群，才会减少广告浪费。

根据这种判断，**广告投放的位置也需要注意：围绕建材家居市场、终端店面、新建小区等。**所以当消费者到建材市场时，看到花花绿绿的广告也就不奇怪了。但对全部建材家居行业的消费者认知进行研究是比较困难的，通过下面一个涂料行业的例子，我们可对建材家居行业的消费者认知来源有所了解。

在涂料行业，目前销量排名第一和第二的是立邦漆和多乐士，看看2013年初的一份针对全国主要城市两千多名消费者的调查，我们能知道消费者是从哪里了解到这两个品牌的，如图3－1所示。

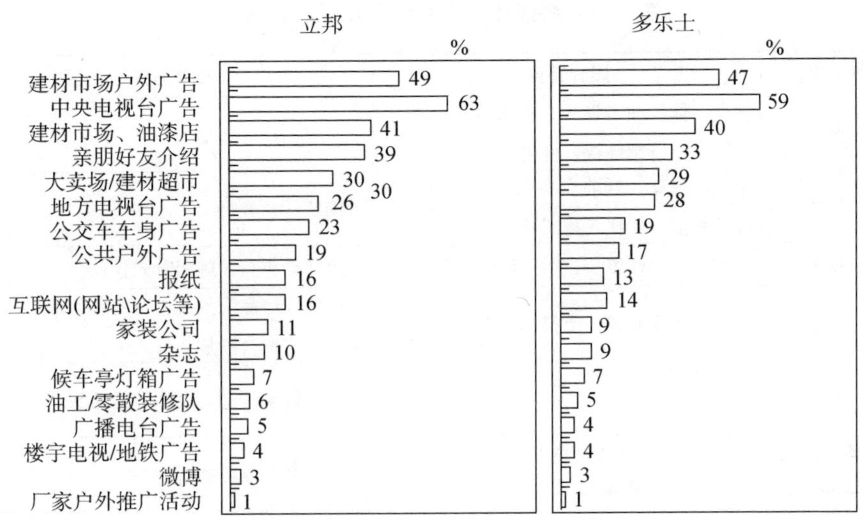

图 3-1　立邦漆、多乐士消费者认知来源

从图 3-1 可以看出，由于这两个品牌在央视有广告，消费者的了解最多的还是从央视广告。由于央视广告是厂家行为，也不是经销商所能决定的，故除了全国媒体之外，我们发现消费者对这两个品牌的了解主要是围绕建材市场，最多的是建材市场户外广告，其次是建材市场油漆店，最后是亲朋好友推荐。亲朋好友推荐这一点很重要，我们在后文会对这个调查做深入的分析和应用探讨。其他还值得关注的是大卖场/建材超市、地方电视台、公交车车身等。

另外要说明的是，随着电子网络的日益普及，社会化媒体的应用也开始进入到建材家居行业，比如微博、目前风头正盛的微信等。

各种主要媒体的媒介特点及投放方向的简要介绍，如表 3-1 所示。

表 3-1　各媒体的媒介特点及投放方向介绍

媒介形式	媒介特点	投放方向
电视	视声一体，冲击性强，很多媒体还难以比拟，但持续性差，性价比不高	以品牌和产品传播为主
广播	千人坪效高，目前在私家车辆、公交车收听较多，但缺乏持续性	可围绕活动开展
报纸	内容详实，存留长，但可读性较低	配合活动进行品牌组合式投放
杂志	内容与画面兼备，但目标受众少	以品牌和产品为投放主要内容，形式以软文+硬广配合投放
网络	以年轻人为主要目标群体，成本相对较低	以降价促销活动为主，辅助品牌
车体、灯箱、户外广告	形式多样，画面感强，但可视内容不多，要求内容精炼	以品牌和产品传播为主

电视、广播、报纸、杂志、网络等广告形式，多由生产企业来主导，因为其覆盖区域往往比较大，不聚焦于某一市场，上面仅做一般性描述。

区域经销商或区域销售人员能主导的，而且效果又比较好的，当属区域的各种户外广告。

（二）户外广告投放要点

户外广告，我们这里包括高炮、路牌、外立面广告、楼顶广告、灯箱等，主要是以印刷平面来展示。对这些户外广告，要回归到消费者层面，结合当地区域情况，从目标人群进行广告投放的相关思考：

◇ 从目标人群动向定位置。

◇ 从目标人群兴趣定形式。

◇ 从目标人群记忆特点定内容。

1. 从目标人群动向定位置

要从研究消费者到建材市场购买产品所经过路径及视线习惯，来确定户外广告的位置，大的位置是在建材市场和新建小区范围内。这些位置包括建材市场高速出口附近、市场入口、地铁口、停车场/位、公交站台、市场空档较多处等，以及新建进入装修期小区附近的高炮、电梯广告、周边路牌等。

根据人群经过的习惯，位置以正前方，视角以水平偏下30°、偏上30°范围内为最佳。让消费者仰头去专门看你的广告画面是不现实的。

当然有的地贴效果也不错，这种位置最好是在有几节台阶，然后一个平台的市场入口位置最佳。由于有台阶的影响，消费者会多关注地面。如果是一马平川的路面，往往被消费者踩来踩去，也得不到多少关注，还有品牌被踩在脚下的心理阴影。

2. 从目标人群兴趣定形式

想象一下，在传统的建材市场里，那花花绿绿的门头、广告牌，有多少消费者会耐着性子慢慢看完，基本上是眼睛一扫而过，有时连扫一下都不会扫。那么怎么样能在这瞬间吸引消费者就是很大的一个课题。**根据消费者兴趣，标新立异的吸引是必需的。**

（1）打破常规的形式

据调查，看三角形的人数比看正方形的多2倍。这就给我们一个启示，在做广告牌时，要突破传统，打破常规，这样的形式更能吸引消费者的兴趣。

（2）突出来："不合常规"的画面

行驶在高速公路旁，现在长方形的高炮画面已经不足为奇了，有的是产品画面突出来，有些是明星头部或手突出矩形画面，看上去比较有立体感，这些"不合常规"的画面会格外吸引人的注意。当然如果全部都是突出的，或不规则的，那么突然出现一个规则的形状也同样会吸引消费者。

（3）重复同一个广告内容

联排广告，即是一个广告画面重复2～3个，这样的视觉冲击力很强。联排广告应该是从快消品海报的联排张贴引申过来的，联排张贴经评估效果很好，逐渐被企业采用，正是应了那句话：投入的多就会得到的多，但这种联排广告的效果是超出其数量倍数的。

（4）学会用空白

关于广告的空白，行业有个数据是，广告空白增加1倍，注目率增加0.7倍。这里空白是集中空白区域，而不包含字间的空白。用极端的方式想象一下，画面空出一半，肯定会被消费者注意到，因为少见，比较奇怪。当然这样的空白，是要经受考验的，因为空白部分也会产生广告费用的，有远识的人才敢使用。

在一个区域里，要保持区域广告形式和画面的统一性，便于让消费者能够有印象的累积。

3. 从目标人群记忆特点定内容

广告内容可以包括品牌形象、产品卖点、促销活动等，应结合所在位置，根据消费者的兴趣来确定内容。一般来说：

（1）**位置远的、面积大的适合做品牌形象。**

（2）**消费者接触距离在几米内的，适合做产品的卖点说明，**但要注意选择高端形象产品或走量产品为主。

（3）**如果消费者能触摸到画面，就可以做些促销活动，**这样也方便消费者记住时间、地点和电话号码等，以小面积达到大传播的效果。

（4）**内容的简练是必需的。**但恰恰相反，我们看到的是，有相当一部分户外广告包含的信息量太多，眼花缭乱，甚至有的户外广告上印刷有密密麻麻的活动内容、地址、电话等，其实从远处根本看不清，近处看也只有1.5的视力才能分清字体。产生这种现象的原因就是没有从消费者的角度去思考，完全是从自己角度考虑的。

（5）**把精力多放在广告标题上。**广告标题的阅读力是内容的5倍，可以了解到广告主题的重要性，如何能够吸引潜在消费者。在信息爆炸的年代，太多的信息涵盖量，并不能吸引消费者的注意，我们总有太多的话想对消费者说，消费者是没有精力在短时间内了解那么多的。

（6）**能用数字表达的，尽可能多用数字。**在文字上，人们一般对数字的注意力比较强。我们想象一下能给我们留下深刻记忆的电视画面："3 盒一疗程"、"1 天 2 粒"，"1：1：1"。

（7）**要注意广告图像的合理使用。**看广告图像比看文字的消费者多 20%，这也是一项调查统计的结果。

广告的目的就是产生吸引，区域户外广告的主要目的就是"吸"，而终端广告的目的是"引"，通过"吸"、"引"二字策略，实行围绕终端门店进行广告投放，以提升进店人数，如表 3－2 所示。

表 3－2　"吸"、"引"二字的作用及策略

策　略	作　用	投放策略
吸	让消费者对产品、品牌产生兴趣	以建材市场周边媒体投放为主
引	引导消费者进店	以建材市场内媒体投放为主

注：关于"引"下节介绍。

户外广告"吸"字决：

基于各地和建材市场周边的媒体环境不同，很难一概而论。结合建材家居行业的大致概况，拟定户外广告的"吸字诀"。

建材市场很重要，画龙点睛要做到。
高速出口高炮放，来往车辆眼一亮。
过路公交露品牌，眼球聚焦跟我来。
店旁地铁公交站，需求顾客会先看。
商场外立两三放，整齐划一人气扬。
停车场所巧施展，见缝插针多露脸。
DM 散发少不了，主动搭客效果好。

标新立异形式多，贵精贵巧多思考。

诺贝尔瓷砖的户外广告示例

诺贝尔是瓷砖行业的三甲之一，10 年前还名不见经传。2002 年，与联纵智达牵手聚焦门店提升板块，联纵智达也有幸成为这一瓷砖品牌快速发展的见证者。据对诺贝尔北京、成都、南京、南昌等地的不完全调查，诺贝尔建材市场的外围广告形式多样，但协调性保持较为统一，一些广告形式搭配如表 3－3 所示。

表 3－3　诺贝尔瓷砖的户外广告示例

广告位置	广告形式	备注
某建材商城顶楼	品牌广告	该市场唯一
某红星美凯龙商城外立面	品牌广告	
某建材市场灯箱	品牌广告	竖排
某市场停车区护栏	品牌广告	下有经销商电话
某市场地贴	促销活动广告	

马可波罗的户外广告示例

马可波罗的建材市场外围广告形式多样，内容丰富，一些广告形式搭配如表 3－4 所示。

表 3－4　马可波罗的户外广告示例

广告位置	广告形式	备注
某建材市场附近墙体	纯品牌广告	数个联体
某建材市场附近候车厅	品牌＋产品广告	留有电话、地址
某建材商城外立面	纯品牌广告	
某建材街附近隔离带灯箱	纯品牌广告	
某市场路牌	品牌＋产品广告	留有电话、地址
某经过建材市场公交车	纯品牌广告	
建材商城门口地毯	纯品牌广告	

二、“引”字诀：建材城内广告投放

如果说区域户外广告的目的是“吸”，那么建材城内广告的目的就是“引”，把进入建材城内的消费者引导至门店，以提升进店率，增加销售机会。

建材城内广告投放“引”字诀：

建材城内广告好，顾客动线多思考。
进门首看指示牌，指引顾客到店来。
楼梯包柱和展架，品牌宣传也不差。
过道吊旗头上飘，位置距离添加妙。
销售排行有门道，哪家靠前哪家好。
店面亮点多思量，迎客进店效果强。
大店迎宾最好有，引导顾客店里走。
服务台上有眼线，折页单页长相见。

（一）建材城内广告好，顾客动线多思考

在当前广告效果越来越差的时候，围绕终端做广告被视为最不浪费的广告，所以在广告投放方面，如果有预算，围绕建材市场及建材城内展开，无疑是首先要考虑的。

建材城内的广告形式也较多，关键是广告形式的组合。从建材城内到自己终端的最方便的路径中，如能在每一个转折点，或者关键位置进行广告提醒，**结合顾客的行走动线，这样的广告形式是最值得推荐的。**

我们在建材家居占比最大的瓷砖行业服务时，发现已经有些品牌在开始考虑了顾客的动线。诺贝尔瓷砖从商城内的主通道地贴、建材商城

内的主通道上挂灯箱，以及主通道的终端店面位置指示牌，都多多少少体现了结合消费者动线的思考。无独有偶，马可波罗在建材商城内的广告也是考虑了这一点。

（二）进门首看指示牌，指引顾客到店来

消费者第一次进市场后，会看市场的指示牌，确定各品类的产品在哪些区域。这是一个“公益性”的指示，会用品类区和箭头来标识。细心的品牌会发现，在品类区的括号内也会提及几个代表性的品牌，这里也有小文章可做。

如北京某市场内的一个吊牌上指示：

2F↑瓷砖（蒙娜丽莎　冠军　东鹏）
进口瓷砖（快乐事　埃米）

我们发现了什么？

这里也可以做广告？是的，这里的不起眼的小广告也比较能引起消费者的注意，因为这是产品位置区的指引。按照中国人喜欢论资排辈的习惯，放在前面的品牌给消费者有“第一”的暗示，虽然事实上并非如此。

（三）楼梯包柱和展架，品牌宣传也不差

有些建材市场的楼梯广告、包柱、展架等，也是品牌的不错选择。不过，一般来说，楼梯广告、包柱等以品牌宣传为主，展架以推广产品为主。

（四）过道吊旗头上飘，位置距离添加妙

吊旗上添加位置和距离，不是指上面写某某位置，而是指在商城内的吊旗上，显示如“向前 50 米”等字样，每个吊旗根据店面距离远近不同，显示位置和距离都不一样，采用喷绘的制作方式，比较容易实现吊旗的独特化、差异化。而以往的吊旗多是宣传气氛，有时在琳琅满目的店面里面要去寻找也不容易，故清晰地告知，有利于提升广告的效果，增加进店率。

不仅仅是在吊旗上，其实建材城内的其他广告形式，根据位置的不同，也可以采用添加从本广告牌到店面的路径信息。

（五）销售排行有门道，哪家靠前哪家好

像红星美凯龙、居然之家等建材商城内，一般会有某品类的销售排名，消费者对这类排名比较关注，心理上会比较信任排名靠前的品牌，这也是为品牌做广告的良好途径。我们应关注销售排行，争取使自己的品牌名列前茅，让更多消费者关注我们、购买我们的产品。

（六）店面亮点多思量，迎客进店效果强

一说到“广告”，让人联想更多的就是宣传的费用，其实还有更多的“广告”是不花钱的，那就是围绕店面所做的。花了那么多钱做了广告，当消费者来到“临门一脚”的终端时，如果吸引不了消费者的眼球和脚步，那店面肯定是缺乏“亮点”，最后一步功亏一篑，实在令人可惜。

吸引亮点的位置，包括橱窗、门头、大堂等。

橱窗在店面入门的一侧或两侧，这个橱窗要能起到画龙点睛的作用，一定要想方设法吸引消费者眼球。可以是企业形象的“代言人”、

“吉祥物”，也可以是能代表企业的、主推的明星产品。

大家对慕思健康睡眠系统的那位有深邃眼睛的小老头应该印象深刻，现在全国各地，建材市场外、繁华商圈内，到处都有这位小老头的身影。在慕思的门店橱窗也是这位小老头，这就会吸引消费者的眼球，引起消费者的共鸣，进店一看估计是消费者的必然选择。

我们在市场上发现过一家品牌门店的两个橱窗位置是该品牌的两个大 Logo，真是大煞风景，资源就这样白白地浪费了。

现在有些品牌开始在促销活动期间，在正门规则整齐地堆放促销产品，这些也比较能吸引消费者的目光，让消费者一看就知道在做促销活动。

其他还有店面门头位动态的 LED 字幕滚动屏，也是比较好的吸引消费者的方式，而且内容可以调整，可以宣传品牌，也可以是促销活动，或者其他内容，只不过语句不要过长，消费者一扫屏幕基本能看懂意思为佳。瓷砖行业的领军企业，东鹏瓷砖采用的滚动屏就比较多。

还有一些店面喜欢门外放一些易拉宝或 X 展架，我们的建议是，如果有，最好 3 ~5 个整齐一排，这样比较有冲击力，因为人们对重复出现的事物会有更深的印象。

（七）大店迎宾最好有，引导顾客店里走

店门的迎宾承担了拦截过往人群的作用，200 平方米以下的小店不需要设置迎宾。但当店面比较大，甚至上千平方米以上时，是可考虑设置迎宾的。当有消费者进店时，可给予比较好的接待和引导，提升品牌的专业化和服务化印象。

（八）服务台上有眼线，折页单页长相见

服务台作为长期品牌传播阵地可以放置折页、单页等物料，便于消费者在咨询时取阅。折页、单页等宣传物料要精致，能吸引人，否则也很容易被丢弃。

三、区域广告的几点说明

（一）区域宣传与总部要统一

有些区域的经销商对总部的品牌设计内容，感觉不是很好，认为自己的创意比他们好，于是有的改其画面，有的改其宣传口号。

遇到这种情况，我们的建议是，最好不要乱改企业既定的品牌宣传内容。因为企业要保持全国形象的统一性，突然有了一个不伦不类的个性内容，并不能体现经销商的“艺术”水平有多高，反而可能更加拙劣。比如某品牌的口号“××××，世界之美”，结果到了南昌某经销商，就成了“××好，××超好”。调整的广告效果有多少差异，我们没法评价，但这两个口号，明显有很大的差异，一个格局高、大气，一个通俗的有些过了。

对经销商来说，更关键的是，如果因为私自调整品牌宣传的内容而不被企业认可，这笔广告的费用不给报销或补贴，那损失就不值得了。

（二）区域宣传内部的统一性

如果区域与总部有些不一致还能够得到谅解的话，一个区域内的宣传内容、调性、口号务必要一致，否则给区域内的消费者传达的信息就

比较混乱了。表现在终端门店上，更应该保持一致，试想，我们如果进了同一家品牌店，但店面的门头、店内布局没有多少相似性的话，我们会怎么想？或者认为这个品牌有好几种风格，或者认为一个店是正规的，另一个店是模仿的。但不管怎样，不会认为这个品牌是大牌，只会认为是一个内部管理混乱的小品牌，随便装修下而已。

在我们接触到的顾客中，也遇到过类似的情况。某价格不菲的高端防盗门品牌，在天津的红星美凯龙、居然之家、环渤海、集美等几个门店竟然门头风格差异较大，把这几个门头照片放在一起，如果仅从风格上还真看不出是一家的：一个是黑底白字、一个是金底红字、一个是白底红字，门头的字也不完全一样。

我们在天津调研时，就遇到了同一个消费者在两个不同的市场选择不同防盗门的情景，如此的不统一，能给消费者带来多少的高端品牌印象呢？经过深入了解，和我们预料的差不多，这个品牌真正走量的还是一些中低端的产品，高端产品很难销售。所以，这样的店面哪里能给消费者带来高端的感觉呢？高端是否不是你的产品价格标多少，而是要给予消费者一种综合的价值感受才行。

（三）区域对标品牌的选择

对于不知道如何在区域内做品牌宣传，或者不确切如何做才是最佳，推荐的方案就是采用“傻瓜式”方法，那就是确定该区域做得比较好的 2～3 个品牌。自己品牌的实力也相当或可以提升到那个层级的，这样多研究它们，跟它们学。谁说一定非要第一个吃螃蟹呢？第二个吃螃蟹者往往是永恒的胜者，因为第一次吃者有可能面临多种风险而中途夭折。

这种对标品牌的选择是可以年年更换的，觉得某品牌表现差了，或者自己超越了对标品牌，那就可以选择其他值得对标的品牌。

选择对标品牌不一定只是用于品牌推广和广告研究，其他围绕门店销量提升的很多方面都是可以学习的。这是一个“一般人我不告诉他”的简单秘密！

第四章
借助推广增加成交量

——建材家居门店销量提升

众所周知，对于建材家居行业来说，店面自然客流的成交量估计占比只有现在的一半。另外一半主要就是靠多种推广方式的组合。也就是说，如果只关注店面的自然客流及销售，那么这个店面能盈利的很少，不关门歇业就不错了，这就是当前建材家居行业比较残酷的生存现状。店面销量提升功夫不仅仅在店内，店外的功夫更是不容忽视。

店外推广方式，近几年也层出不穷，有早期的小区推广、设计师推广等，到最近风风火火的品牌联盟、团购活动、网络销售、砍价会等，形式多种多样，令人眼花缭乱。**在这些众多的推广方式中，我们推荐的方式还是那些需要练习内功、增强体质的“中医”方法，只不过这些要做透、做细，这是别人难以短时间内模仿和超越的，这是“真功夫”**。而对那些大张旗鼓搞一场什么活动的，我们认为是“西医”的方式，速度快，立竿见影，做个销量的有益补充就好，多了就会伤身体，久了会产生耐药性。

这样“风风火火”的活动，看着光鲜照人，实际上是变相的价格战，只要价格低，你能做，别人也就能做，不是真正的内功修炼。砍价会的活动就是其中闹剧的一种，效果越来越差，“砍价”之风从东部刮向中西部，估计最后飘出国界刮到中亚去了。

我们在这里推荐的还是健身的“中医”传统方式，千万不能把这些强身之宝抛弃掉，关键是如何做到效果、效率的提升，如果坚持不懈，定能熟能生巧、笑到最后。

一、小区推广

小区推广的本质是销售前移，向消费者提前靠近一步，缩短与消费者之间的距离。

小区推广很早就开始有了，现在小区推广的效果也大不如以前。原来一场小区活动就可以得到不少的单子，但现在签单就很难。我们在与一些建材家居企业经销商接触时，发现当前的小区推广不太受重视，开始转向能立竿见影看到“效果”的促销上，如团购会、砍价会。那么小区推广还值得不值得做呢？

答案是肯定的，不做小区推广，又能做什么呢？只不过我们对小区推广的方式方法要有所改变。

首先，小区推广的目的要改变，从原来的签单为首要目的转成以品牌的推广为主，为下次成交提供更多机会。小区推广人员开始是与店面零售、工程、装饰公司等并列于销售部内的，现在小区推广人员更应该划归到市场部。从部门的转变，能更好地理解这几者之间的差别。

其次，小区推广要加强内部的分工协作和外部横向品牌的联合，与品牌联盟或装饰公司一起做，减少投入成本。

第三，要更注重小区推广的精细化，从过程中要效益，不能认为做了就可以了，做的效果具有很大的差异。小区推广的系统操作流程，如图 4－1 所示。

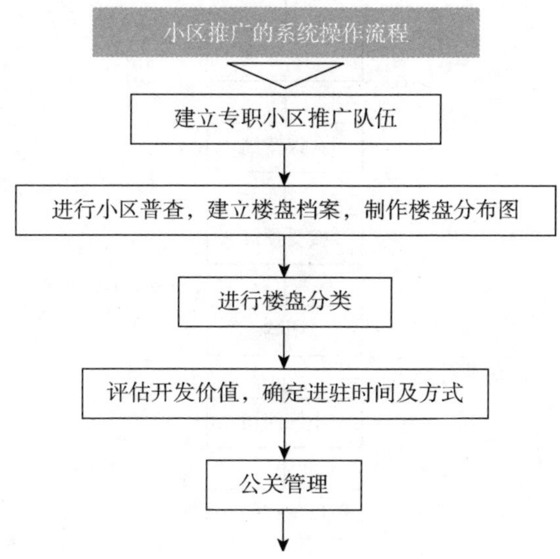

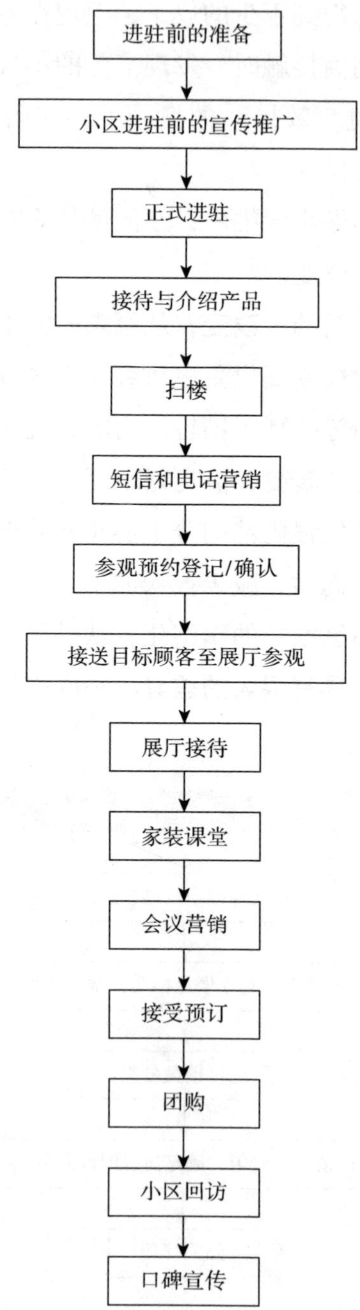

图 4－1　小区推广的系统操作流程

小区推广“三字诀”

建队伍、制地图，先分类、再评估。

公关好、花费少，筹备足、进驻早。

诚待客、巧介绍，扫楼盘、预约好。

接顾客、店面坐，家装课、销售热。

团购惠、挖消费，勤回访、树口碑。

(一) 建立队伍

区域经销商根据其区域大小和产品属性，核算小区推广可能的工作量，组建小区推广人员，一般多2～6人。小区推广人员可以2～3人为一小组，每小组有一个小组长，以组为单位来进行小区开发。小区推广人员设置一个负责人，除了管理职能之外，也需要和成员一样，进行日常小区推广的事务。

根据经销商情况的不同来进行小区人员的设置，如可以思考把店内导购员编入成推广业务代表，这样既增加了人手，也充分利用了他们的专业能力。

1. 主要岗位职责

(1) 开展小区市场调研，收集小区信息，制定小区推广业务策略。

(2) 对小区物业部门进行公关，与之建立良好的关系。

(3) 负责小区进驻的现场布置、消费者接待。

(4) 展开“扫楼式”入户拜访，跟踪并满足住户的需求。

(5) 负责业主至总部展厅参观行程的具体组织。

(6) 发挥“意见领袖”的作用，开展团购工作等。

2. 队伍的招聘

(1) 小区推广的工作环境差、工作时间长、体力消耗大、成交难度大，只有具备吃苦耐劳、百折不挠的品质的人员才能胜任。

（2）建议去招聘一些来自农村的职高生、中专生、大专生，这些人特别能吃苦、工作务实，这是小区推广人员必备的特质之一。

（3）有物业管理经验的优先考虑。有物业管理经验的员工，在日后与物业公司打交道时，拥有共同语言，有利于与物业公司建立良好的关系。

3. 队伍的培训

小区推广人员上岗前，应该进行一系列的培训，考核合格后再上岗。主要培训内容包括：

（1）公司介绍、企业文化。

（2）管理制度、运作流程。

（3）商务礼仪。

（4）心态培训。

（5）产品基础知识。

（6）产品结构。

（7）运用 FABE 法介绍产品。

（8）行业竞争态势。

（9）基础营销理论。

（10）小区推广实操动作分解。

（11）顾客服务技巧。

（12）处理顾客异议技巧。

4. 队伍激励

制定小区推广人员的薪酬管理办法、奖惩办法，并让每一个人都清楚其薪酬构成及如何才能拿到更高的工资。激励的方法很难一概而论，下面举例说明：

例 1：某瓷砖西安经销商对小区推广是按动作分解进行奖励的

（1）开发广告进驻小区奖励 300 元。

（2）开发入住小区并扎点奖励500元。

（3）单场活动小区主办，当场签单算小区推广人员业绩。

（4）在开发小区期间，小区推广人员可得2个点的奖励。

（5）小区规定期段完成户数率达10%，统一有1个点的奖励。

例2：某瓷砖北京经销商是按销售额模式提成来奖励的

（1）出货阶梯奖励制度：

◇ 单月出货额达到1.2万元，工资奖励200元。

◇ 单月出货额达到1.8万元，工资奖励400元，同时当月提成上浮1.5个百分点。

（2）小区占有率奖励制度：

◇ 单一指定小区订单30户，公司奖励1000元。

◇ 单一指定小区订单40户，公司奖励1500元，以此类推。

5. 队伍管理

（1）**“三会管理”：**通过早会、周会、月会，随时了解业务进展状况，解决工作中出现的问题，确定下一步工作的方向。

（2）**“工作日志、周计划、月度工作总结”管理制度：**每天填写工作日志，记录工作内容，反映市场情报，提出工作建议；每周指定本周的工作计划，以对工作进行预期；每月进行月度工作总结，分析得与失，并与其他人员分享，不断提高工作效率。

（二）楼盘建档

1. 楼盘普查

对本区域的小区楼盘进行全面的普查，了解各个楼盘的定位、价位、户型、户数、配套、开发公司、物业公司、开盘日期、预计装修日期、进驻装修公司、有无竞争对手进入等。

2. 地图标示

将楼盘名称标注在地图上，并将楼盘分布图挂在办公室，对已进驻的小区，以“红旗”标注，并根据楼盘增减进行及时标注调整。

3. 填写楼盘档案

附：楼盘档案参考表，如表 4－1 所示。

表 4－1 附　楼盘档案参考表

<table>
<tr><td>楼盘名称</td><td colspan="3"></td></tr>
<tr><td>楼盘类型 *</td><td></td><td>楼盘性质 × ×</td><td></td></tr>
<tr><td>楼盘地址</td><td colspan="3"></td></tr>
<tr><td>开发商</td><td colspan="3"></td></tr>
<tr><td>开发期数</td><td></td><td>交付期数</td><td></td></tr>
<tr><td>交房时间</td><td></td><td>已售房屋套数</td><td></td></tr>
<tr><td>小区面积或套数</td><td></td><td>均价（元/平方米）</td><td></td></tr>
<tr><td rowspan="2">物业公司</td><td>名称</td><td colspan="2"></td></tr>
<tr><td>负责人及电话</td><td colspan="2"></td></tr>
<tr><td>能否进行小区推广</td><td colspan="3"></td></tr>
<tr><td>推广场地描述</td><td colspan="3"></td></tr>
<tr><td>已开工装修套数</td><td colspan="3"></td></tr>
<tr><td>已进驻装修公司名称</td><td colspan="3"></td></tr>
<tr><td rowspan="7">竞品状况描述</td><td>竞品名称</td><td colspan="2"></td></tr>
<tr><td>活动场地描述</td><td colspan="2"></td></tr>
<tr><td>促销产品信息</td><td colspan="2"></td></tr>
<tr><td>人员情况</td><td colspan="2"></td></tr>
<tr><td>礼品情况</td><td colspan="2"></td></tr>
<tr><td>现场氛围</td><td colspan="2"></td></tr>
<tr><td>成交数量</td><td colspan="2"></td></tr>
<tr><td colspan="4">主要房型与建筑面积</td></tr>
<tr><td></td><td>房型</td><td>建筑面积</td><td>套数</td></tr>
<tr><td>房型 1</td><td></td><td></td><td></td></tr>
<tr><td>房型 2</td><td></td><td></td><td></td></tr>
</table>

续表

	房型	建筑面积	套数
房型 3			
房型 4			
房型 5			
信息来源	物业	开发商	售楼处
信息提交人		提交时间	

填表说明：

＊楼盘类型，填写多层、高层、公寓、别墅等

××楼盘性质，填写商品房、经济适用房、回迁房、集资房等

（1）**商品房**

特点：装修时间长，装修档次要求较高，零散，房东间关系相对封闭，信赖家装公司。

（2）**经济适用房**

特点：装修时间长，经济水平一般，装修档次一般。

（3）**回迁房**

特点：装修时间短、经济水平参差不齐，装修要求普遍不高。

（4）**集资房**

特点：业主间较熟悉，装修时间集中，存在互相攀比的情况。信息容易传播，易树立口。多为国营大企业、银行、学校、医院、政府建设的楼盘。此类房越来越少了。

（5）**别墅**

特点：装修预算较高，多为家装公司设计施工，分布零散，装修时间较长，追求档次和效果。

（三）进驻评估

1. 开发评估

如果一个阶段内，待开发小区比较多，可对楼盘信息进行打分，依据分数选出当前重点开发的小区。小区的打分权重如表4－2所示。

表 4－2　小区楼盘进驻评估表

××小区第×期									
交房时间（10分）	剩余交付期数（5分）	集中交付数量（5分）	楼盘价格（10分）	楼盘平均面积（10分）	消费能力（10分）	房屋用途（10分）	物业配合度（20分）	费用评估（20分）	总分值

填表说明：

（1）**交房时间：**越近分值越大。

（2）**剩余交付期数：**越多分值越大，但跟楼盘套数有关。

（3）**集中交付数量：**越多分值越大。

（4）**楼盘价格：**根据房屋价格与自身产品的匹配度进行打分。

（5）**楼盘平均面积：**越大分值越高。

（6）**消费能力：**越强分值越大。

（7）**房屋用途：**自住率越高分值越大，投资率越高分值越小。

（8）**物业配合度：**配合度越高分值越大。

（9）**费用评估：**根据小区进驻费用进行打分，平均到每户的费用。

根据筛选出的当前阶段需要开发的重点小区，再对该楼盘进驻的投入产出进行详细评估，进行投入收益分析。主要考虑的因素如下：

◇ 需投入多少人？进行多少天？

◇ 前期的公关费是多少？

◇ 租金怎样？展示物料、宣传物料费用如何？

◇ 预计销售收入有多少？

最后通过计算，若值得进驻，再来决定以何种方式即投入产出最高的方式来进驻该小区。

2. 进驻形式

主要的进驻形式包括：

（1）租用门面或车库，设立临时售点/展示区。

（2）与家装公司联合进驻。

（3）与建材家居行业内其他品类结成品牌联盟，进行品牌联合进驻。

（4）宣传类进驻：在小区主要出入口挂条幅、贴海报等，或在已使用自身品牌产品的业主阳台、窗户悬挂横幅宣传等。

（5）公益广告进驻：赞助制作小区楼层牌、门牌号码、电梯间内的宣传海报、公益标语，或者制作小区公益宣传牌、告示栏、指示牌、广告电子时钟、小区座椅、小区物业杂志等。

（6）赞助小区举办的活动，如小区开发商举办的售楼促销活动、业主联欢会等。

（7）双休日展销：利用双休日期间，由推广小组租用场地，展示产品。

（8）人员散跑：小区推广人员入户拜访。

在当前推广费用居高不下，以及高端社区比较难以进驻的情况下，采用联合进驻的方式是最为推荐的。

进驻形式与小区的类型关系较大，不同类型楼盘进驻方式参考表4－3。

表4－3　进驻形式与小区的类型配比

序号	小区类型	进驻方式
1	商品房	对于大型小区，可租用门面，设临时专卖店 对于户数多且装修投入高的大型小区，在设临专卖店的同时可派开发小组，在周六、周日摆咨询台进行宣传 充分利用样板房带动效果，引导顾客间进行口碑宣传
2	经济适用房	结合产品匹配性进行适当开发，定位高端产品不建议开发，中低端产品可加大力度。如有广告位可以进行品牌宣传
3	回迁房	对于大型楼盘可考虑租用门面或车库等，设临时点 对于装修投入不多的小区，以人员散跑为主，将联系其包工头、相应的装修工种等作为工作重点
4	集资房	可集中资源开发，适宜租用门面，设临时专卖店。做好第一家样板房，注重保持意见领袖的良好关系，利用业主之间的口碑宣传带动销售
5	别墅	注重与家装公司的关系建立，这类业主多交由设计师或装修公司采购

3. 宣传策略

对于小区的进驻宣传根据该小区所处的装修时段不同，也会有些宣传上的差异。

（1）初期（小区建筑期与楼盘销售阶段）：

◇ 小区建筑期：如果条件允许，可做一些巨幅宣传，将一些巨幅（喷绘）挂在建筑的墙体上。

◇ 楼盘销售阶段：重点作好对开发商与售楼部的公关，多进行感情沟通，要设法获得业主档案；另外把宣传资料、小礼品放入售楼部，请其代为派发；或将广告牌、X 展架等，放在售楼中心进行宣传。通过掌握的业主档案，前期可与业主进行电话沟通，了解业主初步的需求，并预约时间进行面对面的沟通。

同时，可与物业管理处联系，做一些公益广告，如前述的赞助制作小区公益宣传牌、告示栏、指示牌、广告电子时钟、小区座椅等，提前进行预热式宣传。

（2）中期（楼盘售完至集中装修期间）：是小区推广的关键期，针对不同的小区，确定不同的进驻方式。

◇ 对于重点小区，采取“高举高打 + 地面推广”的策略，即施展高空轰炸、地面进攻的“组合拳”，重点强势进攻，力争成为该小区内的“第一声音”。

◇ 针对次重点小区，主要采取低成本的地面推广策略，如扫楼、短信群发等，达到精确打击的目的。

（3）后期（零星装修期）：通过电话沟通方式，与业主保持沟通，有意向者可上门服务。另外，做好售后服务（送货上门、装修指导等）。

4. 策略说明

对上述“高举高打”、“地面推广”等策略进行简要说明，如表 4 - 4 所示。

表 4-4 进驻策略说明及推广手段

推广策略	说明	推广手段
高举高打	高空“轰炸”传播，投入相对较高，但对业务员依赖性较低，对经销商的管理能力要求不高	大型喷绘、易拉宝、电梯广告、彩旗刀旗、业主手册、条幅横幅等
地面推广	主要以人员推广为主，成本低，但对业务员的业务能力和经销商的管理能力要求较高	给物业发资料、短信群发和电话营销、设摊、样板房、扫楼（面对面销售、小贴士、门口插单页）、会议营销等
辅助手段	渗透式的推广方式，单独使用很难产生销量，必须作为高空传播和地面推广的辅助手段	楼层贴、太阳伞、门符、样板房 KT 板或横幅、售楼推荐、公益告示等
特殊手段	适用性较低，需要有特殊关系和特殊情况，但一旦使用，效果将会很好	房产买赠、工会公关、老小区推广

以下为几种推广手段的说明：

（1）大型喷绘或条幅

使用方法：挂在小区业主出入的必经之路上，不要太高，要在行人的视觉范围之内。

（2）易拉宝

由于客观条件不允许，在小区内不可以做大型喷绘的情况下，在小区内使用简洁、大气的易拉宝，同样可以达到“轰炸”业主视觉，留下深刻记忆的效果。

使用方法：必须两个以上的易拉宝摆放在一起；可摆放在小区出入的必经之路上，咨询台设摊处，不允许挂横幅、KT 板的样板房阳台上。

（3）电梯广告

在大型喷绘、易拉宝不允许摆放的高档小区，可能电梯广告是所剩无几的选择之一了。电梯是业主阅读时间较长的地方，但仍然要注意使用方法：

◇ 最好是高层楼房，这样对应的客户多，减少成本。

◇ 最好用裱框的形式，不建议使用整个电梯墙面，因为后期容易卷边，反而会影响形象。

◇ 要放在电梯按键旁的一面，阅读率最高。

◇ 首选产品名 + 图片 + 电话、地址，这里距离消费者比较近，可以用适当详细的文字说明。

（4）彩旗、刀旗

彩旗，安装简单，二次使用率高（其他小区也可使用），但需要经常维护，防止刮风倾倒。简洁、大气迎风招展的彩旗，正反两面都面积小，没有风则容易下垂，只有单面能够阅读的彩旗能看到。

刀旗，相对于彩旗安装复杂，二次使用率低（尺寸不同，其他小区不好再使用）。

（5）业主手册

在一些高档小区中，大型喷绘、易拉宝、电梯广告都不允许做，业主手册可能作为线上形象宣传是唯一的选择。

辅助手段：楼层贴、太阳伞、门符、样板房 KT 板和横幅、售楼推荐、推拉小贴士、公益告示等。

附：小区交钥匙晚会或业主联欢会操作

小区交钥匙晚会/业主联欢会，是集中宣传的好时机，可与物业公司商量，争取合作举办晚会。

（1）**切入。**赞助一定金额的礼品、奖品或赞助某些节目，获得晚会冠名，或在现场展示/宣传等。

（2）**操作。**可与房地产公司合办或单独主办。

（3）**展示/宣传。**晚会背景画加品牌名、太阳伞、发放单页、布置展架和样板等。

（4）**提供节目。**组织公司员工表演 1 ~ 2 个有特色的小品、情景剧，参与其中，给业主和物业公司留下深刻印象。

（四）物业公关

1. 责任人寻找

联系小区的物业管理部门，要找到负责人，通过施以小恩小惠，建立个人感情，争取以较低的成本取得较好的位置、方式。对于那些集资房、单位房，可找该单位的行政部等部门。

2. 感情建立

有些小区的租金，与物业公关关系好的可以少收甚至不收，所以要充分公关，取得好感，建立关系。

3. 公益导入

在与物业部门协商的时候，先要通过赞助制作一些小区必需的公益宣传牌、告示栏、指示牌入手，取得物业部门的好感，又收到宣传的效果，接下来的合作就会顺利很多。

4. 定期拜访

建立与物业部门的良好关系，保持勤拜访十分重要，在开盘销售前，一般最少 1 周要拜访一次。

（五）正式进驻

1. 进驻准备

在正式准备进驻后，首先要准备进驻前的物料：

（1）**展架：**以简易展架为主，方便运输与拆卸。

（2）**产品：**针对小区档次选择适合的产品组合，如果是高档楼盘，则要选择一些有特色的产品、新产品进行展示；若是经济适用房，则可选择一些性价比高的产品。

（3）**帐篷、太阳伞：**营造气氛。

（4）**形象台、桌、椅：**携带轻便的、标准形象台及桌椅若干。

（5）**电脑、IPAD：**以声音吸引人群；电脑现场设计可积极与业主互动。

（6）**宣传资料：**大图册、荣誉证书、检测报告、工程案例、销售记录等。

（7）**小礼品：**赠送给业主。

（8）**X 展架、KT 板：**公司介绍、产品介绍等，有的直接印在帐篷上。

（9）**小区单页：**非常重要的小区推广工具，单页内容、设计质量好坏，直接关系到成交量多少。

小区单页须具备以下特点：

◇ 公司介绍要简洁，重点突出。重点突出最高级别的荣誉，如中国名牌、驰名商标、环保产品认证等。

◇ 产品清单要有针对性。根据该小区业主的收入、装修预算，制定合适的产品清单，不必将图册上所有的产品都放上去。

◇ 有针对该小区的促销方案、团购优惠方案。促销方案、团购优惠不可少，这让小区业主感觉比到市场上去购买更划算，同时可最大限度地利用小区口碑传播的特点，推动团购批量销售。

◇ 有应用的案例。应用案例是销售的“证据”，将一些有代表性、有号召力的案例放在单页上，十分可信。

◇ 有服务承诺。将公司在送货、退货、换货、品质保证等方面的承诺详细标示，给业主吃下“定心丸”。

◇ 最好是一个小区一种单页，显得格外重视此小区推广。

2. 单独进驻

（1）**场地选择：**小区人气最旺的广场或必经的过道。

（2）**场地布置：**

◇ 一般采用钢结构帐篷式展架，此种展架防风、遮阳、避雨、十分牢固且易拆卸，同时十分抢眼，宣传效果好。

◇ 产品展示多采用简易简架。

◇ 要配有统一的形象台。

◇ 附近以太阳伞配合造势。

(3) **注意事项:**

◇ 要搞好与物业的关系，事前进行公关。

◇ 事中要服从物业部门的管理。

◇ 不能和门卫部门发生冲突，有事情可找主管协商。

◇ 场地布置必须有气势，有一定的震撼作用和吸引力。

◇ 有条件的，现场可播放专题片、广告片。

3. 品牌联盟进驻

为共享资源，节约费用。可找一些门当户对的其他行业相关品牌合作，合作公关、合作宣传、合作展示、合作促销。

最早的行业联盟，现在运作最成功的当属冠军联盟。2009 年，由东鹏陶瓷发起，与大自然地板、欧派橱柜、美的空调、雷士照明等一起组建成全国范围内的品牌联盟。在区域市场，如果经销商所经营品牌没有全国性联盟品牌，可根据当地情况，组建地方长久或临时的品牌联盟。只要其目标消费者一致，销售时间一致，在小区推广时就可联合进驻小区，共同进行推广。

4. 家装公司进驻

对一些住户不多的商品房小区，单独进驻成本高，风险大，可选择与一些知名装修公司联合进驻。利用装修公司租用的门面，占用一角摆放产品宣传资料与样板。与家装公司商量好，要求驻小区设计师协助进行产品导购。每成交一单，给予设计师/装修公司一定金额的奖励。

(六) 接待介绍

1. 礼仪

工作人员最好统一穿着公司的制服或 T 恤，遵行良好的商务礼仪，使用礼貌用语。

2. 礼品公关

向业主赠送纸巾、气球（有小孩时）等小礼品，以博得好感。对一些业主准备必需的卷尺、计算器、雨伞，在登记了业主的姓名、地址、电话后，可以借给业主使用，下次入户拜访时借机收回。

3. 单页拦截

推广人员要主动出击，向路人散发单页、小礼品，并引导至展示地点参观。

4. 公关活动

接待时积极建议业主预约参观公司展厅及参加家装课堂等活动。

5. 促销告知

积极介绍针对本小区的促销活动和团购方案。

6. 资料奉送

送给业主的资料最好用一个纸袋或塑料袋装起来，显得很“珍贵”，业主才不会随便丢弃。资料一般包括：产品汇总折页、团购指南、促销活动单页、家装课堂预告、接送时间安排表、业务员的名片等。

（七）入室扫楼

所谓的扫楼，就是挨家挨户进行入室拜访，而不是简单地将产品资料塞到门缝里就结束。这些资料、信息要送达给业主才有价值。下面是扫楼的具体操作介绍：

1. 礼仪准备

入室宣传人员要注意商务礼仪，穿着整洁，彬彬有礼。千万不能死缠烂打，业主反感时，要适可而止。

2. 携带礼品

入室拜访，最好带上一些礼品，如装修时用得着的卷尺、计算器、纸巾、小雨伞等。

3. 记住业主名字

根据前期收集的业主档案，能叫出业务主名字更好。如："您好，××大哥/大姐/阿姨……（比较亲近的称呼），我是××的，有一些资料想给您看看。"

4. 备齐资料

资料最好用一个纸袋或塑料袋装起来，资料一般包括：产品汇总折页、团购指南、促销活动单页、家装课堂预告、接送时间安排表、业务员的名片等。

5. 索要电话

拜访后要留下业主的联系电话。向业主索要电话时，可以这样说："到时有一些优惠（或家装课堂，或预约去总部展厅参观），好随时通知您。"

6. 小区拜访记录

在扫楼过程中，把每次拜访客户的信息记录下来，填写在对应的小区业主档案表下面"跟进情况"一栏中，如表4－5所示。

表4－5　××小区业主档案表

业主编号：NO.

姓名		联系电话			
住址					
工作单位					
住房面积		拟装修时间			
装修公司		设计师		电话	
装修档次	☐ 高档　☐ 中档　☐ 简单装修				
装修预算					
装修方式	☐ 包工包料　☐ 包净工				
采购方式	☐业主采购　☐装修公司采购		采购时间		

续表

业主兴趣品牌			
开发价值	□高 □一般	跟进人	
跟进计划			
跟进情况（小区拜访记录使用）	第一次沟通 第二次沟通 第三次沟通		

备注：获得业主资料的方法

需要拿到的业主的详细资料包括楼层房号、姓名、手机号码、年龄、最好含职业等。该类信息一般有以下几个来源：

（1）一对一的销售中拿到业主联系方式。

（2）扫楼过程中从装修工人、装修许可单上拿到联系方式。

（3）与装修公司、其他建材行业同行交换得到业主联系方式（此种方式拿到的价格便宜但比较“陈旧”）。

（4）从物业处得到联系方式（此种方式拿到的，价格贵但比较“新鲜”）。

（5）通过对售楼处公关，包括从样板房使用者那里获得部分联系方式。

（6）通过水、电、煤气公司获得业主名单。

（八）店面接待

1. 门店参观邀约

对一些有意向的顾客，可建议他们去位于建材市场的展厅参观。在现场时可以这样对业主说：“我们在这个小区只展示了部分产品，而且展示场地比较简陋，效果相对要差些。建议您去我们展厅参观，展厅品种齐全，效果好，有专车接送。”

2. 发放邀请函

附：邀请函模板，内容填写参考表4－6。

表4－6 邀请函

<table>
<tr><td colspan="6" align="center">邀请函</td></tr>
<tr><td colspan="6">尊敬的先生/女士
首先祝贺您即将喜迁新居！××公司为您的新居增姿添彩，我们很乐意为您提供专业的装饰建议与服务，特邀请您及您的家人到公司展厅（地址：________）参观，并参加我们的装修培训，热诚欢迎您的光临！
××公司
日期：</td></tr>
<tr><td>序号</td><td>姓名</td><td>住址</td><td>电话</td><td>随行人数</td><td>预约时间</td></tr>
<tr><td></td><td></td><td></td><td></td><td></td><td></td></tr>
<tr><td></td><td></td><td></td><td></td><td></td><td></td></tr>
<tr><td colspan="6" align="center">……………………（裁剪处）……………………
客户回执单</td></tr>
<tr><td colspan="2">客户姓名</td><td></td><td colspan="2">住址</td><td></td></tr>
<tr><td colspan="2">电话</td><td></td><td colspan="2">随行人数</td><td></td></tr>
<tr><td colspan="2">预约时间</td><td></td><td colspan="2">候车地点</td><td></td></tr>
</table>

3. 进店前确认

在约定时间的前一天晚上，再电话确认业主是否前往，及告之具体时间。最好在去之前，通过短信的方式把地址再给顾客发一遍。

4. 店面接待

（1）店面氛围营造

（2）提供饮料

（3）介绍产品

（4）现场对比测试关键卖点等

（5）疑问解答

（6）举办家装课堂（详见下文）

（7）接收产品预订

（九）家装课堂

1. 时间确定

一般选在周六、周日。

2. 地点

公司会议室或专用场地内，或者选择在酒店会议室。

3. 讲师选择

与公司有合作关系的装饰公司的资深设计师或公司资深的销售人员。

4. 会前准备

要准备些礼品，礼品要精美，对目标消费群要有吸引力。组织者、培训者、督导者等需准备妥当，各类人员分工明确，预估执行情况，做好现场控制准备。

5. 会场布置

◇ **物料布置**。充分利用彩旗、横幅、KT 板、易拉宝等广告形式，需提前一天布置会场。

◇ **摄影布置**。摄影、摄像各由一人负责。

◇ **礼品布置**。事先准备的精美礼品在现场陈列。

◇ **资料收集**。准备每个到会顾客需要填写的表格，并注意由专人负责收集。

6. 内容介绍

目前流行的装饰风格，如何选择装饰公司、如何选购瓷砖/地板/洁具/木门/橱柜等装饰材料、产品特点介绍、家装案例分享、家装注意事项等。

7. 后期跟进

按照登记的参会消费者名单，进行会后跟踪并总结经验和教训。

（十）团购实施

1. 团购优惠

顾客在家装课堂或者在展厅逗留一段时间后，就可开始接受预订，为激励顾客预订，可通过向他们讲明团购的优惠政策，介绍针对××小区的优惠、赠礼方案。

2. 话术准备

可以这样说："大家装修都很忙，为节约大家的时间，你们可以根据需要预订产品，只需下一点订金，我们提供全程上门服务（上门量尺寸、送货上门、退/换货上门等）。要预订的话可到我们这里填预定表。"

3. 意见领袖

在预订过程中要发挥意见领袖的作用（事先与其商量好），由他召集大家来进行团购与预订。"擒贼先擒王"，做团购先找"意见领袖""热心人"，尤其是一些单位、机关的工会、福利部门、行政部门等领导，或退休干部，这些人在社区内具有一定的号召力，可利用他们组织进行团购，根据团购数量给予其一定的奖励。团购的突破口就是要先做一家样板房，然后由团购召集人组织业主去样板房参观，这样成交的概率就会提升很多。

4. 样板房打造

附：样板房打造征订流程，如图 4－2 所示。

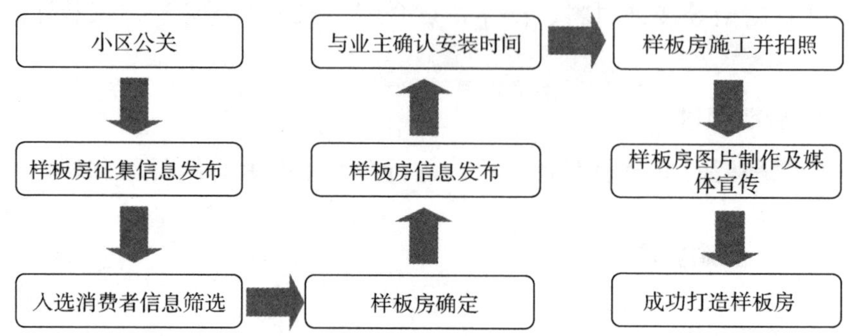

图 4-2　样板房打造流程图

（十一）小区回访

1. 小区回访

根据产品预订名单，逐一对消费者进行回访，进行核实用量、安排送货、收取货款、指导施工、退/补货等服务。

2. 恭贺乔迁回访

在各业主装修好准备入住时，可以发短信、打电话祝贺其喜迁新居，并征询其对产品品质、服务过程、装修效果是否满意。

3. 遗漏业主补充回访

对因故没有参观展厅，又较有兴趣的业主，可预先联系进行拜访，介绍其他业主们到公司展厅参观的情况，重点要说明有多少户实现了成交，争取成功销售。

（十二）口碑宣传

1. 老顾客口碑

在小区推广过程中，要善于利用已成交的顾客进行口碑宣传。为激励顾客们进行口碑宣传，可以对老顾客实行一定的奖励政策，如介绍一位业主成交的，给予一些奖励或赠送一些礼品。

2. 样板房效果展示

对一些犹豫不决的顾客，可带他们去已装修好的顾客处，看样板房产品装饰的效果。

3. 顾客名册收集展示

要把本小区的顾客名单整理成一个表格，对已装修好的住宅拍照，作为“证据”，向其他潜在的顾客展示，这能起到很好的“临门一脚”的作用。

二、团购活动

团购，就是团体购物，把认识和不认识的消费者联合起来，同时进行购买，以求得最优价格的一种购物方式。

团购的形式现在比较多，按不同的主办方、组织和实现方式可分为第三方团购网站团购、品牌联盟团购、终端自发组织的店内团购、小区推广团购等。小区推广团购在小区推广章节中已经简要介绍，本节重点就第三方团购网站团购、品牌联盟团购和终端门店团购作说明。

（一）第三方团购网站团购（网络团购）

网络团购也是一种新的销售和推广渠道，在借助第三方团购网站销售时，也可以增加产品的网络传播，起到品牌推广的作用。这种团购由于是第三方网络实施，相对来说，操作简单，周期短，可以摆脱对终端的依赖。

网络团购初期是消费者的自发行为，在小区论坛等网站聚集消费者，慢慢就演变成了有专门组织团购的人，并从组织活动中获利。到目前，网络团购主要是以更专业的团购网站形式出现，由于这些网站也要从中盈利，对消费者也要有价格的吸引力，企业产品的让利空间又有限，所以团购网站盈利情况并不好，致使大量关门，目前只有为数不多的几家经营尚好。

1. 选择合适的团购网站

网站的选择要与自身品牌定位相符合，选择影响范围广、口碑较好、品牌定位与客户群体定位相一致、活动操作能力较高的团购网站。其中，齐家网、淘宝聚划算等非专业团购网站的建材类团购功能模块，专业性强，关注度高，建议经销商深度介入。

选择建材团购网站的五大标准：

（1）在本地具有一定的知名度。

（2）能够主动地推动产品销售。

（3）能够提供比较完整的营销方案及合理的运作流程。

（4）网站合作的案例活动效果好。

（5）网站合作投入产出的性价比高。

2. 网络团购活动

选择一家好的团购网站只是走出了第一步，必须全面掌握决定网络团购活动成败的其他核心因素。

（1）活动模式确定

适合行业的团购模式主要有单一品牌专卖模式、异业多品牌专场模式以及大型团购展会等，需要根据具体情况做出合适选择。

（2）活动前期筹备

网络团购前期筹备工作包括：活动政策制定、场地选择、人员准备、物料准备等。

（3）活动现场执行

活动执行是非常重要的一步，理想的结果需要用执行来保证。现场执行包括现场布置、动员大会、顾客接待、导购激励等，这些都是现场执行的关键点。

（4）活动总结分析

在活动结束后，要注意进行活动的总结，只有不断总结经验，才能发现问题，不断提升活动效果，提升销量。活动总结可从客户到场人数、签单数、签单率、投入产出比、经验与不足、改善途径等方面进行。

3. 网络团购的价格体系设计

对于消费者而言，网络团购最大的吸引力在于价格。“价格”决定消费者是否参与及如何参与网络团购，需要首先考虑的问题是，从价格的设计到交易的完成，都必须让消费者拥有真实的让利体验。

让利幅度主要从以下几个方面参考：

（1）参照商品本身的市场价格

“市场价格”是基于整个市场战略层面的考量而确定的价格体系，包括团购价格在内的任何价格体系，都必须确保不会对现有的市场价格体系造成冲击。

（2）参考现实的“销售价格”

对于消费者而言，具有实际意义的不是市场价格，而是销售价格，团购价格低于销售价格，是其判断团购活动是否值得参加的主要依据。

（3）同类型产品的团购价格

同类产品的团购价格情况，也是团购价格设计需要考虑的因素。我们不建议完全以低价来吸引消费者，还要结合考虑品牌影响力、产品的稀缺性、产品的库存情况来决定。

进行团购的产品，在价格设计时采用“组合拳”：对消费者容易关注的产品、市场同类多的，甚至可以采用最低价格，这样首先给消费者一个产品便宜的印象。对消费者不关注的、市场竞争少的、需求量不大的产品，可以采用少折扣或不折扣；在价格外，可以赠送一些其他滞销产品或其他赠品，让消费者有更好的价值感受。

4. 团购产品选择及产品介绍

在团购中，仅仅依靠“价廉”来冲昏消费者的头脑是不可能的，只有将价廉建立在物美的基础上，才能真正获得成功。在选择团购产品时，要多结合满足消费者真正需求的原则。

（1）性价比高的产品

选择参加网络团购的消费者，基本上都不属于“冲动型”消费，都会在购买决策前进行非常理性的对比和考量。所以，在确定哪些产品参加网络团购时，除了考虑有杀伤力的价格外，还必须具有对消费者来说比较好的功能性和实用性，即对消费者而言“性价比”高的产品。

（2）多呈现消费者关心的产品说明

“理智型”的消费者会对产品的各项数据进行全面深入的了解，应多把消费者可能关注的产品信息和说明通过网络平台直接呈现出来，这样可减少“溜单”，树立品牌专业、自信、公开的形象，增进消费者的信任和好感。

（3）解决消费者最为担心的问题

除了对产品本身的疑惑外，消费者在面对网络团购时还会考虑许多问题，比如：如果退货怎么办、有无隐性的成本支出等。提前、快速回答这些问题，能够对消费者产生积极的影响，有效解决疑虑，促成其达成购买决策。

（二）品牌联盟团购

1. 概述

品牌联盟，指两种或两种以上的相关品牌，在合作中共享利益、共担风险、相互借力，形成一种独特的品牌联合体，达到 1 +1 >2 的品牌推广效应。

毋庸置疑，品牌联盟是促销活动的发展大趋势，尤其是在如今广告信息满天飞、市场费用增大、消费者越来越理智的情况下，单个品牌自己做活动投入产出往往不成比例，也不一定能得到期望的效果，而品牌联盟可以集中各自的优势，将所有资源先整合，再共享，既降低了各自的风险，又分享了其他品牌的各种优势资源。

品牌联盟团购的组织形式很简单，就是从联盟品牌中选出一名总协调，将各个品牌的资源进行有效的整合，将目标消费者集中到一个高级酒店会议室或其他大型会所，通过品牌间购买互相优惠、优惠券通用等方式，吸引到场的顾客下单。竞争对手无法实施终端拦截，相对来讲成交率会比较高。

2. 成员选择

如果自身品牌是某一全国性的品牌联盟成员，那就跟从公司步伐进行联盟内的成员活动。如果没有加入全国性的品牌联盟，或者与其他联盟品牌之间存在着地域的不匹配性，那就可以召集其他品类的品牌，建设属于经销商区域内的品牌联盟，利益共享，一起发展，共同组织团购。

目前很多品牌的联盟只是一种松散的联盟，只是为了某个阶段的利益或某个活动联盟，活动结束之后联盟基本解散，这种做法其实浪费了很多的精力，再组建下次联盟又要再行进行磨合。**最好能是一种持久、深入、有组织的合作化联盟。**

首先，成员选择最基本的是门当户对的品牌企业，最高境界是选择业内的比较强势的品牌。

其次，有统一理念，成员之间在产品品质、售后服务、经营理念、社会责任感方面应当保持高度的统一。眼光比较长远的联盟才具有较强的生命力。

最后，联盟成员之间注重优势互补，让一站式服务变得名副其实，为消费者节约时间和精力。为减少竞争性，异业联盟较同业联盟更适宜。

3. 团购活动组织

经过几年的发展和不断的改进，品牌联盟这种活动模式已经基本成熟，只要能将活动前、活动中、活动后三大环节做透彻，品牌联盟自然能得到良好的收效。

（1）活动前

◇ 统一思想，加强联盟间的合作

在临近团购会时，联盟各品牌负责人应多加强沟通，由一位公信力强的人来做联盟领导，也可以轮流做联盟领导。出现问题必须及时解决，以大局为重；必要时可每个品牌上交1～2万元，作为保证金，出现品牌违规行为时进行处罚。

◇ 分工合作，各司其职

活动前的准备是千头万绪的，作为组织者，一定要将各个方面充分考虑到位，然后对团队进行明确分工，同时明确工作项目、考核标准、完成时间、责任人、奖罚措施等，任务分配下去后不能只等结果，还必须进行督促与跟踪，及时调整方向。

◇ 整合、共享资源

联盟各个品牌必须将活动前积累的客户信息统一上交，这些数据库是活动成功的强有力的保障。只有集中大量的潜在客户，才能实现销售的可能，否则肯定会失败。各个品牌在宣传中，还须拿出自己的广告位资源，统一换成活动的广告宣传。

◇ 精准传播，强势造势

利用各个品牌的顾客资料进行短信宣传和电话营销。

抓住3～6个目标小区进行全方位小区推广，包括扫楼、电话、驻点、QQ群、论坛等，将活动信息传播给目标客户。

利用各品牌店面进行传播。有条件的，还可以利用2～3个重点网络进行传播，以及利用报纸媒介和电台进行宣传等。

◇ 促销内容具吸引力

客户为什么要参加活动？为什么要购买产品？为什么现在买？如果这几个问题考虑清楚了，整个促销活动的问题也就迎刃而解了。

品牌联盟活动举办前，应当明确制定出行之有效的促销方案，这直接决定了品牌联盟能够在多大程度上形成对于消费者的刺激力，必须基于各品牌优势和资源最大化的有效“黏合”，才能设计出真正具有合力效果的活动方案。

比如设定到场有礼、通用品牌护照、有价入场券价值放大、消费者主动预约有礼、品牌间联动折让、签单有礼等形式。

（2）活动中

现场组织严密。活动现场是给顾客留下第一印象的场所，也是压倒消费者气势的场所，顾客既然来到了现场，说明他肯定是带着意向来的，剩下的工作就是组织好现场。

中间让利多煽情。通过主持人的介绍，让参与者感受到这次活动的不容易、机会难得，每种形式的优惠促销等都堪称“史上之最”，消费者是有幸碰到的。

也可以参与品牌与主持人演双簧，表达促销活动不在计划之内，已经进入亏本的感觉，但能激发消费者的看点，也激发消费者的买点，让其切实感受到活动优惠不可思议，机会稍纵即逝。

甚至可以安排**“已购买者”“大闹现场”**，说：“早几天买的那么不划算，执意退货或抗议”等，最后**“不得不”**同意其也按本次团购活动优惠处理等。

（3）活动后

顾客在团购会现场往往是凭着感觉下单，大部分顾客对品牌和产品并不是很了解，团购活动一般会承诺顾客在下单后一定时间内可以退单，也就是这段时间，做得好可以平安度过，做不好则会成为梦魇，因为顾客醒来之后往往会选择退单。这段时间内到达展厅看产品的顾客，导购必须认真接待，甚至灵活对待促销政策，争取现场签单的顾客能够真正成交。

（三）经销商店内团购

作为促销方式的一种，经销商亦可拿出一款或几款特价单品，按照一定游戏规则，在现有门店内以团购概念进行促销。

店内团购的操作要点：

◇ 团购数量要做限量且总数不可太多，给顾客以数量有限欲购从速的感觉。

◇ 单个顾客的起始团购数量可略高于客单平均购买数，刺激消费。同时也给店员留下操作余地。

◇ 产品价格要有比对优势。也可针对某小区进行团购，比如：

某涂料的店内团购宣传

针对××小区，进行特惠团购，指定日期到店，可享受团购折扣价

“净味竹炭1+1”原价638元，××小区团购价328元！

限量100桶；

单客购买3桶（含3桶）可享受团购价；

每人限购5桶。

三、家装渠道推广

特别是针对中高端的建材家居产品，家装设计师是不可逾越的。本节通过对家装设计师渠道的开发、维护以及项目实操过程的展现，将工作中的要点做一个总结和梳理。家装渠道的开发与维护，可作为终端销售的重要补充，也可以成为独立的运作体系。

（一）认识家装渠道

1. 渠道类别及合作形式

（1）大型家装公司

规模比较大，在业界有较强的影响力和较高素质的稳定客户群体，其内部管理比较规范和完善，如上海地区比较知名的前 20 家家装公司或装饰协会前 20 名会员。选择合作的品牌主要从品牌知名度、与公司的匹配度、公司利益等考虑，设计师对各个品牌的选择影响较小。

对于此类公司，主要是通过返利或给予直扣价的方式，不过要保留一定的返利空间，进行相关设计师等人员的公关、客情维护等。

（2）规模一般的家装公司

此类家装公司通常与多个品牌进行合作，每个品牌都会分配一定比例的销量，这个过程中，设计师的推荐往往起到一定的作用。

对于这类家装公司也可以给一定的返利，但同时要注意与材料采购、项目经理、设计师等保留一定的返利空间。

（3）设计师工作室

此类规模不大，负责人本身就是设计师，所有的业务都由老板本人亲自洽谈和跟踪，内部设计师和材料采购员等往往不参与企业接触洽谈。

对于这类设计师工作室，可把公司返利和设计师返利合为一体化，故在账面额度上可能会比上述公司返利更高。

（4）不参与选产品的家装公司

有些家装公司不参与客户选择产品，但又想在产品上得到一定的返利，当业主选好产品并确定价格后，寻机谋取返利。

对于这类公司只给予象征性的返利，并约定其陪同业主来选择自己的产品可适当增加返利，但如果是业主先选购材料，则不能给其过多的返利。

2. 家装公司与业主的合作类型

（1）清包

是指业主自行购买所有材料，找家装公司或装修队伍来施工的一种工程承包方式。由于材料和种类繁多，价格相差很大，有些人担心别人代买材料可能会从中渔利，于是部分装修户采用自己买材料、只包清工的装修形式。

（2）全包

也叫包工包料，所有材料采购和施工都由施工方负责，优点是相对省时省力省心，责权比较清晰，一旦装修出现质量问题，家装公司的责任无法推脱，因为工料都是他们负责的。缺点是费用较高，并且由于目前装修市场混乱，大部分企业缺乏诚信。由于材料价格、种类繁杂，装修户了解甚少，一旦家装公司虚报价格，或与材料商联手欺骗业主，很难识别。

（3）半包

介于清包和半包之间的一种方式，施工方负责施工和辅料的采购，主料由业主采购，优点是价值较高的主料自己采购可以控制主要费用，种类繁杂价值较低的辅料业主不容易搞得清，由施工方采购比较省心点。

（二）家装渠道业务流程

1. 信息收集

（1）媒体与网络搜索收集

家装公司一般都有比较专业而稳定的广告形式，比如：晚报的家装版、专业杂志、公交车身、出租车尾等。家装公司根据其规模的大小，宣传媒体也会有所不同，比如在上海，中上规模的公司一般在报纸和出租车尾上做广告的比较多，而一些规模较小的公司只间断地做报纸广告。

在开发设计师的时候要在媒体上收集目标家装公司的名单，再通过网络查找等手段获得设计师的资料。

（2）展会搜集

有设计展示会等相关活动，可以宣传产品，并与设计师进行交流与沟通，集中找寻目标设计师。

（3）设计师介绍

在日常的沟通或者参加设计师聚会时，通过设计师、熟人介绍其他设计师。

（4）建材跨行业互换资源

业务人员在日常拜访中，遇到非本行业的业务人员也可相互交换设计师资源，以共同扩大设计师资源，共同提升。

（5）门店

很多时候设计师或家装公司的其他人员会带着消费者到门店进行看样，门店也就成了沟通家装人员和消费者的桥梁。要以零售终端为前沿和中心，构筑其与家装公司的信息收集、展示、交流的平台。

2. 市场调查

每个地方的家装公司都很多，大城市更是达到上万家，其中适合合作的并不多。所以要通过调查进行取舍，从而能够更准确地寻找到目标客户。同时，加强对行业内情况的了解，让自己变得更专业。

（1）家装公司调查

确定目标客户的条件可以根据每个地方的特点而各异，可提供参考的标准有：

◇ **公司业务规模：**以家庭装潢为主要业务的公司，要看月业务量；以家装装潢业务为主的公司，要看其业务是否为整个家装的内外墙、办公室的内装潢，还是只做简单的水电铺设或单项的部分家装。业务量小的公司材料采购不正常，合作关系不紧密结款缓慢，而且业务量小的公司一般较多地考虑成本而不是装饰效果，要是与此类公司合作就需要特别注意。

◇ **公司的广告投放：**家装公司的广告投放量大，说明该公司的业务开展比较顺利，大多数家装公司还应该是市或省建委、家装协会等组织的会员，在行业内有一定的知名度。具备以上特点的装饰公司比较正规，业务稳定，合作中资金的风险小。

◇ **公司的设计水平：**公司具备专业的设计师队伍，设计师待遇好，设计部门在公司的地位高，在行业内的设计比赛中获过奖。重视设计或设计能力很强的公司在行业内会有较高的口碑，并且自身的发展潜力也很大，和这样的公司合作能迅速在装饰行业内将产品推到较高的知名度。以该公司采用了自己公司产品为宣传点，容易让其他的家装公司接受。

◇ **公司的性质：**家装公司有国有、集体、股份制、私营等几种性质。私营或私营股份制公司对于材料的价格、利润空间、供货、质量风险承担等要求高，货款结算难度大，结算周期长，有一定的资金风险。国有和集体性质的公司资金风险小，货款结算稳定，但在公关上难度大，尤其是要多方公关，几乎对不同部门的主管都要做公关工作。

◇ **公司的信誉：**直接关系到合作的长远和资金的风险，因此在拜访家装公司时要到采购部去观察该公司和其他材料供应商结算的情况（采购部几乎每天都有材料结算单的审批），或者和公司的一些人员侧面了解，也可以通过不同公司之间的相互评价去了解。

◇ **公司的经营理念：**对公司的经营理念及操作思路进行调查，刨除那些没有什么经营思路和理念的。

（2）竞争品牌的调查

◇ 家装公司现在采用的是什么同类竞争品牌？

◇ 该品牌的质量、价格、结算周期，家装公司对该品牌的欠款情况如何？

◇ 家装公司采用的是该品牌什么档次的品种？

◇ 该品牌采用了什么样的公关方法？

◇ 该品牌的产品市场知名度怎样？

◇ 双方合作的稳定性等。

尤其注意的是要敏感地发现近期家装公司业务开发迅速的同类品牌，并能分析他们的销售策略，为采取进一步销售方法提供参考。可以和家装公司的人员或该品牌负责家装公司开发的业务员沟通，多吸取优秀的业务经验。

通过市场调查，不难得出“家装公司为什么与现在的同类竞争品牌合作”的答案，再分析该品牌和家装公司合作的稳定性，看有无可乘之机。

（3）客户分析

◇ 善于从分析中了解客户的内心愿望，尤其是利润方面的预期。

◇ 将客户的内心愿望转化为产品的优势，发现自己的优点。

◇ 自己的优势就是和对方合作的基础，也是品牌对比的决胜之处。

◇ 将自己的优点转化为销售语言，再具体为利润分析，通过表格化、数据化直观地传达给客户。

◇ 最终填写《家装公司调查表》，如表 4－7 所示。

表 4－7　家装公司调查表

调查人：　　　　　　　　　　调查日期：

<table>
<tr><td colspan="5">公司名称：</td><td colspan="3">电话：</td></tr>
<tr><td colspan="3">地址：</td><td colspan="3">员工人数：</td><td colspan="2">办公面积：</td></tr>
<tr><td colspan="5">公司性质：国有/集体/股份制/私营</td><td colspan="3">注册资金：</td></tr>
<tr><td>法人代表：</td><td colspan="2">年龄：</td><td colspan="2">联系方式：</td><td colspan="3">行业背景经验：</td></tr>
<tr><td colspan="3">月业务量：</td><td colspan="5">设计水平：</td></tr>
<tr><td colspan="3">广告投放量：</td><td colspan="5">公司信誉：</td></tr>
<tr><td colspan="4">同类竞品品牌：</td><td colspan="4">其他产品：</td></tr>
<tr><td>名称</td><td>质量</td><td>价格</td><td>结算周期</td><td>欠款情况</td><td>月销量</td><td>档次</td><td>占总比</td></tr>
<tr><td></td><td></td><td></td><td></td><td></td><td></td><td></td><td></td></tr>
<tr><td></td><td></td><td></td><td></td><td></td><td></td><td></td><td></td></tr>
<tr><td></td><td></td><td></td><td></td><td></td><td></td><td></td><td></td></tr>
<tr><td colspan="4">竞品行业知名度：</td><td colspan="4">公关方法：</td></tr>
<tr><td colspan="4">双方合作的稳定性：</td><td colspan="4">备注：</td></tr>
</table>

续表

关键人物：	项目负责人：		首席设计师：			
姓名	年龄	教育背景	工作年限	职务	爱好	备注
问题、机会点：						
个人建议或特别记录：						

3. 开发准备

（1）产品资料

开发家装公司应该具有一套全面完整的资料，包括：公司介绍、品牌荣誉、当地获奖证书、检验报告、所供货品种的宣传单页、演示材料、样品等。可以将公司的相关单页资料用插页文件夹或活页夹的形式装订为一个家装宣传套装。

附注：

在派发资料时一定要将资料放入家装公司储藏文件的地方，不能让对方随手丢在桌面上，或与一些无关紧要的产品资料混为一体，因为家装公司的产品资料太多了，不在柜、屉里的资料很容易丢失。

同时不要把所有的资料一次性地全部送到，开始可以将部分资料和文件夹送去，而后在客户回访中不断带去新的资料补充在文件夹内，让客户感觉我们在不断发展和完善我们产品体系和宣传资料，因而觉得我们是进步很快的公司；而且每次带去“新”资料都要装入我们原先送去的文件夹，这样可以让对方取出我们的产品资料文件夹以吸引他们的注意力，提醒他们去看，并保证我们资料的完整保存。另外，也为我们对这些公司预留了更多的拜访机会，通过多次的沟通加大彼此间的合作机会。

（2）报价单

细致的报价单也能够吸引客户，大多数报价单包括：编号、品种、规格、供货价、零售价、总造价、施工装序、售后服务等内容，这样客户就会一目了然。

产品的差价是家装公司的利润来源，任何产品和家装公司的合作首先都是利润的合作，所以报价单中一定要为家装公司设计较大的利润空间并且要尽可能很直观地体现出来。

家装公司的业务开发都是从品牌替换开始的，要想让家装公司从以前使用习惯的品牌转换到我们的品牌就必须给他充分的理由，结合自身品牌的定位总结出一套令对方相信的利益分配方案，这是合作的保证。

附注：客户报价

◇ 注意分次报价

根据与家装公司合作情况的不同，可能要给予多次报价，对于合作多次而且合作良好的客户则可以给予一口价，也就是我们经常说的最低价。

◇ 注意预留利润空间

对于家装公司的合作要给予对方相应的利润。所以，在报价上要了解该项目谁是主导人，谁是参与人。如果是直接和设计师合作，其他人作用不大，就可以把更多的点位给该设计师；而有的是材料经理负责的，那么在给予设计师的基础上还要给予该材料经理一定的好处。否则很可能会导致该项目的失败，也会招致在以后的合作中该材料经理从中阻挠。

◇ 注意和门店做到价格的统一口径

在和家装公司合作时，给其报的价格和终端门店不能形成冲突。也就是说，当业务人员给家装公司报价后，有的客户会和设计师到终端门店进行考察，如果终端门店的价格和当初给设计师的价格差不多或还低，就会导致设计师对业务人员的不满。所以，家装公司的报价和门店的报价要有差异性而且还要做到彼此的统一口径。

◇ 根据合作情况予以不同的报价

为了先攻克一个家装公司，要给家装公司一定的利润空间，同时给予相关的家装公司合作人员一定的返点，并明确表明这是对初次合作的感谢。当然，这是建立在公司不亏本的情况下的，而且是对与该家装公司的合作保有美好前景的前提下进行的操作，如果是做一单而已，也就没有这个必要了。

◇ 针对产品系列进行报价

有的家装公司、尤其是以设计师为主的家装公司，设计师想拿更多的返点，我们可以对产品系列进行组合给予报价，让其明白推广高档产品会拿到更多的返点。当然，这要根据家装公司的项目和客户的要求来定，高档产品有时候推广起来比较困难。

4. 客户首次拜访

（1）首次拜访注意事项

◇ 第一次拜访最好是事前电话预约或有人介绍，注重穿着及商务礼仪。

◇ 在初次拜访家装公司之前要做好准备工作：产品知识、产品优势；足够的产品资料、产品辅助介绍资料；推销工具如名片、计算器等。

（2）初始拜访目标

家装渠道的拓展与其他类似的产品销售不同，不是直接去销售产品、达成交易，而是类似关系营销，前期主要是调查、了解、宣传、建立联系。

◇ 认识家装公司的设计部、采购部、施工队的人员以及老板，并分别和他们有比较简单的接触，让对方的人员包括老板对品牌有初步的了解。

◇ 了解各人员在采购上的决策权，人员之间的关系，如是否和老板有亲戚关系等。

◇ 向采购部门递交产品资料、报价单，向设计部门递交报价单和产品品种资料。

◇ 客户的调查工作并详细填写客户调查资料表。

5. 二（多）次拜访

二次拜访（多次拜访）最难的部分就是寻找拜访的理由，如何找到合适的理由去拜访，成为销售中的关键。拜访的理由既不能太随便，因为设计师一般都会忙项目，没时间闲聊天，又不能太正式，毕竟已经不是第一次约见了。这在第一次拜访时就要打下基础，将公司材料或者价格表分批次的给设计师送过去，增加自己在设计公司的曝光率。同时初次拜访时观察设计师需要什么，也可在第二次拜访的时候以此类理由邀约。做好人员公关，谈话内容可视情况灵活应用。

（1）洽谈注意事项

◇ 要和家装公司的每一个人员保持友好的关系，但注意不能和某个部门或个人表现出亲密的关系，因为这会引起其他人员的不满或会认为他不是重点，可能有很难拿到好处的想法，那么他就可能为后续工作开展设置障碍。

◇ 和家装公司的老板有初步的了解就可以了，尽量在拜访中与相关的部门经理洽谈，不能每次都单独和老板在办公室内长谈，因为这样会让部门的经理认为你和老板太熟悉，可能不会给予他们奖励，也就可能会在洽谈中制造难题，比如挑剔价格、质量、知名度等。

◇ 每次拜访都要有明确的目的，谈完问题后就可以离开，不能长时间逗留或与某人聊天，否则会给对方留下你很缠人、时间空余或客户不多等印象。

（2）主要涉及人员

对人员职责的分析和研究是为了明确在该项目中遇到不同的事情找不同的人，从而对症下药。

◇ 总经理：

是最高决策人，对于是否采购、是否付款、什么时候付款具有最高决策权。

◇ 材料部经理：

是供应商和材料的筛选人，把握着能否入围的生杀大权，是采购合同的主要谈判人，对于合同的条款起主要决定作用，对于合同能够顺利执行起关键作用。

◇ 市场部：

与业主沟通的第一接触人，他们负责与业主的接洽，负责业主在设计师中的分配。

◇ 设计师：

材料选择的主要决定人之一，业务的源头，即便不能完全决定合作事项，也往往能形成最终决策的基础，是家装渠道推广中比较重要的沟通对象。

（3）各类人员沟通技巧

◇ 总经理：

较大型的装饰公司，总经理不会过问具体细节问题，而比较关注业内的动态、市场发展趋势等。业务人员在与对方总经理进行交流时，应该根据自己所了解的信息，分析市场的走势，以及同行业其他公司的一些动向，并向其做出一些合理的建议。若情况允许，业务员可以作为中间人，约几家装饰公司的总经理进行一次聚会，大家共同分析、探讨装饰市场发展趋势。这样一来，对方将不会把你看成一个简单的销售人员，从而对品牌也会另眼相看。

◇ **材料部经理：**

材料部是产品能否进入这家公司的第一道门槛，他们主要关注产品性能、环保及整体性价比。业务人员在同材料部进行洽谈时应着重说明产品性能、可靠性和价格优势，如取得了众多消费者的普遍认可，并给予高度的评价，产品全部达到国家质量标准及环保标准，产品在行业中据有绝对的优势等。

◇ **工程部：**

工程部作为产品的直接使用部门，比较关注施工的方便性以及施工效果等。这方面就需要业务人员对施工工艺、产品性能非常了解。

◇ **设计师：**

由于设计师文化素质较高，个性倾向明显，这就要求业务人员一定要注重自身素质的培养。在同设计师交流时，应把握以下几点：A. 介绍目前流行品种；B. 介绍公司的特色特效产品；C. 重点强调个性化产品等。

（4） 客情公关

销售提成：给谁提成？如何给提成？进入大型家装公司需要过两道门槛，一是工程采购部门选购，二是设计部门推荐。因此，通过人员营销打通采购人员，通过业绩提成促进设计师推荐，成为家装公司营销的不二法门。

客情维护：当设计师和某个品牌业务员关系好时，有心无心的加大推荐力度，自然会对产品销量产生不小的推动作用。

勤沟通：专人负责，定期（一个月或 2 周）前往家装公司了解市场情况，沟通施工存在问题，及时解决相关疑问，提供施工技术培训支持，或者纯属加强个人感情。

勤联络：平时经常与设计师联络感情，到家装公司的时候，邀请关键人员聚餐等，把工作的关系延展成私人关系，花费不多，效果却十分明显。

圈内聚会：定期举办一些设计师聚会，如设计师经验交流会、设计师讲座，设计师篮球赛、羽毛球赛、驴友会，以及家装之友、家装材料展等，通过这些活动，把家装公司的采购部、设计师笼络起来，在圈内增加品牌影响，提升推荐率。

6. 互动交流

互动培训。一般设计师或采购人员认为目前各供应商提供的资料和物料已经足够，而相关互动性和知识性更强的推荐相对缺乏，如向技术人员提供新产品培训/座谈会；产品性能和施工方法、新产品发布会/展会；参观工厂等。

QQ、微博、微信。可以把熟悉的设计师或相应的合作伙伴加入到QQ 群或微信群，便于和客户进行网上交流，这种方式沟通效率更高。由于不是面对面沟通，彼此可以敞开心扉随意交流。而且，可以发送资料，进行品牌的宣传和推广。

定期邀请设计师或装修公司的相关人员联谊。平时根据对方家装量，单独邀请。举办设计师沙龙，设计作品大赛、设计师积分卡，对达到一定分值的邀请去某一旅游景点游览等，寻找设计灵感。

7. 项目洽谈合作

（1）引导销售

根据设计师平时的喜好，选择颜色和款式，推荐产品。第一单推荐的时候特别重要。在业主犹豫不决的时候，叮嘱设计师一定要设法带业主来展厅参观，通过展厅导购的共同影响将项目搞定。

◇ 与店面导购做好配合，热情接待，做好产品说明、风格讲解、价格异议处理，各种产品、辅助资料、促销礼品配送等。

◇ 事先与设计师商议好返点比例、装修公司差价，以口头承诺表现，一般不出现在合同内。

◇ 当设计师独自或与顾客一起来时，店面导购要做好配合介绍，事先应做好部署，价格一定要留有空间。

（2）项目样板工程事项

当得知设计师有项目的时候要第一时间与设计师取得联系，了解项目的具体情况。或在拜访的过程中看到设计师文案上有项目的时，也可以通过聊项目来争取。

如遇到设计师有样板小区工程应积极配合，同时要注意以下几点：

◇ 样板工程不能是免费的，而是在成本的基础上加收一定的杂费。家装公司第一次使用产品时最好不要免费，免费的产品对方不承担成本也就不重视施工了。

◇ 家装公司对产品质量存在疑虑时，可以和对方签订《质量保证协议》，明确产品的性能指标和施工的效果。

◇ 家装公司试用产品的时候一定要有业务员和技术人员来跟踪，一是由技术员对施工的方法、工艺等进行指导，避免工人对产品性能不了解或错误施工而产生最终效果不好的情况；二是由业务员对施工人员、包工头进行公关以确保试用的顺利。

◇ 样板工程产品进货一般量不多，要帮助家装公司配货，对于少量的订货也要确保准时送达。

（3）项目报备

设计师已经合作且项目已经启动，主动报备的，根据设计师的信息要第一时间做出反馈，做好项目报备表，如表4－8所示。

表4－8 项目报备表

设计公司		设计师姓名	
小区名		业主姓名	
户型大小		产品偏好	
特别注明		业主电话	
报备日期		预计成交日期	

8. 售后服务

（1）施工回访

◇ 目的：

一是维护客户关系，拉近与家装客户的关系。

二是及时处理客户在使用产品过程中遇到的问题，避免引起问题扩大。

三是及时掌握客户的动态，捕捉市场信息。

◇ 可采取三种方式：

第一种是电话回访，频率不要太高，保持在每周一次。

第二种是拜访，业务员或者经理直接到施工现场或者办公地点进行沟通了解。

第三种是约见，在办公地点以外的地方进行沟通。

（2）细节服务

◇ 家装公司材料仓库库存不大，有的没有仓库，订货都是即时性的，对送货的时间要求很高，所以在尽可能的条件下不管订货的多少、时间多紧、送货距离多远都要能给予保证。

◇ 家装公司在施工、问题处理等方面对厂商有一定的依赖性，服务部的技术人员要和家装公司推广部紧紧配合。

◇ 还要对家装公司自身的业务推广工作给予服务和配合，为家装公司提供全套的产品资料，或在家装公司的业务室、设计室、展厅、样板房内陈列产品。

◇ 家装公司在一些新的小区或广场做宣传推广时，也要派出业务员一起宣传以增加整体的效果；家装公司在小区内以优惠的政策推广样板房的时候，也可以给予相应的优惠与家装公司共同推广样板房。

◇ 在做媒体、宣传单广告的时候，可以将家装公司附带宣传。

（3）质量承担

在尽可能通过施工的跟踪和技术指导降低质量问题出现的频率之

外，要在合同中明确和家装公司如何分担质量的责任。

◇ 向家装公司提供所供货品种的性能质量，让对方提前知晓。

◇ 要求家装公司严格按照施工工艺进行施工，在主要的问题上一定要接受公司的要求。

◇ 如果出现质量问题，对方要及时停工并通知公司技术员予以解决。

◇ 明确质量问题原因的判定以及责任归属，在解决问题的时候双方有配合的义务。质量承担的条款应该在合同中明确。

（三）家装渠道运作注意事项

1. 长期作战准备，注意细节

与家装公司的合作是一项系统工程，产生效果较慢，为此，要有长期打算和准备，不可半途而废。

（1）要有专人负责此项工作。要求善于沟通。要坚持“广撒网、多宣传、重联络、守信用”十二字原则。

（2）价格表要求对方不得外传，必须保密。

（3）有设计展示会等活动一定要派人带资料去宣传产品，并和设计师进行交流与沟通，建立感情（此时设计师集中）。

（4）有关家装公司的业务单据要有详细记录。

（5）当家装公司人员带业主来门店选购时，即使认识，导购员也要假装不认识，平静地介绍与引导做好配合工作。

（6）对各家装公司带业主过来选购成交的，一定要对方留下联络方式并及时反馈到业务员处，一方面是通报他的业绩，另一方面以便他再跟进。若业主带人来选购，多是家装公司类内行人士，要支持内行人士的意见去说服外行的业主。

2. 平衡与分销商的利益冲突

在拓展家装渠道前，当地有分销商的，应对分销商进行调查，了解他们与家装公司的合作情况，并列出详细名单，待开发的家装公司及时报备。

给设计师的价格应该经常和分销商保持通气，做到价格的一致性。对分销商现有的合作家装公司，原则上不应再拜访和洽谈。要以保护分销商的利益为先，但要说服分销商及时跟进与沟通。

以下两种解决家装与自营店、分销商渠道矛盾的方法：

方式一，与家装公司的合同中注明指定的优惠场所（即自营店），此方式打击了分销商建立装饰渠道的积极性，但一定意义上可以避免装饰业务与分销的利益冲突。

方式二，在合同中明确，须按每单实际成交额提取返点，即无论在厂家自营店、经销商门店还是分销商门店，只要成交，即可享受返点优惠。此方式有利于协调公司、分销商和家装公司的整体利益，有助于品牌的整体提升，但却增加了公司的费用，所以从定价策略上必须保障品牌有足够的价格操作空间。

3. 针对家装公司渠道的产品打造

为了避免市场比较，造成价格太透明而拉低利润空间，或者造成不同经销商之间互相比价，家装公司销售的产品应与其他渠道的在销产品有所区别。或者尽可能通过厂家对高端产品进行重新包装设计与命名，从而以全新形象在家装渠道销售。对于大多数品牌而言，最方便操作的方法就是“老产品，新包装”，营造高档价值。

为了给家装公司预留足够的利润空间，产品必须采用高定价；而高定价的产品，必须要给产品提供高档价值支撑，可提炼或策划几个更有价值感的品牌概念等。

四、网络销售

概括地说，网络销售就是以互联网为平台开展的销售活动。

提起网络销售，人们脑海中浮现的场景估计更多是开个淘宝店，认为有个网店就是网络销售了。网络销售也编织了人们很多美好的梦，认为这是未来的趋势，再加上一些无名的崇拜热及对新华书店关门、李宁关店的一些大肆渲染，好像没有网络销售的企业马上关门大吉似的，果真如此吗？

（一）网络销售思考

随着近年中国电商信用及服务体系的完善，新型电子商务模式不断涌现，网购规模增长巨大，交易额已经突破万亿元大关。用户主要分布在一二线城市，随着信息化平台的迅速普及，三四级城市年轻网购人群急速上升。

看着这些数据，以及几年来网络销售发展之快，确实让一些人感觉到网络销售是个未来的大趋势，再加上有些成功人士的渲染，大有“山雨欲来风满楼”之势，在我们看来，这何尝又不是一个美丽的圈套？有没有什么不可告人的目的？首先，我们应深入思考几个问题。

1. 网络销售的魅力在哪里

互联网没有地域性，只要进入这个交易平台，理论上就可以把产品卖到世界所有地方。而且开始在淘宝上做电商又是免费的，没有门槛。脑海中想起这个事情那会是多么诱人啊：不花钱，就有机会做全世界人的生意！

2. 做好网络销售真的容易吗

在感受上述网络销售的魅力时，有一个词语不知道大家注意到没有，那就是“只要进入这个交易平台”的“只要”二字。现在商户多如牛毛，如果吸引消费者到自己的交易平台上去，犹如大海中捞针那么难，被找寻到的概率太低了。为了实现这个“只要”二字，需要做多少推广让消费者有机会接触？需要投入多少真金白银？如果要做好网络销售，增加消费者流量，其花费也是很惊人的。

现实的情况是，传统店面有70%的商户盈利，而电商却只有不到10%的商户能盈利！问题是，现在经常听到有些声音说不做网络销售就会如何如何，这不诡异吗？

当我们看到商户生存困难的时候，淘宝等交易平台却越来越大，赚得个盆满钵满。我们突然明白了，原来我们大都是作嫁衣的，只是去冲冲人气，陪本赚吆喝。网络销售谁最会受益？当然是平台。就如赌场一样，参与者越多，赌场越赚钱，但赌博者有多少能赚钱的，就只有自己知道了。

3. 传统渠道真的会被取代吗

讨论传统渠道会不会被取代，就要首先分析传统渠道有哪些功能是网络所不具备的。

一是，自然客流。店开在那里，就会有商圈自然客流的形成；而网络，随着网店商户的增加，被自然客流关注的概率越来越低，不推广的话，流量接近为“零”。

二是，诚信背书。虽然网络的诚信问题逐渐在得到改善，但目前假冒伪劣还是充斥网络。产品的质量问题、售后问题总是不如传统店来得让人那么放心。

三是，购物的体验感。这是传统渠道存在最大的杀手锏，传统渠道是真实的购物场景，可以触摸试，网络购物则是“可远观而不可亵玩焉”。网络选购其实也是很累人的一件事情，在对比选购时，远远不如传统场景直观。

四是，人际沟通。人是社会化的群体，人们购物还是希望有更多的交流的。科幻片中全电子化、网络化的场景，离我们还太遥远，我们大可不必为虚无缥缈的未来而忽视当下的事情。

五是，价格诱惑。价格便宜一直是网络购物发展壮大的关键动因，一旦市场完全规范，税收健全，线上线下价格一体化的时候，电商还有多少魅力就很值得关注了。

如上分析，传统渠道的未来各人自有定数。

4. 哪些行业更适合网络销售

网络销售也有很强的行业属性，一般来说，价值不太高、运输方便的比较适合网络销售，比如书籍、数码产品、服装、鞋包配饰等。

在建材家居行业，其网络销量占比就不大。在淘宝销量最大的就科勒，季度销量为1.5亿元，这与年度销量总体相比，比例不高。排名第五的法恩莎季度销量只有1900万元。那些众多其他的企业和品牌如何呢？网络销售更是微乎其微，如表4－9所示。

表4－9　建材家居行业网络销量情况（2013年4月1日－6月30日）

排　名	品　牌	销量：百万元
1	科勒	151
2	箭牌	103
3	九牧	100
4	TOTO	85
5	法恩莎	19

在建材家居行业内，各细分品类的销售占比情况差异也较大，灯具灯饰占比最多，其次是卫浴用品。因为其还需后续的施工、安装等，以及邮寄的不便利性，是造成建材家居产品网络销售较少的根本原因，如表4－10所示。

表4－10　建材家居行业淘宝销售细分行业占比情况
（2013年4月1日－6月30日）

排　名	细分行业	占　比
1	灯具灯饰	31.91%
2	卫浴用品	28.69%
3	吸顶灯	11.75%

续表

排　名	细分行业	占　比
4	卫浴	8.77%
5	吊灯	8.29%
6	淋浴花洒	5.54%
7	墙纸	5.31%
8	卫浴家具	5.28%
9	坐便器	5.17%
10	厨房	5.15%
11	瓷砖	5.12%
12	光源	5.10%
13	普通坐便器	4.18%
14	浴室柜组合	4.02%
15	LED 光源	3.82%
16	地板	3.05%

备注：各细分行业分类为自动统计，部分有交叉。

在对上述问题进行深入分析后，也许我们不难发现当前网络销售的前景。在建材家居行业，我们也不否认网络销售是潮流，而只是想说不能把网络销售的作用过分夸大，更不能因此而忽视传统门店。对区域经销商来说，我们建议，在精力和资金允许的范围内，可以对网络销售去尝试和体验。

（二）建材家居网络销售建议

网络销售及推广不应该只是厂家去思考和规划的事项，对于区域经销商来说，可以做哪些网络销售呢？建议关注可区域性实现的交易，重点是平台类、建材类区域团购网站及发展 O2O 模式。

1. 建个网上商店

虽然对在平台类网站进行销售不极力主张，但可以尝试一下，少花费或不花费，凑个热闹，感受下“时代的脉搏”。

建店步骤：（以天猫为例）

（1）店铺起名

要容易记忆，和产品有关联。如“××旗舰店”、“××天猫专卖”等。

（2）产品拍照

产品照片一定要拍好，需真实，最好不要用 PS（图像处理工具）处理。若用 PS 处理，很容易造成照片与实物不符，导致顾客给差评，影响店铺的口碑，降低潜在顾客的购买意愿。

（3）购买旺铺

现在，天猫商户基本都采用这种方式，这种方式有助于产品展示，促进销售。

（4）店铺装修

购买旺铺后，不能就用系统默认的设计版，这样缺乏创新，花点功夫设计好效果图，会对以后的销售很有帮助。

（5）编辑产品

在产品描述中把产品的一些基本属性如颜色、尺寸等写清楚，方便消费者了解产品。需在消费者必读栏、注意事项、公告栏中对容易引起纠纷的事项提前说明，避免出现顾客给了差评还要退货的现象。

（6）产品上架

在淘宝助理上设置产品上架时间，最好是在一天中 14：00—23：00 的购物旺期，避免多款产品同时上架且一定间隔时间。将快到期的产品，设置成橱窗推荐产品。这样，产品越接近下架时间，自然在淘宝搜索列表排名就越靠前。

（7）头像与签名

一个具有展示性的头像也是一种广告，发帖子时自带的签名也要设置好你要推荐的产品，最好拿店里热门的产品，关注度也会高一些。

（8）促销推广

店铺正式开张后，要以冲钻，提升店铺知名度为首要目的。通过包邮、免费退货、满额立减等促销推广活动，聚集人气，增加信誉。

2. 商店推广建议

（1）后台基础维护，如表 4－11 所示。

表 4－11　店面后台基础维护

店铺设计与导航	产品管理	完善信用、服务体系	团队支持	总结分析
店面装修突出旗舰店风格与特点，新颖有格调，时尚清新自然，导航有吸引力，重点增加体验感，让人有购买的冲动	常态化促销管理，有冲击力，产品线结构丰富，主推卖点突出，描述清	全力维护信用体系（核心），严禁出现差评。无忧一站式服务。 建议提供包邮服务，支付方式多样化。简化退换货，无忧售后施工	确保阿里旺旺有人随时在线。网站维护适时更新	每周分析数据流量，总结关键词，注重细节，遵守排名规则（浏览量、人气，收藏量、信誉、好评率），做好基础工作

（2）站内宣传推广，如表 4－12 所示。

表 4－12　宣传推广

序号	免费推广——全力推进		收费推广——择优使用	
1	搜索引擎优化	权重：★★★★★	淘宝旺铺	权重：★★
2	淘宝社区、淘宝江湖	权重：★★★	满就送	权重：★
3	淘宝帮派	权重：★★★	套餐搭配	权重：★★
4	友情链接	权重：★★★★	限时打折	权重：★★★
5	淘宝抵价券	权重：★★★	会员管理	权重：★★★
6	收藏功能	权重：★★★★★	淘宝商城行情参谋	权重：★
7	淘宝 VIP 会员	权重：★★★	直通车	权重：★★★★
8	旗舰店 VIP 会员	权重：★★	钻石展位	权重：★★★★
9	信用评价	权重：★★★★★	淘宝客	权重：★★★★
10	官方活动	权重：★★★★	超级卖霸	权重：★★★
11	淘宝钱庄	权重：★★★	淘宝天下	权重：★★
12	聚划算团购	权重：★★★★★	淘宝联盟	权重：★★★

（3）细节打造，出奇制胜

网络销售的是产品，竞争的是价格，制胜的是品质，但是“出奇制胜”之处，却是在细节。

满足消费者的不同心理

通过下列方式来增强“社会证明”：

◇ 展示最热门的商品。

◇ 展示“买了这些商品的消费者还买了哪些商品”。

◇ 展示最畅销的商品。

◇ 展示授权证书、店长身份证或其他证书。

换位思考，以诚相待

对于网络销售来说，评论尤其重要。不要害怕负面评论，更不要去试图遮掩这些不光彩的信息，对于商户而言，应该以诚相待，并随时准备好对顾客的负面评价进行快速的反应，而不是删除。

物以稀为贵，稀缺催生需求

社会心理学表明，失去是一种比得到更强烈的感情，消费者总是期望得到那些他们认为不能拥有的东西。可以通过使用以下的词语来营造商品的稀缺感：

◇ 仅剩一星期

◇ 库存清仓

◇ 仅此一次

◇ 此商品还剩 2 天 4 小时 3 分 17 秒

借用连动销售提升业绩

一旦消费者做出购买决策，说服他们购买更多的商品将会变得更加容易。向消费者展示和目标商品相关的额外产品，会使其更快和更容易地购买更多商品。

不可忽视产品图片带来的效应

在网络销售中，消费者无法直接接触真实的产品，图片起到关键的作用，为此：

◇ 图片应当拥有专业的质量。

◇ 图片应当提供不同的观察视角。

◇ 图片是可放大的。

◇ 必须说明大小和使用场景。

用权威说话

人们更容易被权威所说服，所以：

◇ 表明你是一个专家。

◇ 展示第三方网站的数据和链接。

◇ 参考政府和权威机构及展示权威的符号和图片。

（三）O2O 模式

O2O 模式，即通过线上商店的展示、顾客的获得、订单的下达，在线下门店进行交易、体验、接受服务的一种模式。

近年来，一些大肆宣扬传统店受到巨大冲击者发现，传统店大多依然活得优哉游哉，于是改变了说法，目前公认的网络销售和传统店的未来就是这种 O2O 模式。

门店在未来相当长一段时间内都还会是主要销售方式，即便是正在考虑参加网络购物的消费者，多半也会前往实体店对目标商品进行现场的查看和对比。仔细思考，这种网络和传统店的完美结合，确实能够在一定时间内代表未来趋势，在建材家居这个需要体验、售后服务的行业的更是如此。

所以，在利用网络提升产品销售和品牌影响的同时，应考虑对线下店内销售形成拉动效应，如表 4－13 所示。

表 4－13　网络商店与传统店销售拉动

方式	拉动作用
信息收集	在网络销售的过程中，要尽可能地获取消费者的各类信息，并录入顾客资料库予以妥善保存
实地参观	在销售活动中，可以邀请和组织购买意向较为明确的消费者前往门店进行实地参观，加深他们对于产品和品牌的了解程度，并对购买意向较为强烈的消费者进行现场“催单”，提前达到销售目的，减少顾客意外流失的可能
过程组织	在团购行为中，也要尽可能将消费者邀请至门店，并通过导购人员的现场讲解和促销政策激励，提升消费者对于产品和品牌的认可度，并制造交叉销售的机会，增加“网络团购”行为的边际效益
后期跟进	对于部分参与网络销售但最终未达成销售的消费者，要做好后期的跟进与维护，因为这是一个开发价值非常高的目标消费群，要让其感觉到实实在在的利益，后期成交的概率非常大

O2O 模式对经销商来说，是处于摸索成长阶段，可多借鉴成功案例，学习为我所用，再融合自身优势，全力服务创新，加入定制化、私人化等多种服务元素，实现模式创新，实现由纯交易平台向综合服务平台转变。

◇ 全程体验式购物平台，人性化多元产品。

◇ 全程跟踪式、个性定制化服务，满足顾客需求。

◇ 线上线下交融一体。

◇ 咨询、设计、交易、物流、施工、售后等综合一体化服务平台。

O2O 模式如果是厂家牵头，构建大的线上平台，统一吸引消费者流量，成交后再分解到各顾客所在经销商区域，与地方门店对应，则是更加值得推广的模式。

如立邦漆电商 O2O 模式：利用线下渠道密集优势，将线下 1800 多个大型经销商按区域区隔，线上订单按区域匹配给线下相应经销商负责终端配送。目前立邦电商除了扣除少数几个点的成本外，剩余收益全部让渡给经销商。

（四）常见网络推广

结合区域市场的特性，下面介绍一下可以辅助网络销售的一些推广形式：

1. BBS

此为大型建材及家装类论坛。论坛可以围绕现在家居装修的时尚、生活潮流、品味、文化、休闲等主题做一些相关产品应用的讨论，引导人们参与到这些话题的互动中，从而增强品牌和产品的影响力。

（1）正面信息传递

根据产品/品牌的诉求，原创一定数量的文章和帖子，以较多 ID 身份发布，应保持一定的密度。

（2）论坛人气建设

邀请版主、使用者等参加组织的一些参观、体验活动，向他们约稿，鼓励发布并安排转载。

（3）话题内容互动

采用产品内容或者家装类话题，吸引大家互动参与。

（4）信息沟通配合

配合专题活动，如新服务推出、大型推广活动、战略发布等环节，及时发布活动信息、活动体验等。

同时通过论坛展开活动的推广、可以组织团购的操作，一般需要专业的营销策划力量、专业团购组织者或者网站方面的人员参与实施。而且受众多是同城、同区域，或者同小区类型的人。

2. SNS

SNS 全称 Social Networking Services，即社会性网络服务，旨在帮助人们建立社会性网络的互联网应用服务，如人人网。可运用 SNS 多种机制，推广网店和品牌，推广过程增加趣味性，以引起更多关注。

SNS营销是随着网络社区化而兴起的营销方式，利用SNS网站的分享和共享功能，通过病毒式传播的手段，让产品或服务被更多的人知道。

大部分群体都可以免费快速地参与到SNS社区中来，人们愿意主动地参与进来和来自四面八方的人相互交流。相对于传统的单向交流方式，SNS社区推广具有双向沟通的模式特征，基本上参与者之间没有任何障碍。经销商利用SNS做社区推广的同时也等于在为自己品牌做推广，知晓度高，成本低，比较有优势。

3. 微博

构建有效的粉丝互动平台。大部分企业目前都有微博，是以发布品牌信息、行业资讯、企业活动、促销打折等为主，部分微博会发布一些有关家居、装修、时尚、生活一类的信息。大部分的微博虽然关注粉丝比较多，可能达到数万，但实际上其中僵尸粉丝可能超过了90%。

作为区域经销商，如果有一定的实力，也可以建立区域的微博互动平台。

（1）建立并优化微博网店版块，以树立品牌形象。

（2）根据活动、热点即时更新发布微博内容、资料话题变更。

（3）与粉丝积极互动，增加粉丝粘度。

（4）与行业达人、生活等话题人物结合，做效果扩张。

（5）举办互动活动，以扩散传播品牌知名度，增加粉丝。

（6）借助外力开始专业化经营微博。

对于区域经销商来说，由于微博目前关注度低的特点，要把微博的营销价值变现，需要多方尝试，精心地通过清晰定位、内容创作、互动评论、微博活动等方式增加粉丝，活跃人气，强化品牌印记，从而在粉丝增加与互动升温后，从中激活可以产生主动传播行为或购买行为的消费者。

4. 微信

微信在某种程度上是强制了信息的曝光，在公众平台信息的到达率是100%，还可以实现包括用户分组、地域控制在内的精准消息推送。人们只需把精力花在更好的文案策划上而不是不厌其烦的推广运营上。如此一来，微信公众平台上的粉丝质量要远远高于微博粉丝，只要控制好发送频次与发送内容质量，一般来说，用户不会反感，并有可能转化为忠诚的顾客。

（1）草根广告式——查看附近的人

“查看附近的人”可以使更多陌生人看到这种强制性广告。可以假设，如果经销商的销售人员在人流最旺盛的地方后台24小时运行微信，随着微信用户数量的上升，可能这个简单的签名栏也许会变成不错的移动广告位，让腾讯帮你打广告，貌似是一个不错的选择。

（2）品牌活动式——漂流瓶

漂流瓶是移植自QQ的一款应用，许多用户喜欢这种和陌生人的简单互动方式。微信官方可以对漂流瓶的参数进行更改，使得合作商家在推广活动某一时段内抛出的漂流瓶数量大增，普通用户“捞”到的频率也会增加。

（3）O2O折扣式——扫一扫

将含有促销信息的二维码图案置于微信中，只要有顾客扫描二维码，他们就能轻松地了解近期促销活动。

（4）互动营销式——微信公众平台

通过一对一的关注和推送，公众平台方可以向“粉丝”推送包括新闻资讯、产品信息、最新活动等在内的消息，甚至能够完成咨询、客服等功能，成为一个称职的CRM系统。通过发布公众号二维码，让微信用户随手订阅公众平台账号，然后通过用户分组和地域控制，平台方可以实现精准的消息推送，直指目标用户。

（5）社交分享式——开放平台+朋友圈

“朋友圈”分享功能的开放，为分享式的口碑营销提供了最好的渠道，微信用户可以将手机应用、PC 客户端、网站中的精彩内容快速分享到朋友圈中，并支持网页链接方式打开。

5. 微电影

新兴的营销方式，以视频内容提升关注度，再由关注者转变为传播分享者，传播给同样感兴趣的人，使传播面积迅速扩大。

◇ 与简单的文字、图片相比，微电影更具娱乐性，是视听的双重享受。

◇ 在影片中根据剧情发展，软性植入品牌信息，广告成分减弱，更容易被消费者接受。

脚本构思：选择时下与品牌相关的关注热点进行改造，将品牌信息合情合理地融合进剧情的发展中。完成后，选择各大视频网站进行投放，如优酷、土豆、我乐等。

案例：特地陶瓷《蜡笔小新复活之为房而战》

借助流行的“咆哮体”，贴近 70 后、80 后真实生活，将国人熟悉的“蜡笔小新”与“特地陶瓷”、“美墅主义”组合在一起，在欢笑中植入“特地”品牌概念。跳出了传统营销的窠臼，获得免费的传播与推荐，成为网络视频营销的一个成功案例。

五、终端促销推广

当前各种促销活动五花八门，但效果越来越差，原来的促销活动是消费激励因素，现在促销活动成了一个“保健”因素，成了无“促”不“销”的状态。促销活动已经成了常态化、同质化，我们既不能对每次促销活动寄托过高的期望，也不能不做促销活动。

面对终端促销活动的两为其难，我们在促销上还有什么可做的吗？

对于这些“常态化”的工作，我们肯定不能放任自流，如果在思路上、流程上和过程中加以合理优化，进行精细化营销的管理，终端促销效果还是可以大幅度提升的。

真正的促销推广所依托的不是某一招一式，而是一套可操作的、落地的系统。如何能保障促销活动的顺利进行？组织者不但需要充分考虑与活动相关的各个环节，而且每个环节必须考虑周全，否则将会影响到促销活动的效果和销量。

（一）活动前分析

1. 往期活动回顾

区域市场在每次做促销活动之前，需回顾上期和去年同期的促销活动，主要包括：

（1）预估市场对活动的接受度。基于以往做过的促销活动，评估本次活动在区域的匹配性与接受度。

（2）活动内容及其效果。在区域市场内，主要从往期促销活动类型、活动时间、顾客类型、客流量、客单值、产品类别、销量等方面进行分析。

（3）借鉴成功经验。借鉴往期类似活动中成功的地方，为本期活动提供参考。

（4）吸取教训。避免在本次活动中，发生往期同样的问题。

2. 市场现状分析

每场促销活动前，需对当地市场现状进行分析。只有充分了解市场状况，才能更好地制定促销推广方案。

（1）听取一线人员意见，掌握顾客偏好。导购、店长、业务人员最了解顾客，知道顾客喜好。在制定区域市场活动方案时，可通过座谈会收集市场一线人员的反馈信息，掌握市场动态，了解顾客偏好。

（2）分析销售数据，了解销售动态。可以通过分析销售数据得出畅销产品品类、市场接受的主要价格区间、市场偏好的产品等顾客数据。

(3) **掌握建材市场动态**。与建材市场积极沟通，了解由市场组织的活动主题、时间、形式、周期和内容等，探寻借助建材市场的活动提升销量的可能性。

3. 竞品的分析

搜集主要竞品信息，各区域市场在制定促销方案时，可通过竞品终端门店、熟悉的销售人员、网络等多渠道搜集竞品的促销信息，掌握竞品促销动态。

竞品信息收集，以促销产品及相应价格为主，同时，兼顾竞品促销形式、时间、力度、规模和宣传等信息。

4. 产品盘整

做一场成功的促销活动，除了上述需要分析的因素以外，还需要对产品进行盘整，找出本次主要促销的产品。

◇ 通过往期促销活动中产品销量的排名状况，筛选将要促销的产品。

◇ 对库存量大的产品、淘汰品或尾货进行整理，也可作为促销活动的产品。

◇ 预估各备选产品现有库存是否能满足促销期间产品的供应。

◇ 考虑竞品为主要促销产品，可针对性地制定不同的产品组合及价格进行阻击。

◇ 专有产品、优势产品、特色核心产品、稀少产品一般不大规模做促销。

◇ 制定应急计划，如主要促销产品库存缺少或厂家订货时间难保证，应及时调整。

（二）促销方案拟定

1. 主题拟定

如厂家有总体的促销计划，则需参加统一的促销活动。如厂家没有全国统一的促销活动，则区域市场可借鉴上次及上年同期的促销活动，结合当前区域市场特点，制定本次的促销计划。

促销活动的几种方式：

（1）**宣传推广型：**一般在产品或新产品入市初期展开，费用可阶段性高出销售利润（可理解为广告的一种）。

（2）**增量盈利型：**促使销量上升，促成收获期，要严格控制成本，费用投入不得高出增量利润。

（3）**阻挠拦截型：**以攻击对手和打乱竞品部署为目的，可以不盈利，但要尽量避免“伤敌一万，自损八千”的双重悲剧。

（4）**清库减损型：**商品过时、季节变化、临近保质期等，多数是依靠价格“取胜”。

（5）**节日无奈型：**统一安排，不得不做，此时单品促销很容易被淹没在终端促销的海洋里，要控制成本。

2. 促销形式及手段

常用的促销方法有满额赠送、满额立减、直接降价、满额换购、有奖销售、套餐销售等。在终端的表现形式有返券、折扣、特价、限定条件优惠、限总量优惠、限客单量优惠、购买超过一定量优惠、商品碰头分组促销、捆绑销售、购买一定额度后可购超低价商品、赠品促销、有奖销售、商家联盟促销、购物送服务、老顾客回访等多种形式。选用原则如下：

（1）**简单原则。**活动手段、活动形式要简单明了，能让导购等一线销售人员快速掌握，并易于给顾客传达清楚。

（2）**实用原则。**促销手段及形式选择一定要求实用性，能让顾客切实感受到实惠，并乐于接受。

(3) **适度原则**。市场上现有促销手段、促销形式多种多样，各区域可结合自身实际情况从中选择几种来进行，但不宜太多。一场促销活动如果促销手段、促销形式太多，将会增加一线人员的传达难度，消费者也不容易接受。

(4) **延续性原则**。促销活动需有延续性，每年都有一个年度主题，每次各有承接点，让导购及相关人员能更好地掌握运用。

（三）店面促销准备

1. 促销前宣导

(1) 宣导活动内容

店长在得知促销活动详情后，应尽快将活动内容及注意事项传达给导购，让导购在第一时间能够对促销活动有详细的了解。通常采用座谈会的形式进行宣导。

在宣导中主要结合活动亮点以及对应促销活动的产品卖点，保证导购能够准确快速地传达给顾客，以帮助提高成交率。

(2) 宣导促销话术

在活动当中，如何放大促销的卖点、吸引顾客快速成交，是比较重要的一环。因此，有必要进行促销话术的宣导，如表 4－14 所示。

表 4－14　促销宣导话术

类别	关键词	解读要点	话术
促销活动—“买××送××”	省心、超值	赠品品质好，技术含量高。该赠品是畅销款，价格不菲	比如：××是市场上的一线品牌，这次的赠品一直是我们的畅销款，边上就有×的门店，您可以看看是否货真价实

续表

类别	关键词	解读要点	话术
说明	凸显优惠力度之大，为顾客着想的出发点	情绪渲染、不应当忽略赠品的价值，应充分塑造赠品价值，导购在介绍时要充满自信	突出品牌价值，强调赠品价值

（3）宣导人员分工

在促销活动前应做好店面人员分工，可多听取导购的合理意见，并准备好应急预案。

结合促销活动本身的规模及时间点，如需要单页的发放和活动内容的广泛告知，可选择临促进行协助。如果需要临促，要注意对临促的一些管理事项。

◇ 选择临促人员的标准：

有相关建材行业促销经验优先；语言流畅、有亲和力、积极向上；具有良好的沟通意识、服务意识和销售意识；外形具有亲和力，无奇装异服、纹身刺青等不良癖好等。

◇ 工作内容：

向所有进入建材市场（卖场）的顾客发放活动产品单页，宣传促销活动。

◇ 工作时间和地点：

时间是周末两天或促销活动高峰期，地点是建材市场中距离活动现场 50 米外的地方。

◇ 奖励措施：

通过底薪、引入顾客数量及成交顾客单数等确定其奖励形式，在招聘临促人员前明确说明。

◇ 服装要求：

要统一服装，前面印有品牌 LOGO，后面则是活动广告。

◇ 其他注意事项：

临促人员的监督是非常重要的，需要店长随时能对临促人员的工作效果进行监督与反馈。

（4）宣导导购激励

店长要在促销活动前，将本次促销活动的激励形式完整、高调地传达给导购人员，让导购人员清楚地知道本次促销活动的激励细则，如表4－15所示。

表4－15　导购人员激励形式

<table>
<tr><th>类别</th><th>形式</th><th>规范</th><th>适用范围</th><th>案例</th></tr>
<tr><td rowspan="3">按时间节点奖励</td><td>每日奖励</td><td>每日统计销售数据，通过每客单值来进行活动的奖励</td><td>促销时间超过一个月的</td><td>年终抄底等</td></tr>
<tr><td>阶段性奖励</td><td>活动每过一段时间统计销售数据，通过总的销售排名来进行活动的奖励</td><td>促销时间在一个月内的</td><td>3.15活动，联盟活动等</td></tr>
<tr><td>活动完结奖励</td><td>整个促销活动结束之后，通过最终的销售排名来进行活动的奖励</td><td>每次活动</td><td></td></tr>
<tr><td rowspan="3">导购PK奖励</td><td>个人PK</td><td>以个人为单位</td><td>导购人数不多且能力差距不大</td><td>红星美凯龙、居然之家等店</td></tr>
<tr><td>团队PK</td><td>以团体为单位</td><td>导购人数多</td><td rowspan="2">独立店面，或者中小店联合促销</td></tr>
<tr><td>团队与个人PK相结合</td><td>个人和团体相结合</td><td>导购人数多，地区店面数量多</td></tr>
</table>

2．产品盘查

产品盘查即在活动开始前对库存产品数量和品种进行摸底和盘查。

活动开始前店长需要将促销产品的数量准确地传达给导购，让导购无后顾之忧地向顾客推荐产品。所以，店长一定要对产品的库存有一个完整的了解，并及时与后勤保障部门沟通，发现产品备货不足也要提前告诉导购，以免引起不必要的客诉。

3. 促销物料准备

宣传物料主要有：吊旗、地贴、X 展架、DM 单页、价签、KT 板、海报、礼品堆头等，总体的要求如下：

（1）**布置位置要醒目，**视觉要求最佳的位置，不得影响美观，不能遮挡公司 LOGO 和主要的装饰品，比较重要的位置有门口、前台、洽谈区的桌子。布置要求整齐、简洁、干净。

（2）**针对礼品物料的摆放，**为了吸引顾客，应将礼品在突出位置展示，比如：门口、前台等，且要求不能影响顾客行走。礼品大小结合摆放，小礼品放在前面或大礼品上面，要堆砌布置，以显得准备充足。礼品最好有好的包装，以保证能够在第一时间内吸引顾客的目光。如是定制礼品，在包装上可有公司品牌 LOGO，并保证 LOGO 面朝顾客方向。

（3）**堆头是礼品摆放的一个重要的表现形式，**往往一个漂亮的堆头能够很好地吸引顾客。堆头摆放注意事项：

◇ 堆头的摆放要注意造型有美感。

◇ 摆放的时候要注意视角角度，在各个方位都能看到堆头的一面，活动主题的文字一定要让顾客看到。

◇ 由于堆头一般很大，而且为纸质的，在摆放堆头比较高的时候，要用双面胶进行粘贴以避免倒塌。

4. 蓄客准备

蓄客是非常重要的，但不是马上见效的方式，店长需要在过程当中实时监控，并不断总结。同时，实施之前制定好的奖励制度也是非常重要的。

现阶段最为常用的方法有：电话蓄客、短信蓄客、售卡蓄客、其他蓄客。

（1）电话蓄客

◇ 各店将原所有记录下来的顾客资料进行电话追踪。在活动前三天内，电话告知活动内容和时间。尤其对那些意向比较强、装修日子很近的业主，要通知到本人。

◇ 把有意向的顾客记录下来，在活动前一天再重点通知。

◇ 小区业务人员也需把促销信息告知业主，并跟业主约好来店时间。

◇ 对专职电话营销的人员，在促销活动前，可以有针对性地选择小区，逐户电话营销。

一般来说，接通电话后的 20 秒钟是至关重要的。能把握住这 20 秒，就有可能用至少一分钟的时间来进行你的有效开篇，这其中包括：介绍你和你的公司、说明打电话的原因，了解顾客的需求。

电话主要是引起顾客的注意与兴趣。对素不相识的人来说，一般人都不会准备继续谈话，随时会搁下话筒。需要准备好周密的脚本，通过语言、声音的魅力引起对方的注意。在彬彬有礼地问候后介绍自己和公司。然后集中于顾客的注意力与兴趣所在，通过解释致电目的并提及给顾客的价值，将顾客沟通带入下一阶段。

案例：

导购：张先生/女士您好，我是××的家居顾问，您可以叫我小王。是这样的，我们××现在正在做一场今年促销力度最大的活动，全场折扣低到 5 折，并有百万豪礼相送。如果您需要装修房子可以到××市场××店咨询，如有需要也可以打这个电话，我们活动的截止日期是×年×月×日。请问您什么时候有时间来看看呢？

顾客：没空，很忙。

导购：没关系的，如果您家房子在近期装修，刚好我们有这样的活动，对您日后装修有非常大的帮助，您可以提前安排一下，来看看也行。因为这次的促销力度确实很大，错过就可惜了。待会我会把相关信息发到您手机上的，您可以看看。

（2）短信蓄客

可运用自建短信平台、手机、网站等工具发布促销信息。

◇ 门店对所有记录的顾客手机进行短信通知。

◇ 通过搜房、齐家网等网络媒体向其注册会员发送短信。

◇ 短信最好是统一编写。

◇ 发送频率：需发送两次，最好在活动前一周内和活动前一天发送。

（3）售卡蓄客

导购在销售过程中，可根据需要向顾客销售诚意卡、工厂直供卡等。同时在电话邀约的过程中，也可以售卡。家装业务员可以通过跑小区、扫楼盘来售卡。

（4）其他蓄客

家装渠道蓄客：家装业务员将促销信息告知设计师，由设计师邀约消费者来店。还可以将促销海报张贴在装修公司内。

广告牌蓄客：在促销活动前，需把区域市场的广告牌更换成本次促销活动的内容。

媒体宣传蓄客：各区域可综合考虑本地顾客媒体消费习惯、媒体费用等多种因素，选择符合自身实际的媒体。除了大众媒体之外，可通过门户网站、当地主流网站或建材网站、小区业主论坛等媒介发布促销信息。

DM 派发蓄客：

◇ 派发区域可选择当地的重点小区、建材市场或建材超市。

◇ 派发时间需在活动前一周开始，并在促销活动前两天内派发完毕。

◇ 派发对象主要为周边小区业主和光顾建材市场或建材超市的顾客。从竞品店出来的顾客必须作为派发及介绍促销活动的重点顾客。

（四）促销执行

促销活动的成功，不仅在于一份好的促销方案和充分的促销准备，更重要的是促销活动的执行。

1. 销量统计

店长需要根据分工表安排人员在促销活动中的每一天收集当天的销售数据，在每天的早会上，针对上一天的销售数据进行总结，并与销售情况较差的导购进行交流和指导。

店长需要对销售数据进行分析，对阶段性销售成果进行总结。如果阶段性成果未达到预期，则要对导购的心态和分工安排进行适当的调节。对表现不佳的导购需要进一步有效的激励，在物质和精神上的双重激励下，导购是会有提高的。

2. 大规模客流接洽

在促销活动中，导购对手中有意向的和付订金顾客都需要进行提前邀约，对客流总量以及高峰期做好判断。

提前通知顾客，合理安排预约顾客到店的时间，以此控制每天的客流量，如表 4－16 所示。

表 4－16　预约顾客统计表

顾客姓名	导购联系人	预计到店时间	联系方式	意向产品

3. 快速开单

促销活动中的人数是比较多的，因此快速开单是提高销量的重要保证。提高开单速度的方法有：

（1）了解顾客最基本的需求，根据需求再结合促销活动吸引顾客冲动购买。

（2）重复说明此次活动的促销力度是难得一见的。

（3）用礼品等促销物品刺激顾客购买。

（4）向顾客透漏活动有名额限制，并说明前多少名顾客下单是有额外的奖励的。

（五）后续跟踪及促销总结

活动结束后，店面成员需将订单尽快处理，其主要内容为：

◇ 针对已经交完全款的顾客，导购需要催促物流尽快送货，若仓库无货需尽快向工厂调货。

◇ 针对只交了订金的顾客，需要催促其尽快交齐尾款。若邀请的顾客没有参加活动的，在活动结束后需再次联系并预约来店时间。

店长需要在活动结束后的两个工作日之内进行店内的一次总结，这个总结针对导购在活动促销中出现的问题和亮点。其内容包括：个人销量完成情况、整体销量完成情况、遇到问题及应对措施，活动的不足，活动的亮点等，如表 4－17 所示。

附表 4－17　促销活动时间推进表

工作事项＼时间		活动前90天	活动前60天	活动前56天	活动前49天	活动前42天	活动前35天	活动前28天	活动前21天	活动前14天	活动前7天	活动前3天	活动前1天	活动期间	活动结束
背景分析	往期活动回顾														
	市场现状分析														
	竞品分析														
	产品盘整														

续表

时间 工作事项		活动前90天	活动前60天	活动前56天	活动前49天	活动前42天	活动前35天	活动前28天	活动前21天	活动前14天	活动前7天	活动前3天	活动前1天	活动期间	活动结束
促销方案拟定	主题确定														
	促销形式及手段选择														
促销物料准备	物料准备														
	人员组织及培训														
	蓄客														
	促销宣传														
促销执行															
活动总结															

六、开业庆典操作

终端店面开业的成功与否，会直接影响到该品牌在当地市场的整体经营状况，而门店开业作为市场经营的第一场战役，必须取得开门红。店面开业是一系列环节的完美组合，无论是前期的店面选址、装修、人员的选派、样品的陈列，还是开业现场当天、媒体宣传、现场接待等必须是环环相扣，不能出现任何纰漏。

（一）前期筹备

1. 市场调查

首先对选址要进行必要的调查，主要进行市场状况和周边小区状况的调查。市场状况调查内容主要包括市场周边的消费人群、进驻市场的基础设施、市场在当地的影响力、市场活动场地、广告资源等。小区状况调查主要包括小区交付状况、施工状况、小区广告资源、竞品进驻情况、业主信息收集等。

2. 分工动员

（1）方案确定

包括活动主题；利益组合点；主画面等。

（2）人员分工

总指挥：开业全程总负责人。

策划：开业全程的策划、安排。

监督：开业全程各个环节的监督及进度。

物料组：负责活动所有物料的设计、印刷，负责礼品的准备与保管和现场合作单位道贺物品的安排，负责店面各种物料的布置。

推广组：负责活动媒体新闻广告，负责活动小区推广活动及投放。

邀约组：负责小区客户、网络客户、设计师推荐客户等的邀请。

开业组：负责与外包公司对接安排开业工作，负责活动相关部门的公关工作及关系维护，如市场、城管、工商、公证处等。

（3）召开动员会

动员会至少需提前一周左右召开，会议内容包括开业方案、人员分工、任务目标分解、销售工具准备、促销信息、着装要求、到场时间等。若要其他店面人员协助，则要求协助店面的店长提前 2 ~ 3 天、店员提前 1 ~ 2 天到现场了解情况。

3. 团队组建培训

在其他店工作时间较长，平时工作表现及各方面都比较优秀的店员可提升为新店店长，再从老店调一两位老店员，并招一批新的人员，有相关工作经验的优先聘用。

培训内容包括产品知识、企业文化、规章制度、销售技巧、礼仪、专业知识、导购技巧、销售实景模拟、电话营销等方面。

对于新进人员，需从外形容貌、心理素质、销售能力、执行能力及团队合作能力方面进行筛选，分阶段进行培训并考核，通过之后方可成为正式员工。

（二）宣传推广

1. 宣传方式确定

针对不同城市、门店的定位及宣传费用、效果等因素，进行不同的宣传方式组合。常用的宣传方式有：

户外大牌、高速与主干道高炮、小区广告、橱窗广告、龙门架、DM单、临促广告、横幅、竖幅、小区驻点、彩色刀旗、开业舞台、举牌、地贴、X展架、彩虹门、空飘、短信广告、电台广告、夜场活动等。

围绕建材市场内外的广告是投放的重点，例如建材市场外立面、建材市场广场的桁架、刀旗，市场内围绕动线的广告等。

2. 宣传物料制作

根据各种广告形式的投放时间和物料制作周期，确定所有广告物料制作的先后顺序，保证所有物料按时制作完成，广告按时投放。

3. 宣传推广的实施

大范围覆盖类广告一般在开业前15~20天开始投放，如户外大牌、高速与主干道高炮、街道墙体、灯杆广告、灯箱广告、公交站台广告、小区广告、车体广告、电视、电台广告、DM单等。

集中造势类广告一般在活动开始前3~7天开始投放，如宣传游车、宣传花车、举牌宣传队、腰鼓队、短信、跨街横幅等。

现场氛围类广告一般在活动当天开始投放，如彩虹拱门、空飘气球、竖幅、舞台、地贴、吊旗等。

（三）店面布置

1. 完成装修

为保证有足够的准备时间，店面装修应在开业前15~20天完成。

2. 产品上样

所有产品的上样应在开业前一周完成，对紧缺未到的产品提前确定解决方案，坚决杜绝“空白区域”的出现，对所有已上样产品统一粘贴产品贴、标价、新品介绍等。

3. 卫生整理

新门店的卫生整理需反复进行多次，分别在装修完成后、产品上样完成后、饰品摆放完成后，反复多次整理才能达到干净整齐的环境效果。

4. 摆放饰品

软装及饰品摆放需在开业前一周完成，要不断地对整体效果进行评估与整理。

5. 绿植等其他物品到位

绿色植物等其他店内物品需在开业前一周内准备到位，并请当地销售绿植的人员进行维护。

（四）开业准备

1. 开业分工

将所有开业活动期间的工作进行模块划分，每项事项明确到个人，保证各项事项有人负责、有人监督，如表 4－18 所示。

表 4－18　店面开业分工表

项目	负责人	电话	说　明	备注
媒体接待组			负责活动媒体记者的接待，新闻稿及记者红包的发放等	
客户接待组			负责活动客户接待等全部订单过程，另安排一人负责茶水	
领导接待组			负责接待出席领导、午宴安排	
电话业务组			负责对小区/意向客户邀约	
开单组			负责现场开单	

续表

项目	负责人	电话	说　明	备注
外展组			负责门店外舞台、展架等工作	
临促组			负责临促的位置、发放效果等	
安保组			负责活动现场秩序、安保工作及停车	
抽奖组 3 人			负责现场抽奖环节的安排、进行，引导奖品发放等	
财务组 3 人			负责订金、订单的收缴及保管	
应急组			随时处理开业过程中突发的各类紧急事件	
机动组			随时配合各环节的工作	

2. 开业前动员会

（1）根据小区推广获得的准顾客信息数量、广告覆盖程度、消费者反应情况，合理制定目标。

（2）制定奖励机制，常见的激励奖项有：龙虎榜、最大单奖、团队销量冠军奖和单项奖等。

（3）确定动员会流程，主要内容包括：方案培训、产品了解、店面布置了解、销售技巧、分配工作、工作流程、突发事件处理、销售工具等。

3. 庆典公司联系

如需要，可联系当地知名的庆典公司，根据费用预算和预期效果确定活动方案，细化执行流程。要确定专人对接，与庆典公司对接各项执行流程，监督实施。

（1）物料到位

◇ 店外布置的物料有桁架、彩虹门、空飘、舞台、音响、红地毯、气球拱门、开业礼炮、剪彩工具等。

◇ 店面布置有花篮、地贴、吊旗、楼梯贴、鲜花、彩纱、绸带、台花、小气球等。

（2）活动公关

◇ 需在开业前与工商、税务、消防等部门做好沟通工作。

◇ 也需在活动前做好城管与交警的相应工作。

（3）应急预案

◇ 财物丢失。若客户财物丢失，应急组先和客户协商是否报警处理，如客户需要原路返回寻找丢失物品或到派出所报案，应急组成员应陪同客户一起去，并及时向应急组长报告进展，活动总协调应视情况安排专人处理或报警处理。

◇ 客户投诉。如遇客户投诉，应把客户引领到办公室进行解决，任何情况下都不要发生现场冲突，并由现场领导处理客户的问题。

◇ 电源方面，需跟市场沟通好用电的应急方案。

（五）氛围布置

1. 店外氛围布置

依据开业方案布置相应店外氛围，如图 4 - 3 所示，店外布置有桁

场外空飘、气拱门

走廊花篮、红地毯

舞台剪彩

店外布置

图 4 - 3 店外氛围布置

架、彩虹柱、彩虹门、空飘、舞台、音响、花篮、红地毯、气球拱门、开业礼炮、剪彩工具、机械烟花、帐篷、锣鼓队等。

2. 店内整体氛围布置

依据开业方案布置相应店内氛围，如店面布置有纱幔门、花篮、地贴、吊旗、X 展架、楼梯贴、鲜花、鲜花拱门、音乐、彩纱、绸带、台花、小型气球（花型布置）、各种问候语贴饰、水果点心等。

（1）产品氛围布置

◇ 主要目的是吸引顾客，让顾客进店选产品时有种温馨的感觉，同时让顾客一眼就能看到自己想要购买的产品。

◇ 需突出产品的特点，应用一些如店长推荐、新品上市等砖贴，并加以彩带布置。库存产品暗标识也需布置。

◇ 针对特价产品，可以布置如厂家特供，仅此一天等。

（2）礼品和抽奖区布置

礼品区应设在开业舞台、进门口等明显区域。应从低至高摆放，也可摆成与主题相符的花形，多贴一些奖字、礼字，多突出大奖。或做一些奖品 KT 板让客户看得更清晰。制作精美的抽奖箱，安排专人负责，并设立一米线隔离带。

（3）收银台布置

收银台前要空旷，以便排队。做一个大 KT 板摆在显著位置，告知此处为“收银台”。收银台后方可以做大幅的活动写真，以增加气氛。

收银台布置需有相应开单、收银工具。若是门店面积较大，可设立多个收银处，并增加 POS 机等。

（4）签单和休息区布置

根据店面的面积划分区域，签单区与休息区分开，以便使签单客户与休息客户互不打扰，也可让签单率更高一些，并在各区域布置一些水果茶点。

（5）VIP 顾客接待区

在门店内设置 VIP 顾客接待区（原则上避开前台区域），由专人负责在此接待顾客。

（六）现场控制

1. 促单小组

（1）由销售能力较强的2~3人组成专业的促单小组，并协助导购进行大单、难单的销售公关。

（2）促单小组成员应对促销产品全盘了解，并将客户消费能力进行区分，重点抓大单。

2. 播音控制

（1）开业前3天进行店内音响效果调试。

（2）提前准备门店音乐，开业活动期间应播放节奏轻快的喜庆音乐。

（3）开业活动期间由专人进行现场播音，播音内容包括：活动内容、企业介绍、产品介绍、门店情况介绍等，播音人员应情绪饱满、吐字清楚、并具有一定的现场应变能力。

3. 应急事件处理

如遇礼品弄错、电源供应不足、新导购对促销内容讲解不清楚、顾客多次要礼品、起哄闹事等突发事件，应交与应急小组专门处理。

（七）活动总结

（1）在当天活动结束后，召集所有的人员召开总结、表彰会议，收集当天销售工作中出现的问题，并现场给出解决方案。对当天表现优秀的销售人员进行奖励。

（2）各小组负责人召开当天工作总结会议，总结当天工作中出现的问题，并给出解决方案，以便优化日后的工作。

（3）还可开庆功会，对表现出色人员以嘉奖，如现金奖励、晋级奖励、物品奖励等，当然也要对事件处理不当者进行处罚。

开业庆典时间推进（如表 4－19 所示）。

表 4－19 开业庆典时间推进表

日期 开业进程		开业前90天	开业前60天	开业前56天	开业前49天	开业前42天	开业前35天	开业前28天	开业前21天	开业前14天	开业前7天	开业前3天	开业期间	开业结束
前期筹备	市场调查													
	开业方案确定													
	分工确定													
	团队组建													
	培训学习													
宣传推广	宣传方式确定													
	宣传物料制作													
	宣传推广实施													
店面布置	完成装修													
	产品上样													
	卫生整理													
	摆放饰品													
	绿植等其他													
开业准备	开业分工													
	开业前动员													
	庆典公司联系													
	物料到位													
	活动公关													
氛围布置	店外氛围布置													
	店内氛围布置													
	产品氛围布置													
	礼品、抽奖区布置													
	收银台布置													
	签单、休息区布置													

续表

开业进程 \ 日期		开业前90天	开业前60天	开业前56天	开业前49天	开业前42天	开业前35天	开业前28天	开业前21天	开业前14天	开业前7天	开业前3天	开业期间	开业结束
现场控制	促单小组													
	播音控制													
	应急事件处理													
活动总结	当天活动总结													
	促销结束总结													
	庆功会													

第五章 店内从空间布局提升开始

——建材家居门店销量提升

一、空间功能布局

店面空间布局一般可以分为四个部分：导入区、营业区、服务区和后台管理区。

（1）导入区

◇ 位于店面的最前端，是最先接触顾客的部分，它在第一时间传达店面的品牌特色，展示店面的营销信息，起到吸引消费者进入店内的目的。导入区主要包括店招、出入口、橱窗和 pop 广告等。

◇ 店招又称为门头，通常由品牌文字标识或 logo 图案组成，店招一定要明亮、醒目。

◇ 出入口在很多建材家居门店是合二为一的，出入口也可以根据品牌的定位与风格而进行一些别出心裁的设计。

◇ 橱窗是导入区的重要组成部分，视觉效果直观，通常进行形象产品、品牌形象物、品牌介绍、促销活动等信息的展示。

◇ pop 广告在店面外和入口处多是 X 展架展示，最好是三个以上的相同的 X 展架并排展示，以提升吸引力。画面内容可以是品牌形象、产品卖点、促销活动信息等。

（2）营业区

营业区是直接进行产品销售的主体区域，营业区在店面中占的比例最大，涉及的展示要素也最多。营业区域规划的成功与否直接影响到产品的销售。具体见“空间布局的原则”、“店面布局形式”等相关介绍。

（3）服务区

服务区是为了更好地辅助店面的销售活动，能给顾客带来更多的品牌感受和享受产品之外的超值服务。包括收银台、儿童活动区、品牌展示等，具体详见“终端品牌‘体验’展示”相关介绍。

(4) 后台管理区

后台管理区包括储物间和店员休息区。这些后台管理区要注意封闭性，尽量不要让消费者直观地看到这些区域。现在大多数门业销售店面都把展示门的里侧设成杂物间，或者比较凌乱而不去整理，只是在门闭合后外观很漂亮，但当消费者打开这些展示门后，一定会大跌眼镜。去TATA 木门店面，打开它们的门后，是白色的装修，书写有该木门的介绍，令人眼前一亮。

(一) 空间布局的原则

1. "第一亮点"原则

顾客进门第一眼看到的产品至关重要，这个产品要有亮点，才会给店面印象加分，使得顾客愿意继续看下去。

什么样的产品能有亮点、吸引力呢？也是因店而异。一般来说，如果是靠设计取胜的产品，应该放置当前流行的、竞品少有的、夸张等风格的产品；如果是中高端产品，应该放置材质好、功能特点突出的购买量大、利润又较高的产品；如果是竞争激烈的大众类产品，可放置价格便宜或者促销类产品，以价格吸引人。

顾客进店第一眼看到的位置一般在哪里呢？正常情况下，消费者走进店面后，一般喜欢往右边走。根据**消费者的靠右、逆时针行走习惯**，第一眼往往习惯看向进门右侧的区域。应该对这个区域按上述说明花费一些心思。我们有时看到一些店面，在这个位置设置形象台或者收银台，不知道这样的布局是要调整顾客的购物习惯呢，还是想让顾客多看几眼收银台里店员俏丽的面容呢？

2. 顾客吸引原则

在进行店面布局时，应充分考虑顾客的购物感受，首先要能够让顾客在店内"愿意进、愿意逛"，这样才可能提升潜在的购买力。

布局规划时，应充分考虑顾客的因素，有70%的消费者是在进入店面后才做购买决定的，应抓住这部分消费者，充分挖掘消费者现场决定购买的心理过程。研究如何攻破顾客的第一道防线，提升随机购买和冲动型购买，需要做到产品丰富、品种齐全，使顾客进店看得见，拿得到产品至关重要。

根据顾客的心理，可以对顾客可能较为敏感的产品定低价，不太敏感的产品定高价确保毛利，以此吸引顾客。

在消费意识高涨的时代，顾客的认同已从单纯的产品转移到对店面的整体形象的识别。销售氛围的营造，应将店面的陈列、展示、感觉，纳入到企业的整体形象识别体系内，创造出与众不同的风格。

另外，明亮清洁的店面，对顾客的吸引力较大，谁愿意到一个不起眼的店面多逛呢？

3. 高效利用原则

对店面来说，空间永远是不够的，随着顾客对产品需求的多样化，也使得店面要在有限空间内尽可能多地展示一些产品，但又不能显得单调、拥挤，对空间的利用要和谐、高效。

（1）**分层货架陈列**。利用人的视觉效果，将高货架与低货架交叉使用，增加立体空间效果。但主要的陈列产品是在人触手可及的高度上（如果要进行分货架陈列，如地板、瓷砖、涂料等，门、卫浴等不在此列），此高度为黄金陈列高度，一般在90cm～160cm之间。它是人眼最易看到，手最易拿取产品的陈列位置，所以是最佳陈列位置。

在这个高度下，可以陈列利润低、较便宜的产品；在这个高度上，一般可以做些形象展示陈列，陈列一些档次高的产品。或者采用同类产品的垂直陈列，即从下到上都是同一款产品，这样可以显得产品饱满。

（2）**异形陈列**。突破直线陈列，强调异形效果，减轻顾客视觉疲劳：**如斜线陈列、店中店陈列、功能展示陈列、样板间陈列**等。斜线陈列就是产品形式不是方方正正的矩形，可以是平行四边形式的斜线陈列。店中店陈列即是指针对一些同档次的或者同功能的产品进行集中式陈列，划定一片固定的区域，增加店面的层次感。功能展示陈列，即能体现产品功能的特殊展示，必要时增加产品道具，又使顾客对产品功能增强信心。样板间陈列就是产品应用的实景展示。

（3）**注意产品空间弹性**。店面在产品陈列面积分配时，应该注意和产品空间弹性相结合。空间弹性是指“产品陈列空间与单品销售相对变化的比率”，研究表明，不同定位产品的空间弹性也不同。

一般来说，促销品、价格较低产品，空间弹性较高，如为0.2，即陈列面积增加一倍，销量增加20%；而高端产品、形象产品、时尚产品，空间弹性反而为负值，即增加陈列面积会降低销售，因为这可能弱化了该产品的独特性。

一般来说，高利润产品，销售额低，应限制空间，但为了展示形象，可分配到顾客远处容易看到的区域，如高位置，形象展示区、岛式陈列的中间等。

利润较高，销售额又高的为明星产品，可分配大量优质空间进行展示。

利润低，销售额高的为走量产品，可分配大量空间，产品密度可适当增加，显得“实惠”，以此来吸引客流。

（二）店面布局形式

1. 格子式布局

优势：店面方方正正，购物效率高，可充分利用店面空间，可展示较多产品；顾客可以容易识别产品及分布，便于选购；有利于店员对顾客的介绍，简化产品管理及安保等工作。

不足：店面气氛感觉单调；在室内布局方面的吸引力有限，较难使顾客“触景生情”地联想家庭使用氛围。

2. 岛屿式布局

优势：采取不同形状的岛屿设计，布局创意空间较多，可以美化和装饰店面；店面氛围活跃，可使消费者增加购物的兴趣，并延长逗留时间；结合具体产品的特点，容易提升顾客的购买冲动。

不足：如果布局过于变化，容易造成顾客迷失；不利于最大限度利用营业面积；由于“非标”的布局，成本支出可能较多。

3. 按产品分区

一般店面会根据产品的材质、设计风格、定位等进行分区，集中某一特征进行产品的集中分区布局，这样可增加产品的饱满感和系列化，便于消费者进行对比选择、购买。

如徐家地板，店面主要分为三大地板区，围绕消费者关注的实木地板、仿古地板、强化地板这三大类进行分区摆放，大大方便了消费者根据自己的需要进行产品选购。

按产品定位分区介绍如下。

每个品牌下的产品根据其定位不同，基本上都可以分为四类，形象产品、核心产品、竞争产品及基础产品。在空间布局和陈列时，对这四种产品应该区别对待，如表 5－1 所示。

表 5－1　产品品牌空间布局和陈列

产品类别	定义	产品定位	布局建议
形象产品	代表品牌最高技术或设计能力的产品	独有产品、稀缺资源产品，高溢价，不追求销量	通道转弯处，店面中间区域，“第二、四磁石点”
核心产品	有一定技术含量，利润率较高，主力销售产品	该品牌主要利润来源产品，在追求利润的同时追求销量，在行业中有一定竞争优势	入口处，主通道两侧，“第一磁石点”
竞争产品	为了打击竞争对手的产品	竞争性低价策略，策略性产品，库存滞销产品，竞争对手核心产品的“高仿”产品	通道转弯处，端架，“第二磁石点”

续表

产品类别	定义	产品定位	布局建议
基础产品	为了保持市场基础份额的产品	销量大、利润率低的“大众产品”，工程产品，能提供基础现金流的产品等	出口处，或店面中间集中陈列区域，“第三、第四磁石点”

关于磁石点的介绍，请见本章第二节的第三点。

（三）终端品牌“体验”展示

对建材家居店面来说，只展示产品是远远不够的，因为它不是快消品，只通过刺激消费者的眼球就够了，还要给消费者更多的品牌“体验”，让消费者在店面内选购产品时，能充分感受到品牌的内涵，对品牌产生信心。这就需要在店面设计时，构建一个能够融入品牌文化、证明品牌价值，能与消费者产生互动与共鸣的品牌体验系统。

具体来说，构建终端品牌体验展示系统包括**品牌展示区、产品介绍区、产品应用展示区、员工形象展示区、设计师工作区及儿童活动区**等。

1．品牌展示区

品牌展示的落地，首先需要对品牌 LOGO 进行规范化使用，不随意改变品牌 LOGO 的设计。然后通过提炼品牌的落地形象，如品牌故事、品牌传奇、品牌卡通形象物，演绎品牌文化。对这些品牌可落地的内容，通过品牌文化专墙进行展示，或将其融入到店面的各相关位置。

品牌展示，还包括企业荣誉、企业理念等，这些展示往往集中在墙的一面，故有时也称之为企业荣誉墙等。这些品牌展示的企业文化墙、企业荣誉墙的位置也应该有所注意，尽可能让顾客多看到才有实际意义。

推荐位置一：大堂或进门处。让来往的顾客能够很容易发现，对品牌产生一定的信任感和安全感，增加进店概率。

推荐位置二：业务洽谈处。与顾客洽谈，当顾客犹豫不决时，可以通过介绍企业获得的荣誉、品牌故事等以提升顾客对品牌的粘性和信任。

我们在服务一些建材家居企业时，发现有店面把品牌展示区放在店面进门的内侧，顾客很难自然发现，这样的品牌展示就失去了展示意义，起不到应有的作用。

2．产品介绍区

据调查，多数消费者对产品的生产过程往往是好奇的，很想对产品的生产过程有个大致的了解。就像透明产品设计吸引人一样，消费者很想知道产品的“内幕”。

我们投其所好，通过图文并茂的图片和流程进行产品的介绍，再通过物料的应用和展示，以说明产品在工艺、技术、性能上的优势，活化静态的产品。通过其生产过程的介绍，不但满足了消费者“刨根问底”的爱好，也突出了本产品的生产过程优势，哪些是竞品所不可比拟的。这样比单纯介绍产品优势，效果来得更真实、更生动，远比导购单纯解说更有效！

3．产品应用展示区

研究发现，如果消费者所熟悉的人使用或购买了某产品，则消费者对该产品的信赖感就会提升，“代言”就是如此，因为由其做“背书”，就多了一层品质的保证，哪怕这个人是随机选择的，这就是消费的趋同性。

由此可以看出，在店内进行必要的产品使用者展示是多么的重要，有那么多“代言者”，何愁消费者不买呢？

这种产品使用者代言包括三种类型：

一是周边小区的用户。

对于购买过产品，装修效果较好、配合度较高的用户，可以将其小区名称、顾客姓氏、装饰效果图片等进行展示。如果顾客不愿意进行展示，至少可以对近期购买的顾客进行“感谢”，即：感谢××小区×先生/小姐选购××产品，恭祝乔迁新禧！

二是大家都知道的名人。

如果有熟知的名人用过此产品，则要把握时机进行宣传，如果对方不同意，可以用一些打擦球的方式进行介绍。

在这方面，东鹏瓷砖的一则宣传，把此方法运用得炉火纯青。在东鹏瓷砖进行的一次宣传中，有提到美国总统奥巴马和俄罗斯总统普京也使用了东鹏瓷砖，这给消费者带来较强的心理冲击，从另一个角度向世人证明：他们都用东鹏瓷砖了，谁还能说东鹏瓷砖不是第一？

三是工程类项目。

工程类项目应用，需要多选择有代表性、大家熟知的建筑，如果有区域标志性的建筑则更佳。比如世博会建筑、环球金融中心大楼等举世瞩目的工程，如果有产品能进入，即使不赚钱或少赚钱也值得，这是多么好的品牌价值提升机会。当然对于这方面的招投标和价格让利，企业方会给予较大的支持。

4. 员工形象展示区

店面是销售产品的场所，由于过于商业化，一般显得比较严肃，缺少生活情感的交流，给顾客的感觉就是买卖关系。目前有一个趋势，就是通过员工日常形象展示，活化员工形象，让顾客感到员工也是生活中的人，这样就多了一层生活情感的共鸣，从而拉近与顾客的距离。

所以，好的员工形象展示可以增加门店的生活情感和温馨氛围，降低消费者的防备心理，这就要员工形象展示越活泼越好，形式越生活化越好，员工笑容越灿烂越好！于是，顾客在与店员之间的买卖关系之外，还看到了员工“活生生”的、除工作以外的一面，他们也有快乐的生活和家庭，他们是“很可爱的人”。

5．设计师工作区

在人们日益追求生活品质的今天，**家庭装修不再是简单的涂涂刷刷，而是演变成专业的室内装潢设计**。显然，顾客在购买产品时，如有专业的设计指导，定能大大提升店面的“专业性”和吸引力，成交率自然提升。有些店员喜欢名片上加印“设计师”几个字也绝不是空穴来风，这样售卖的就不仅仅是产品，更多的是一个家庭装修解决方案，能够提供更多的增值服务。

对于店面来说，如果有专门的设计师工作区就更佳，顾客在咨询装修设计时，往往会驻足很长时间，再加上对设计效果满意的话，该店面产品就是不二选择——因为设计师都是用自己品牌产品设计的。

北京居然之家小蜜蜂瓷砖、马可波罗瓷砖等店面外就可看到设计师专属工作区，这种专业感的树立自然而成，再加上设计师们忙碌的身影，无不显示了顾客多、店面生意兴隆，此处无声胜有声。

由于建材家居店面大小和具体品类的不同，再加上设计师成本因素，并不是所有的店面都一定要有设计师工作区，只是要多借鉴这种专业展示的思想。比如可以宣传非驻店设计师，一是通过他们的“大牌”形象介绍，二是通过他们的一些设计作品来进行展示。

6. 儿童活动区

进行置业装修主要有两类，一是婚房；二是改善型需求的，这样的家庭一般都有小孩子。

有经验的导购都知道，顾客如果带孩子就需要适当“讨好”一下孩子，这样与顾客的关系就会瞬间拉近一些。顾客的孩子无疑是一个很重要的话题，通过与其交流，能够增加温馨氛围，让人回味孩提的纯真时代。

店面设置儿童活动区，能够增加带孩子顾客停留店面的时间。顾客孩子有玩耍的地方，与顾客孩子沟通好了，满足了孩子的需求，顾客很大程度上就愿意在店里进行产品选购了。

多乐士涂料专卖店虽然面积不大，但新店面大都有儿童区，哪怕是很小的区域，无不体现着对顾客孩子的关怀和爱护。

在新建不久的成都高铁东站，进入候车区，就发现有专门的儿童活动区，看着那些孩子快乐地爬高爬低，能给你一些启示吗？

二、店面动线设计

动线，就是顾客受店面布局、产品展示等因素影响而在店内行走的轨迹。单一顾客的路线虽有其随意性，但全体顾客的运动轨迹是有规律可循的。店面的动线设计，就是让顾客在店内购物的过程中尽可能经过更多区域，看到更多的产品，同时降低顾客在购物过程中的体力消耗，将顾客的购物兴致、新鲜感、兴奋感保持在较高水平。动线设计对一个店面来说非常重要，特别是店面比较大时更是如此。

动线设计还关系到顾客的购物体验和店面的空间利用率，要在两者中维持合理的平衡。动线设计受顾客习惯、产品、店面大小、店面布局、建筑结构等多种因素影响，所以变化多种多样，也没有统一的标准可言，本节主要就一些基本的原则和注意事项进行简单描述。

（一）动线设计原则

1. 开放畅通

整个店面应使顾客轻松进出，主动线与关键位置、各产品大类（功能分区）顺畅连接，保持客流畅通。动线设计中应少拐角，不能有障碍物，除出入口外，店内是一个流动的闭环。

2. 宽度适宜

店面动线是顾客可能行走的路线，是行走频率比较高的一种路线。在设计时，可分为主通道和副通道。主通道通常是顾客第一行走的路线。主副通道的宽度跟店面大小关系较大，可参考的数据为：200 平方米店面，主副通道宽度一般为 1.2 ~1.5 米、0.9 ~1 米；1000 平方米的店面，主副通道宽度一般为 1.5 ~1.8 米、1.2 ~1.5 米。

3. 避免死角

动线设计首要的一点就是避免顾客走重复的道路。显然，如果顾客一次性逛完店面中所有产品，不走重复路，最佳方案应该是环形模式。**“井”字形、“回”字形、九宫格形都是动线设计的常见类型。**特别是针对面积比较小的一些店面，往往采用“回”字形的设计。

4. 曲径通幽

对于建材家居店面的消费者来说，一般进入店面时具有较强的目的性，是为了买该品类产品而进入的，通过各品牌店面的“逛”来找“感觉”。所以要让顾客找到感觉，不仅需要产品的吸引、陈列的吸引，还需要从空间布局、动线设计上考虑，创造“曲径通幽”的购物氛围，让顾客心情舒畅，停留更久，从而达到吸引其购买的目的。

线形动线适用于面积小或狭长的店面，只有一条主通道连接出入口，产品陈列在主通道两侧。这种布局的优点是陈列紧凑、直观，产品尽收眼底，缺点是洄游性差、容易形成枯燥感。**对于比较大的店面，应尽量避免绝对直线，适当中间有隔离，增加层次感。**要注意的是，直线形的动线设计使顾客一眼就能从头看到尾，会使顾客感到乏味，或者因为一下子看到全部而失去逛下去的兴趣。要避免直行通道过长，防止让顾客感到疲惫，必须注意动线和空间的秩序感，要使得空间和动线互相穿插，空间感受抑扬顿挫，移步换景，让顾客有愉快的购物体验。

弧形或“之”字形，就能很好地解决这个问题，使顾客很难一眼看透，看了一间又一间，惊喜层出不穷，增加在店面中的购物兴趣。

想必大家在宜家购物时对其曲折引人的路线都会有非常深刻的印象，宜家的动线设计堪称动线设计的经典。这是在动线设计中，融入中国元素而发展出的“太极”曲线形设计，圆弧形动线能让顾客视野的延伸性、可视性更强，产品的能见率更高，便于顾客接触到产品。同时，这一设计也使得产品的展示面积增加，产品陈列的技巧性增强。

5. 遵守顾客习惯

研究顾客的习惯，在动线设计时，合理顺应其习惯，从而为顾客营造“和谐”的购物环境。一般来说，顾客不愿走到店内的角落里，喜欢曲折弯路，不愿走回头路，有出口马上要出去，不愿到光线幽暗的地区。大多数人习惯用右手，喜欢拿取右边的东西，喜欢进入店面往右边走，流动方向多半是逆时针方向。

（二）动线设计要素

店面动线的设计包括几个要素：过道、功能区域、节点、标志，这些元素体现在点、线两个方面，如表 5－2 所示。

表 5－2　店面动线设计要点

特征	功能	形式	特点
点	转变	端点：出入口	与外界联系，引入客流
		节点：交叉口，休息点、中庭	转换、休息
线	连接	直：过道	疏导客流
		竖：楼梯	空间转换

点：动线中的点分为端点和节点。端点即入口，应该具有象征性、开敞性和引导性。首先，在视觉效果上，端点应该醒目。远观时，能在

很多的店面里独树一帜，有鹤立鸡群之感。走近时，又与市场功能结合得浑然一体，将市场环境的客流自然吸引进来。

节点包括通道交叉、休息点，而动线的节点根据性质不同，分别承担着分流、聚流、转换的作用。顾客受节点的视觉刺激，从行进状态转为驻足或短暂休息。将主通道的客流通过节点导向其他区域。顾客经过一段时间的参观、购物，需要用节点的功能设计或提高，或缓和，或转变大脑兴奋点，保持新鲜感。成功的节点，既要实现功能与空间的结合，又要与整体环境相呼应。

线：动线中的线是端点、节点之间的联系。动线设计的基本要求是结合定位、主次分明、动线闭合。动线闭合，即通道要有回路，使顾客在购物时能自由走动，不能产生断头动线和盲区、死角，避免出现顾客不得不原路返回的现象。

（三）磁石点设计应用

顾客在店内购物时，基本上是按照**进入店内→走动→在产品前停留→审视→询问交流→购买**，这样的一个先后顺序购买产品的。磁石点就是能够或者应该吸引消费者的区域，对这些区域充分利用，摆放有吸引力的产品，吸引更多的顾客目光和停留，以取得更多的顾客成交。

1. 第一磁石点

进入店内的绝大多数顾客都要通过店内的主道路。因此，主道路两侧的产品展示不仅对销售产生很大影响，而且也决定了对产品和品牌的整体印象。主道路两侧的主要位置，一般把它称之为店面的第一磁石点。主道路两侧应该陈列什么样的磁石产品是应认真加以思考的问题。

第一磁石点可参考的产品是：**购买量较大的产品、主力产品、极力想向顾客推荐的产品。**

2. 第二磁石点

在店面中的主道路拐角、主道路尽头、楼梯口等能引导顾客在店内

通行的位置，一般称之为店面的第二磁石点。经验表明，凡是对店面第二磁石点重视者，销售业绩大都是比较出色的。

在这些区域，关键是要有效地诱导顾客继续前行，引导其尽可能地走到店面的纵深处。为实现这个目的，在陈列内容上，尽可能地做到：陈列新产品、前沿产品及流行产品；陈列引人注目的产品；强调陈列产品的色彩和照明的亮度。

3. 第三磁石点

第三磁石点位于店面的出入口左侧位置，一般是顾客走完店面，可能要离开店面的位置。这个区域陈列目的在于尽可能地延长顾客在店内的滞留时间，刺激顾客的冲动购买。

这个区域陈列的产品可以是相对体积较小的产品、特价产品、促销产品、购买频率可能高的产品。因此，在第三磁石点产品最佳组合上需要较高的经营技巧。

4. 第四磁石点

第四磁点位于店面的中部。**这个区域产品设置的目的是诱导顾客向店面中部区域走动**。对于面积较小的店面来说，第四磁石点的效果并不明显。

第四磁石点产品在店面陈列中要突出以下特征：廉价产品；大量陈列的产品、突出产品品种的丰富性；大规模宣传的产品，如在通道宣传的 POP 广告产品等。

第六章
终端生动化展示

——建材家居门店销量提升

一、生动化展示概要

（一）生动化：推动消费者的购买决定

终端生动化展示就是让产品更生动、更有吸引力地展示于消费者面前，争取通过多方位的视觉刺激和心理感受，让消费者在终端尽早形成购买决定。失去的销售机会很难再来，一旦这次错过消费者的购买，那么就可能永远失去了一份销量，企业和终端售点都会因此失去销量和利润。

我们逛街都会有印象，在一家服装店看中的衣服，如果当时犹豫一下，想回头比较后再买。然后继续逛其他店，大都会被新的衣服吸引。统计发现，很少有顾客再回头买那家开始看中的衣服。可见，**当场能让消费者决定购买是多么重要，生动化展示能够起到推动消费者购买的作用。**

总体来说，生动化的目的是：

（1）让消费者：看到并欣赏产品；了解并信任产品，享受购物环境；开心地掏钱购买。

（2）让竞品：黯然失色；终端遭拦截。

（3）让企业：美誉度提升；有较好的销售回报。

（二）生动化的内容

生动化展示包括终端硬件和软件，终端硬件是指物，终端软件是指人。

终端硬件，又称硬终端，包括的内容较多，具体来说，有店面商品，产品包装，销售配件，VI 表现，陈列位置，陈列方式，宣传物料

（说明书、DM、POP、台卡等）及张贴、摆放位置，促销物品，辅助展示物（专用展柜、展架等），店面整洁度，灯光，音乐，与其他品牌的同类商品（竞品）的显著区别，等等。可见，店面的生动化涵盖的内容较为广泛，包括从店面的设计、布局，产品的陈列、展示，到物料的应用、竞品的对比、卫生的保持等非常综合的一个范围。

终端软件，即人，也称为软终端，人往往是终端生动化容易忽视的，岂不知，店员才是终端最美丽的风景。店员的着装、容貌与举止，素养与谈话方式，待客态度，对品牌状况及产品知识的了解，对行业及竞品的了解，察言观色与随机应变的能力，与竞品导购人员的区别，与店内周边人员之间关系，等等，也是生动化展示不可或缺的内容。

关于人员的介绍融入其他相关章节，本章主要介绍终端硬件。

（三）几种陈列方式

1. 货架陈列

这就是最基本的产品陈列方式，将产品按照上中下对齐或倾斜的方式，将产品陈列在货架上。这种方式简单易于操作，节省陈列成本。货架陈列，要求整齐、净洁，有视觉冲击力，对于产品上有标签的，如涂料产品，标签要全部统一向外。

2. 样品陈列

对于一些体积比较大、占据空间大的，如卫浴、门业等，由于展示空间有限，只是用部分样品进行展示。这就需要在样品的选择上进行考量，对于新品、畅销品、独特品、吸引眼球的创新设计品等优先展示。

3. 墙面陈列

为了节省空间，对于一些厚度不大的产品，如瓷砖、地板、吊顶、壁纸等，墙面陈列是很好的展示方式。墙面陈列（包括货架陈列）中，一般的原则是中间摆放的是畅销品，价格适中，上面的是价格较高的产品，下面的是价格低廉的产品；也可以上中下是同一款产品。在瓷砖产品中，有的为了提升陈列效果和档次，给瓷砖加框，也是值得推荐的方式。

4. 堆头陈列

把一些比较畅销的产品，或者促销的、低价的产品进行集中于某一区域的陈列，这样能够通过其“特殊”堆放而吸引消费者驻足留意。有的店面将促销品集中陈列于店面入口处，也是堆头陈列的表现形式。

5. 情景陈列

这应该是建材家居产品独有的展示，通过模拟产品使用环境，给顾客带来产品应用的联想，使枯燥的产品更加形象化，创造一种体验的氛围，促进顾客成交。情景陈列简单的就是使用环境的简单模拟，复杂的就是专门的样板间展示。

6. 橱窗陈列

利用店面外墙的空间进行产品的展示，一般是公司的新产品和形象产品在此展示，配合灯光的照射，吸引来往经过的消费者。橱窗，就像着装时尚的女性一样，通过一部分的“暴露”来吸引异性的目光。

7. 推拉板陈列

可用墙面展示的产品，也可以用推拉板来进行展示。通过推拉板，创造更多的展示空间，给顾客更多的产品直观感受。

8. 突出陈列

是指商店内为了强调特别推出的商品的魅力，而采取的陈列方法。这种具体陈列的方式也比较多，有的是特殊道具、有的是专门陈列台、有的摆出一些造型等，采用一些独特的展示手法吸引顾客的注意力。

二、终端硬件生动化

前面也有简要提示，终端硬件包括的种类较多，下面仅对一些常见的硬件进行生动化展示的探讨。

（一）产品标签

目前产品的竞争，已经蔓延到很细微的小细节中，不起眼的标签就是其中之一。

第一，标签要追求质感，特别是定位比较高端的产品。如果是纸质的，一定要选择最好的，这一点花费值得。标签也不一定是纸质的，例如诺贝尔瓷砖的价格标签看上去像金属做的，包括价格数字也是用模具做出来的，这比机打的数字看上去更有档次，比那些像小学生手写的价格标签更不知道要强过多少倍。金意陶瓷砖的标签放射着“金光”，让人不禁联想到金意陶瓷的高贵、庄重。

第二，标签形状可以异形化设计，不一定拘泥于矩形的形状，如心性、火炬形等。形状的选择也可跟品牌定位相结合。

第三，产品标签在有平面的产品上张贴时，一定要整齐划一，彰显品牌的非一般用心。店面的每一个设计，都能或多或少地触动消费者的感觉。产品标签也不用太多，一般每个单位产品上2~3个为宜。

第四，还可以用标签显示产品的特殊性，向顾客传递更多销售信息。比如用“爆炸签”表示产品特价或便宜；给有的产品戴“大红花”，表示产品受顾客欢迎，销售数量多等。

（二）产品对比道具

产品不怕卖得贵，关键是要有卖得贵的理由，要能给顾客带来相应的价值感受，通过与其他产品的对比，无疑是很好的价值提升手段，“不比不知道，一比吓一跳”。安利产品的销售，最能打动人的就是进行产品对比。

所以，店面内一定要有能体现产品卖点的销售道具，或陈列对比，店员演示，让枯燥的产品优势更加形象化、直观化，让消费者感觉到真实，尤为重要。

（三）特殊陈列道具

一般产品陈列可结合该品类的特点，多构思些错落有致的产品陈列形式。如瓷砖可以斜排列、推拉板陈列等。再如壁纸，多数平放着被顾客翻阅的破烂不堪而影响形象，可以通过卷筒实物展示、展板、推拉板、形象墙等进行陈列。

对于一般的产品陈列，基本上在遵循行业总体规则下，有所创新为佳。对于公司的形象产品，即那些能代表公司最高技术、设计、工艺水平的产品，虽然它们不追求销量，但能有效“提高”其他产品在顾客心目中的形象，提升品牌形象。就像宝马、奔驰推出的一些概念车，不批量销售甚至永远不上市销售，他们还推出这些概念车干吗呢？显然醉翁之意不在酒，这些产品的推出，对于旗下上市产品的销售带来技术、科技的背书，大大提升其品牌形象。所以，对于公司的形象产品，需要有更加独特的陈列方式，这些陈列道具可由公司总部统一进行，也可以经销商自己构思。

比如诺贝尔瓷砖的某系列产品，用立柱展台独立展示，加上从上空垂下的大小不一的吊球，配合蓝色的灯光，极具科技感。东鹏瓷砖成都经销商自创东鹏编钟陈列，把瓷砖切割成大小不一的编钟样式，悬挂在木架上，说不定还能弹奏出一段动听的音乐呢？

（四）店内 pop

店内 pop 包括 X 展架、三脚架、海报、产品单页、产品手册、品牌手册、吊旗、地贴、杂志等。这些店内 pop 可放置在收银台、产品陈列区一侧、物料陈列架上，pop 要求干净、整洁，有破损者及时更换。pop 数量不可缺少，但也不要过分渲染，以免显得杂乱，喧宾夺主。

这些 pop 也需要做得比较有质感，要通过其提升整个店面的品味，而不是让店面感觉比较花俏，否则费用浪费了不说，还可能起到相反的作用。马可波罗瓷砖的吊旗全国都是像皇榜告示形状的、材质像布的，显得别出心裁。

为了提高档次，海报一定要用海报框进行装裱，以显得上档次。

（五）促销礼品展示

促销礼品也可以看做是物料的一种，在进行阶段促销活动时，可以将礼品整齐排好放在店面内入口处，让从店门口经过的消费者清楚地知道正在做促销活动，以此吸引一些喜欢得小便宜的消费者。必要时，这些促销礼品还可以放置装饰花、气球，加上拱形门，增加喜庆气氛。

促销礼品可用堆头的形式做一些展示造型，并在周边设置安全缓冲带以维护好礼品。礼品的选购遵从实用、大气、精致三原则。如餐具、床上用品等是常用的促销礼品，对新房乔迁的顾客也实用。为了显示促销礼品的价值，促销品可标上价格。

（六）产品介绍的生动化

要图文并茂，千万不能只是文字、数字以及一些专业术语的说明，消费者没有那么多时间去了解。关键是形象图片的对比，有兴趣的消费者也就是用眼睛“一扫”而已。我们很多方面的细节，其实也就是为了消费者眼睛的一扫！

通过这一扫，迅速得出相应的结论，如果扫到的都是给品牌加分的，那自然对品牌留下较好的印象，如果这一扫，都没有多少突出的部分，那也就基本上看看过了，“悄悄地来，悄悄地走，不留下一片记忆”。

品牌宣传的表现也是如此，也不能只是文字的说明，密密麻麻的字谁愿意去看呢。记住一个原则：**字不如表，表不如图**。千万不要想一下子把企业的所有东西都告诉消费者，只有几个核心点就够了。所有品牌宣传如海报等，主要都是以图表表示，容易在短时间内给消费者一个综合印象。如图 6 – 1 所示意，右边的展示效果要大于左边的。

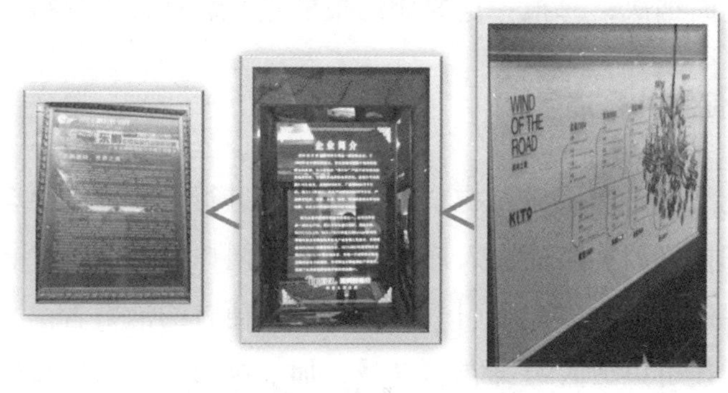

图 6 – 1　产品展示效果图

（七）显示屏

店面的门头上装饰有电子显示屏，这也能为终端的展示多带来一些消费者的目光。一屏展示的文字有限，所以展示的内容也不适合过多，虽然文字可以是动态滚动的，但消费者没有太多时间停留在这些滚动文字上。所以，需要展示的文字应简明扼要，一般以品牌广告语、当前促销主题活动等为主。

（八）电视机

店内配备电视机也是很必要的，可以滚动播放品牌宣传内容，品牌的故事、产品的生产工艺、产品的研发、产品的特点等视频内容。在消费者走进店面的主通道上或洽谈区内都可以放置电视机，通过品牌宣传内容的放映，让消费者多一个了解的机会，起到潜移默化的作用。同时，电视机还可以当作显示器使用，在导购介绍产品系列，或者样板展示时，可通过IPAD与电视机相连，把消费者想了解的内容，从电视机屏幕上投放出来，方便与顾客的沟通和产品选择。

（九）迎宾台

比较大的店面，如超过1000平方米时，可以在大厅入口处设置迎宾台，便于对来店顾客的及时接待。迎宾台的设置，可以提升顾客对品牌的印象，提升产品美誉度。诺贝尔瓷砖的一些大店多设置有迎宾台。

（十）色彩

色彩在现代商业中起着传达信息、烘托气氛的作用。通过色彩设计可以创造一个亲切、和谐、详明、舒适的购物环境。

在色彩的运用中，要考虑“适时、适品、适所、适人”。

适时，指颜色应用与搭配要尽可能适合当前销售的流行趋势。

适品，指店面的装饰色应该与品牌定位、主销产品相协调，不应造成不和谐之感。

适所，指店内的色调与店面的性质、风格相一致，否则会失去个性，影响形象。

适人，适合顾客的偏好和敏感程度，能让顾客产生一见如故和轻松、愉快的购物感受。

大多数店面都注重色彩的设计，而只有让色彩具有个性化特征，才能使色彩的表现力真正得以体现。

国外有壁纸品牌按照色系进行产品的陈列与组合，消费者完全可以根据自己的颜色喜好来选择产品，节约了消费者的选购时间，也让消费者更便于对比。

（十一）灯光照明

商店照明一般有以下类型：基本照明、特殊照明、装饰照明。通过灯光和色彩的应用，不同的产品定位可配合不同的灯光和色彩，这样能够给消费者移步换景之感，产品之间的定位和差异也能很好的体现。

（十二）电子屏展示

由于产品越来越多，同一款式，不同颜色就可能形成一个系列，但店面的空间有限，不可能展示所有的产品；包括消费者也越来越喜欢看产品应用的场景，即样板间展示，这更占据空间。怎么能解决产品系列多、需要的样板间多的矛盾呢？通常的做法是用产品手册说明，但这从印刷成本上、更新速度上都会有所限制。可以借助 IPAD 进行，或者再进一步与电视显示器相连接的方式，通过店员的 IPAD 介绍，让顾客从较大的电视显示器上观看。如果再进一步，投入一些费用，可以利用产品电子展示屏，让顾客自己通过触摸屏去寻找和选择产品。

（十三）氛围营造

店面气氛的处理是很重要的，那就是平时在说的“有没有购物气氛”或“是否能激起顾客的购物欲望”。

成都某建材家居店，店面陈列的艺术化程度很高，但过于艺术化，缺少必要的物料支持，造成商业化不够，没有营造好一个购物氛围，像是欣赏的一幅图画，“可远观而不可亵玩焉”，顾客没有了购买的激情，这样的陈列也是失败的。

三、样板间展示

从产品的简单陈列，到产品应用效果展示，再到产品实景展示，一步步迎合着消费者挑剔的眼光，产品的展示在不断地升级。样板间展示是情景陈列的一种最完美形式，它在当前的建材家居店面中越来越重要，故我们对其进一步进行介绍。

样板间展示利用模拟的方式再现了生活中的某些真实情景，将关联的产品组合在一起，可有卧室情景、客厅情景、儿童房情景、卫生间情景、厨房情景等。根据所售卖产品的主要使用环境，进行相关的场景模拟。有的样板间不销售配件，也有的样板间每一样商品都可出售，既提升顾客的审美情趣，又方便顾客的连带购买。宜家家居是样板间展示的高手，由于其销售产品种类全，大多都将产品融入了样板间中，如将家具、床、床上用品、居家服饰、装饰品、台灯等艺术地布置成了一个温馨的卧室环境。对于大多数产品来说，样板间只销售主材，其他的用配件来模拟尽可能真实的使用环境。

样板间优点很多，但也占据了较多的空间，又花费了不少装修成本，所以就需要尽可能把样板间展示魅力发挥到极处，在样板间的软装配饰、产品选择、更新周期等上多用心思。

（一）软装配饰

软装饰品的风格造型决定着整个终端店面的格调与氛围，需加强软装饰品与整体装修风格的匹配度，并通过饰品、艺术品的陈列设计赋予样板间空间更多的文化内涵和品位，如表 6－1 所示。

表6－1 软装饰品搭配

类 别	软饰搭配
家具	沙发、茶几、餐桌、书柜、衣柜、电视柜等
灯饰	吊灯、立灯、台灯、壁灯、射灯等
布艺织物	窗帘、地毯、桌布、桌旗、毛巾、浴巾等
饰品	陶瓷摆件、挂画、照片墙、油画等
绿植	鲜花、花盆、绿化植物、水景等

整体布局尽可能的完全生活化，还原真实生活氛围，配饰选择不必吝啬于一些小的物件，配饰不可或缺。经常看到一些样板间除了所售产品外，无其他相应配饰，效果的真实性自然要差，像是一个未完工的半成品，真是为其感觉叹息，大的费用都已经花了，为什么还要吝啬于这些小的物件呢?

俗话说，“好马配好鞍”，消费者可能一时不了解品牌的定位，这时就可以通过配置“好鞍”来反衬这些产品是“好马”，即可通过产品外的“配饰”来实现，给顾客的感觉就是，展示的其他东西都那么好了，产品肯定也不会差，门当户对的心理对比就会产生。

比如沙发的档次、茶几的档次、灯饰、布艺的档次，软装配饰要尽可能的丰富性、高档化，提升所经营品牌的产品形象。比如一卫生间的样板展示中，如果配有高档的毛巾，则可衬托卫浴产品或瓷砖产品的高档；如果放置看上去质量较差的毛巾，肯定会使整个样板间“掉价”，顾客可能会想：毛巾都那么差，估计产品也不过如此了。

样板间软装配饰的布局、陈放等完全可以按照真实生活的习惯去维护，最终的要求就是生活场景化，接近顾客的真实生活，才能引起更多的顾客共鸣。

样板间小饰品的搭配是为了更好促进销售，达到更直观的空间效果。饰品搭配注意“三要”、“五不”：

“三要”：

◇ 要展示标识：有品牌 VI 的饰品必须把品牌 VI 呈现出来。

◇ 要风格统一：饰品的风格要与样板间的风格一致。

◇ 要动静协调：饰品的摆放要有艺术，不要平铺呆板。

“五不”：

◇ 不出现外品牌标识：出现其他品牌标识是对他人的宣传，除非是奢侈品牌，否则尽量避免。

◇ 不摆废旧饰品：样板间的饰品出现损坏时，需要及时更换，不要吝啬小钱。

◇ 不摆用过的日用品：不可摆放已用过的日用品当作展厅饰品，如牙刷、水杯、毛巾等。

◇ 不要超过三种颜色：样板间的饰品色调要协调，与软装颜色，风格基调要统一，颜色不要超过三种。

◇ 不要过多或过少：样板间空间有限，过多饰品太多繁乱，太少又无效果，3～5 个小饰品为宜。

（二）产品选择与搭配

既然样板间占据了空间、多了费用支出，就承载着更多的销量预期，所以样板间产品的选择与搭配就非常的重要。**样板间的产品选择一般要兼顾三个方面：新产品、畅销产品、独有产品。**

新产品都比较容易理解，顾客毕竟都喜欢新的东西，虽然这个“新”对建材家居产品来说意义不大，因为要用 10 年的产品在当时是否新潮又有多少意义？但对于导购来说，是一个很好的介绍点，说明公司有实力，不断推陈出新。对于企业来说，也需要通过新产品的销售来检验其开发能力。

畅销产品能够走量，产生较好的利润，是店面销售的支柱，对其快马加鞭也无非希望能利用难得的产品畅销获得更多的销量。同等条件下，月销售 10 件的产品增长 20% 与月销售 2 件的产品增长 50%，哪个能够带来的收入多、哪个更容易实现显而易见。

独有产品竞品无法替代，消费者一旦看中成交概率就会大增，而且还可以获得比较好的利润空间。现在同产品类太多，企业拥有独有产品越来越难。如果没有独有产品，就可以选择相对比较稀有的产品。

在另外一个产品选择的维度上，为了吸引消费者的目光，样板间也可以采用大胆、夸张的手法进行色彩、产品的搭配，创造一些高于生活的新奇、梦幻场景，突破消费者的想象。这样比较能够抓住消费者的眼球和对品牌的好感，虽然他们最后可能还是选择相对比较务实的装饰，因为新奇的感觉虽然能让顾客眼前一亮，但是从家庭的长期居住，以及房间的整体设计风格考量，还是回归现实的多。

（三）样板间更新

样板间的销量要紧紧盯劳，进行重点关注，在店面运营章节中，有专门推荐使用的样板间销量统计表。要摆脱以往的完全凭感觉、凭估计做判断，需通过对数据的分析，让每个决策和判断都有实际的依据，这样才能从精细化运营中得到实际利益。

样板间每 3 个月就需要进行一次综合评估，对 3 个月内贡献销量最差的样板间就需要进行评判，寻找其销量最低的原因，是该产品进入了衰退期、竞品的拦截还是当初判断有误，就需要仔细分析，对症下药。特别是本来认为畅销的产品结果销量远远低于预期，就更需要进行深入的了解，是竞品的拦截、产品质量问题、推荐力度不够、样板间的设计效果不好还是这款产品确实该淘汰了，都需要进行仔细的研判。如果是产品已经畅销很久了，进入了衰退期，那就需要及时进行样板间的更新。如果是竞品的拦截，就需要找出针对性的方案。如果认为可能是当初判断有误，那就再观察一个周期，如果销量仍没有起色，就应该及时把该样板间进行更换。

对于单一样板间的更换，有时店面觉得麻烦，想等到重新装修时再行更换。在此提醒，这样的想法要不得。不能产生销量的样板间就要适时更换，否则就是很大程度的浪费。

四、细节保养

一个店面保持一天令人赏心悦目不难，难的是天天要保持如此，细节之处见功夫！我们提出店面展示生动化，其实，对店面细节的保养是生动化的维护，也是一种生动化的展示！

经常到店里看到玻璃碎了、价签缺失一块或掉了，粘贴字体缺少一部分、样品缺三少四、样品破损等事情，偶尔有一两处还情有可原，如果出现的多了，给消费者会留下什么印象？邋里邋遢、丢三落四，店面尚且如此，产品品质还能好吗？顾客感觉店员对产品和环境不怎么关心，推此及彼，对顾客的日后服务还能有什么奢望呢？

其实，我们细想一下，是不是店面的小细节没有注意到，我们对店面运营、人员管理、顾客服务上也是马马虎虎、“不拘小节”？肯定是！从外表就可以知其里，从人的外形可以推测其内心，识人看其相，识店也是如此。

在店面细节保养上，主要是杜绝店面的脏、乱、差、坏。

（一）脏

这是店面经常出现的问题，必须严肃对待。“脏”按顾客能接触到与否可分为三级：

最严重问题： 顾客能用手或身体接触到的物品脏，比如座椅有灰尘、洽谈桌不干净、水杯有污垢、产品一摸一手灰等，这是最严重的不卫生。这些将给顾客带来很不舒服的感受，直接影响顾客购买心情。

一般严重问题： 顾客很少用手去接触，但顾客能看到的地方，比如灯具的灰尘、角落的蜘蛛网、裸露的垃圾桶、不洁的地面、杂物的堆放等。这些地方，如果顾客看到会降低该品牌在顾客心目中的形象，拉低心理价位。

次严重问题： 顾客极少关注或看不到的地方，如陈列产品的上沿、盆景凋落的枯叶、陈列物的背面等。这些对顾客影响较小。

根据“脏”带来问题的严重程度不同，对其的打扫和保洁频率也不同，最严重的方面必须每天一打扫、一般严重的 2 ~ 3 天一打扫、次严重的每周一打扫。

（二）乱

店内物品摆放不到位，随意摆放，主要表现有：

（1）收银台上杂物堆放，凌乱不堪。

（2）店面的产品摆放不整齐，不能形成很好的视觉冲击力。

（3）店面的促销品、产品随意摆放，影响店面形象。

（4）店面的促销物料摆放不到位，摆放较凌乱。

（5）接待顾客后的桌椅、水杯、烟缸等未能及时清扫打理。

（6）储物间外露，或者隐蔽部位摆放清洁物品等。

以上是店面日常容易出现的“乱象”，要进行治理，可每周由专人负责管理，发现问题严肃处理。关键是店员一定要树立店面细节保养的责任感和主人翁意识。也可推行店面的 5S 管理：整理、整顿、清扫、清洁、素养。

（三）差

主要表现在装饰、配件用材上，选择比较低廉的产品，不舍得用高档产品，影响店面的整体形象。

另外在装修的细节上未能很好地处理，如墙面缝隙过大、不均匀，收边不统一，选择有问题的样品陈列，装修局部维护不到位等，不仅会影响产品的美观性，也会影响到消费者对品牌的印象。

还有在物料的用材上，材质档次不高，直接让产品“掉价”。

对于“差”的问题，就要求在装修和选材过程中，对细节的处理必须重视，这样才能整体提升装修的水平，树立较好的店面品牌形象。

（四）坏

店面出现了损坏、破损的物品，包括展示样品破损（裂纹、断裂、掉角、划痕等）、展示道具的破损或毁坏、家具配饰的损坏以及物料（标签、店面 POP 等）的破损等。

出现了坏的物品，应该及时维修，以保证此类物品的“健全”。

所以，了解到店面细节保养因素后，如果再有店主抱怨产品价格难以卖得高、消费者认为价格贵，就需要多从自己的这些因素好好地去反思和检查了。如果有店主想：这就是一个比较实惠的、低价的产品，有必要进行生动化展示、提升那么高的档次吗？

我们知道，顾客购买的是价值感，并不仅仅是价格，如果顾客从店面的装饰、配饰、生动化等综合因素感觉到的是比较高的价格，当顾客看到价签时，突然发现价格并没有预想的那么高，此时顾客会做何感想呢？肯定觉得产品非常值得，物美价廉。

经常看到一些店面装修还不错，但在这一些细节和日常保养上，出现了麻痹大意。在这些看似小的问题上掉链子，造成了前功尽弃，实在可惜。

第七章
终端运营管理提升

——建材家居门店销量提升

一、人员管理

（一）组织架构

1. 人员架构

店面组织架构参考图（以 1000m^2 店面为例），如下图 7－1 所示。各店面需根据自身经营方针及店面布局情况，设置合理的组织架构。

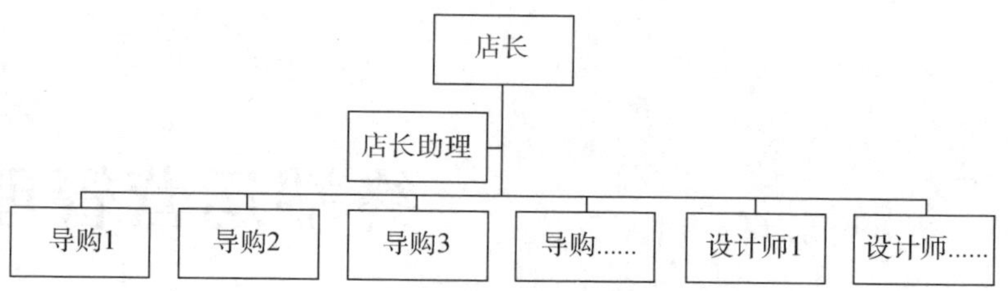

图 7－1　店面组织架构示意图

2. 岗位职责

以店长为例，进行岗位职责说明，其他岗位略，如表 7－1 所示。

表 7－1　店长岗位说明书

基本信息	岗位名称	店长	所属部门	店面	岗位编号	
	直接上级	店面经理	定员	1	所辖人员	
	直接下属	店长助理、导购				
	考核方式		职等职级		薪酬类型	底薪＋提成
职位概述	店面管理					
工作职责						权重
销售管理	1. 按照年度总目标分解指标，完成店面销售指标任务 2. 建立销售台账与各项物料的进出使用记录，每月做出相关分析报表 3. 参与产品策略、价格策略的规划与调整 4. 销售数据分析：进店人数、成交原因、单笔销售额、品项分析等					

续表

	5. 持续运用绩效考评系统取得良好的管理绩效 6. 能对自己的店面做客观地评估，具有区分优先顺序的能力，并能针对重点问题采取有效行动等	
制度管理	1. 有能力辅导店面人员执行公司的政策 2. 保证店面所有营业系统的正确执行，并确保相关标准得到确切实施	
问题处理	1. 处理安全问题等突发事件 2. 处理店面投诉事件 3. 遇突发事件，能保持冷静，做出正确判断，并采取及时的措施 4. 如有临时需送货的情况，需与店面经理报备，并与安装队长和仓库、店长助理沟通	
样品及物料管理	1. 负责店面正常上样、清样、调场工作 2. 监控样品维护状况，对样品的维护方式改进提供建议 3. 店面设备器材、日常耗材、办公用品、文具器材、事务性用品等的维护与使用 4. 对店面的利润管理机会点要准确、合理地分析，并积极采取行动改善	
团队建设	1. 辅导店员销售相关的技能、产品知识，加强其服务意识，提高服务水平 2. 关注员工的需求，致力于提高员工士气，降低离职率 3. 创建店面良好的沟通管道，及时回馈，积极采取行动并加以追踪 4. 以“诚信”为经营管理之本，致力于建立店面相互信任的工作环境 5. 支持各种有利于店面进步的行为和想法，并让每个人发挥能力去解决问题 6. 有自我提高的动力，根据自身的不足积极改善并乐于分享 7. 知人善用，对表现欠佳者及时采取措施提升店面绩效 8. 负责监督导购人员树立良好形象，努力提高个人素质，帮助导购人员努力提高导购水平，培养团队精神	
其他	1. 定期汇集店面收集的有效的市场顾客信息，向上级提供决策依据 2. 对待问题能以正面积极的态度面对，勇于承担责任 3. 直接上级交办的其他工作	
工作权限	1. 对店面服务运作的全过程有监督、核查的权力 2. 对店面员工有工作安排的权利 3. 对店面员工有奖励、辞退和开除的建议权 4. 对店面服务政策的调整以及政策性整改有建议权 5. 服务系统规划、决策制定的参与权	

续表

	6. 工作方式改进提供建议权 7. 对部属人员的调配、奖惩的建议权和调配的提名权 8. 对顾客投诉有处理、建议权			
协作关系	类别	协调对象	协调内容	
	内部关系	小区推广部、家装部、设计部、顾客服务部、财务部、物流部及仓库、市场部	顾客服务相关工作、产品订货量、店面样品维护方案、协调内部事务、库存状况。	
	外部关系	家装设计师、工长、工头、顾客	关系维护，顾客投诉	
职位发展	直接升迁职位		店面经理	
	横向调动职位		小区推广部主管、家装部主管、顾客服务部主管、物流部主管	
任职资格	学历	大专及以上	专业	管理类专业
	年龄	28 岁以上	工作经验	1 年以上店面管理经验
	职业资格		体能	良好
	品质要求	良好的职业道德，忠诚敬业，严谨细致，坚持原则		
	专业技能	熟练掌握店面管理及服务法规知识，熟练操作计算机		
	管理技能	良好的组织、协调、沟通能力		
岗位特征	工作时间	正常上下班（周休一天）		
	地点稳定性	稳定		
	环境状况	良好		
	工作压力	较大		
	脑力消耗	工作时从事较高强度脑力劳动		
	体力消耗	一般		

任职人：　　　　直接上级：　　　　人力资源部：薪酬体系

（二）任务激励

根据公司下达到店面的年度销售目标进行任务分解，并进行相关任务的激励。任务可参考因素：

◇ 同期销售数据。

◇ 年度任务增长率。

◇ 店面翻新及店面面积增减等。

另外在促销阶段，可根据公司下达到店面的促销活动销售目标进行任务分解，任务分解至促销活动的每一天，并进行相关任务的激励。

1. 薪酬模式

（1）基本薪资

店面员工的薪资由基础工资、销售提成两大部分构成，其中基础工资组成如下：

基础工资 = 基本工资 + 岗位工资 + 补贴 + 工龄工资

A. 基础工资部分

基本工资是店面员工的基本生活保障，也是劳资双方劳动补偿的依据。店面保证员工最低收入不低于当地最低生活保障标准，如表 7 – 2 所示。

表 7 – 2　基础工资构成举例

项目 职位	基本工资	岗位工资	补贴			工龄工资	总计
			通讯	交通	餐补		
店长	1000	800	150	50	200		2200
店长助理	1000	500	150	50	200		1900
一级导购员	1000	550	100	50	200		1900
二级导购员	1000	350	100	50	200		1700
三级导购员	1000	150	100	50	200		1500
见习导购员	1000	0	70	30	100		1200

为了激励店内导购的积极性，最好对店内导购进行分级管理，给予相应差别的岗位工资。

B. 提成工资部分

提成工资是根据店面的经营情况、员工的业绩达成率与行为规范经过综合评价得到一个绩效工资。

我们经常遇到一个区域几家店面因店面位置、大小、自然客流量等原因，店面存在较大的销量差异。这时如果仅仅用销量提成来进行考核的话，存在较大的不公平性。所以，**应该与各店的任务量相结合，来进行一定的平衡，使得考核更具有公平性。**

提成工资可设计的具体方式比较多，如设计店面月度保底销售，超过部分进行计算提成；设计不同任务完成率给予不同的提成比例；或者对自然销量大的店面提成比例低些，而自然销量少的店面提成比例高些等。

（2）年终奖

店面可根据实际运营状况、当地总收入及消费水平等相关要素自行设计，一般来说，年终奖数额总体为该员工 1～2 个月度工资水平为宜。

（3）优秀员工奖

店面可以多开展各种形式的员工奖励，比如半年一次或每年一次进行优秀员工的评选。或者开展多种专项奖励，以激励某种专长的员工。

2. 人员激励

（1）职级激励

可从基本素质、岗位考核、销售业绩三个方面对员工进行综合评审，综合评审采用百分制，依此实现对店内人员的职级激励。

◇ 基本素质部分

基本素质部分占综合评审的总体权重可设定为 25%。对基本素质进行百分制分解，行业经验可占 30%、专业技能占 30%、业务流程实操占 30%、顾客服务素质占 10%。如某员工小王基本素质部分得 90 分，那么换算成小王的该项综合评分就是 90 分 ×25% =22.5 分。

◇ 岗位考核部分

岗位考核部分占综合评审的权重也可为 25%。如果小王的岗位考核部分平均得 80 分，那么换算成小王本项综合评审分就为 80 分 ×25% =20 分。

◇ 业绩考核部分

业绩考核是职级激励的主要构成部分，可占综合评审的权重为

50%，参考计算方法如下：

实际业绩考核分＝实际发生业绩÷销售任务×100（注：业绩考核分可120分封顶）

假如小王半年以来（或者说是一个考核周期内）的总销售业绩是150万元，半年的销售任务为180万元，那么小王的业绩考核分就是150÷180＝83.3分，换算成综合评审分就是41.7分。

统计上述几项得分，小王的综合评审分＝22.5＋20＋41.7＝84.2分，根据员工职级评定划分标准，假设小王当时是二级导购员，那么员工小王未取得升一级导购员的资格，如表7－3所示。

表7－3　员工职级考评表

职称	综合评审评分（100%）	基本素质评分（25%）	岗位考核评分（25%）	业绩考核评分（50%）
升级	85分以上			
平级	70－85分			
降级	70分以下			

（2）其他激励

附：导购其他激励法，如表7－4所示。

表7－4　其他激励法

类　别	项　目	备　　注
物质激励	现金激励	促销活动带单奖
	礼品	节假日问候礼品
	活动基金	店员团队活动
	培训机会	企业的培训会议、外聘讲师的培训会议
	拓展活动	体能锻炼、魔鬼训练营、4S实战演练
	旅游机会	出国旅游、国内旅游

续表

类　别	项　目	备　　注
精神激励	情感关怀	日常生活的精神鼓励
	荣誉榜	服务之星、销售冠军、个人/团队业绩排名、活动 PK 场
	假期	业绩突出员工提供休假奖励

（三）人员考核

以店长为例，可设置多项对员工的考核项目，其他级别员工可以参考适当调整执行。对于设定的权重，可根据品牌特征、阶段事项等进行适当调整，如表 7－5 所示。

表 7－5　店面店长____月份绩效考核表

姓名		店面名称	月份	
项目		检查内容	分值	得分结果
基本素质（40 分）	出勤状况（10 分）	1. 上班或会议迟到、早退 <15 分钟	2	
		2. 擅离职守	2	
		3. 旷工	6	
	工作态度（20 分）	1. 不能协调好员工间矛盾或员工间工作无法衔接、互相推诿	3	
		2. 滥用职权，处事欠公正	5	
		3. 不能说明理由拒不执行店面决定或顶撞上司	8	
		4. 着装仪容、个人形象。	2	
		5. 因工作疏忽导致店面财产损失	2	
	现场卫生（10 分）	1. 地面清洁	3	
		2. 管辖范围内道具摆放到位	3	
		3. 样板间内放置杂物	2	
		4. 办公用品清洁、保养	2	

续表

姓名		店面名称		月份	
管理能力（60分）	现场管理（35分）	1. 未按照店面制度操作执行相关事务		2	
		2. 未将公司制度/精神及时传达或传达有误致下属操作出错		2	
		3. 因管理失职，使店面下属员工有违规操作		2	
		4. 因工作失职致店面直接经济损失或名誉损失		3	
		5. 店面顾客总投诉率 >1%		1	
		6. 店面销售总业绩同比出现负增长		2	
		7. 不及时提供店面各种统计报表或制表马虎潦草、弄虚作假		2	
		8. 能否及时掌握公司新品信息		1	
		9. 能否按照公司有关业务要求完成工作		1	
		10. 接单量 < 区域店面平均接单量		3	
		11. 合理化建议		3	
		12. 所管辖店面合同单计价综合误差率 >0.5%		3	
		13. 熟悉公司各个阶段的促销活动		2	
		14. 每天上网了解公司信息		2	
		15. 明确新品推广诉求点		1	
		16. 建立健全各项台账		5	
	样品管理（20分）	1. 无损坏		2	
		2. 保持出样的合理、美观		1	
		3. 每天清洁保养落实到责任人		2	
		4. 盘点无误		2	
		5. 掌握现场出样供货情况		2	
		6. 掌握不同品种销售状况		2	
		7. 情况表填写		6	
		8. 及时传达公司新品信息		3	
	促销品管理（5分）	1. 做好领用登记		1	
		2. POP 悬挂整洁、美观，发放合理		1	
		3. DM 放置醒目、易放		2	
		4. 及时提供 POP 库存情况		1	
得分				100	
店长签名：			经理审核：		

二、制度管理

（一）考勤制度

需要建立一套规范的考勤制度，不论何人违反规则，都需要按照规则严格执行。考勤制度参考如下：

（1）所有店面员工应按公司的规定按时上下班，不得迟到、早退、旷工。

（2）所有人员休假或因故不能上班者，须提前填写《请假单》办理休假或请假。

（3）店长请假3天以上，应提前两天经总经理批准。

（4）导购员请假2天以内，应提前两天经店长批准。

（5）导购员请假超过3天及以上者，应经店长批准后再由总经理批准。

（6）因突发事件无法提前申请的，应在当天以电话方式向店长申请，并在上班的第一天补办《请假单》。

（7）未经请假、休假或假期已满而不上班者，按旷工处理。

（8）除特殊情况及公司统一规定（如春节长假），少于8人的店面平日请假人数不可超过2人，大于8人但是少于15人的店面每日请/休假人员不可超过4人。

（9）考勤情况与基础工资等进行挂钩。

附：《请假单》，如表7－6所示。

表 7－6《请假单》

<table>
<tr><td>姓名</td><td></td><td>职务</td><td></td><td>填单日期</td><td></td></tr>
<tr><td colspan="6">休假类型：□事假　□病假　□年假　□调休　□其他</td></tr>
<tr><td rowspan="3">请假时间</td><td rowspan="2">从　月　日</td><td colspan="2">上午　时　分</td><td rowspan="2">至　月　日</td><td>上午　时　分</td></tr>
<tr><td colspan="2">下午　时　分</td><td>下午　时　分</td></tr>
<tr><td colspan="5">共计　天　小时　分</td></tr>
<tr><td colspan="6">请假原因：</td></tr>
<tr><td colspan="6">工作交接计划：</td></tr>
</table>

店长：　　　　　　　　　　总经理：

附：《店内员工考勤表》，如表 7－7 所示。

表 7－7　店面____月份员工考勤表

序号	姓名	1	2	3	4	5	6	7	8	9	—	31	病假	事假	迟到	早退	旷工	合计
1																		
2																		
3																		
4																		
5																		
……																		

注：出勤记√　　　　旷工记×　　　　迟到早退记⊿

正常休息记 0　　　　请假记/

考勤人：　　　　审核：

（二）工作制度

店面内的工作制度一般要求如下：

（1）坚守工作岗位，店面人员不得在工作时间内做与工作无关的事情。

（2）办公用品不得挪为私用，如电话、传真机、电脑等。私人手机的响铃方式在工作时间内必须调为振动形式。

（3）店面人员不可在销售区或接待区内梳头、化妆、补妆、更换外套、擦鞋等。

（4）不可在店面内吃零食。进餐时间，由店长安排人员轮流就餐。除非无专用工作区域，否则不得在店面进餐。就餐期间如有顾客进来，应立即接待顾客，就餐完毕，应将现场实时清理干净。

（5）不得在店面内大声喧哗，高声谈笑。不许在顾客离开后，与其他店员对其评头论足。

（6）不可与顾客发生争执，争执超过三次者作辞退处理。

（7）上岗前一律按公司要求着装，爱护制服，定期清理。

（三）会议制度

1. 每周例会

（1）每次会议要指定专人进行会议记录，建立会议记录台账，并列入考核。

（2）由店长负责召集在各店面召开，参加人员为全体店面员工。若店长不能参加，由店长指定负责人员召集。

（3）每周一次，在不要影响工作的前提下，由店长具体安排时间，每次会议一般不得少于 30 分钟。会议主要内容：

◇ 传达公司有关通知及工作安排。

◇ 收集店面内部有关信息。

◇ 安排一周工作，检查、通报上周工作完成情况。

◇ 点评一周员工的工作表现。

◇ 对出现的投诉、不协调行为等典型事例进行一事一议。

◇ 对公司新工艺、新技术、新产品的学习。

◇ 有关营销知识、技能知识的学习。

◇ 其他。

2. 每日例会（晨会）

（1）会议应指定专人进行会议记录，建立会议记录台账，并列入考核。

（2）由店长负责召集在各店面召开，参加人员为全体店面员工。若店长不能参加，由店长指定负责人员召集。

（3）每天上班后召开，每次会议时间为20~30分钟。

（4）会议主要内容：

◇ 传达公司最新通知。

◇ 总结前一天工作情况，值得总结的问题和经验。

◇ 对出现的投诉、不协调行为等事例进行通报。

◇ 安排当天工作事项。

◇ 其他。

3. 会议制度要求

（1）所有与会人员均不得缺席、迟到、早退，会议记录人员登记到会情况。

（2）主持人须在会议前和相关人员拟定好会议议程等，不能毫无准备地召开例会。

（3）每次例会须有专人记录会议内容，形成会议纪要，主要包含：会议时间（起止时间格式为年/月/日/时/分）、议题、主持人、记录员、与会人员、缺席人员、详细会议内容（发言记录）、商议结果等。所有例会的会议纪要由会议记录员在例会结束后两个工作日内，以电子邮件的形式发到各与会人员，并将文件（含电子文档）备案。

（4）所有参加例会的人员应将手机设置在无声或振动状态下。

（四）店面财务管理制度

为加强店面现金、票据、财产物资的管理，需明确管理与使用范围，确保店面财务正常、安全地运作，杜绝遗失、错漏发生。

1. 现金管理

（1）店面设置现金台账，要对当天收取的所有现金（包括顾客预交的订金、合同单应收款、合同单余款等）进行入账。

（2）店面日常经营业务收入的现金等要及时上交公司财务部或存入指定的银行账户。

（3）店面日常经营业务支出，原则上凡金额在500元以上的，须经店面经理或总经理审核认可后，方可支付现金。

（4）店面库存现金要做到日清月结，账实相符，任何人不得挪用现金。

（5）每月底，店长助理根据现金日报表制作现金月报表，上报当月所有现金的回款金额，现金月报表一式两份，一份交店长，一份交店面经理或公司总经理。

（6）由店长助理设置收款台账，制作与下单本相对应的表格，如交款到指定财务人员时，由财务签字确认，财务上账时由总经理签字确认。

2. 票据管理

店面各种发票、收据由店长助理统一负责保管、开具。店长助理按有关规定登记领购、填制、保管、回收、缴销。各种发票、收据填制必须按税务等有关部门的规定将内容详细填列。如填写错误应将发票、收据一式几联同时作废，以便审查。

3. 财产清查

（1）店面每月进行一次财务物资清查盘点：管理用品及消耗的物

资（指办公设施与耗材、办公用品等）清查、盘点由店长助理负责。

（2）属销售的物资每月进行一次清查、盘点（指店面样品、装饰品、促销品、POP等广告宣传用品），报表交总经理核查。

三、物品管理

（一）样品管理

（1）建立《店面样品统计表》，展示样品有变动或有增减必须经店长批准才可执行，并在该表中记录变更信息，由店长签名确认。

（2）每星期定期对样品盘点一次，如有破损残缺，及时更换。

（3）关注总部信息，及时跟进新品上样信息，及时上样。

（4）店面样品必须根据新产品上市时间或产品的销售情况作周期性调整，一个季度更换一次，保证样品结构的合理性和适销性。

附：店面样品统计表，如表7－8所示。

表7－8　店面样品统计表

序号	品类	系列	名称	型号	数量	上样时间	变更备注
1							
2							
3							
4							
5							
……							

（二）软装、配饰管理

一般来说，建材家居店面为了实现更加贴近实际场景的效果，就需要装饰一些非公司产品的软装和配饰，这些辅助销售的产品又称为展品。对于展品也需要进行必要的日常维护和管理。

1. 管理办法

（1）建立《店面非销售展品统计表》，每次展品有变动或有增减必须经店长批准才可执行，并在《店面非销售展品统计表》中记录，由店长签名确认。

（2）每月定期对展品盘点一次。

（3）非销售展品一般不允许销售和拆下，特殊情况需经店长同意才可执行。如展品拆下后有明显空缺痕迹或位置，应在24小时内补充空位。

（4）样品展示如有调整，对应的展品应同时配套调整和移动。

（5）展品出现陈旧或不美观的状况时，视展品制作时间尽快更新。

（6）店员要特别注意容易丢失的小件展品的管理。

附：店面非销售展品统计表，如表7－9所示。

表7－9　店面非销售展品统计表

序号	品类	名称	编号	单位	数量	到店时间	变更信息
1							
2							
3							
4							
5							
……							

2. 店面非销售展品维护标准

附：店面非销售展品维护标准，如表7－10所示。

表 7－10　店面非销售展品维护标准

种类	材质	标准操作
不同材质的家具	木质	1. 木质家具应经常用软布顺着木的纹理为家具去尘。去尘之前，应在软布上沾点喷洁剂，不要用干布揩抹，以免擦花
		2. 实木家具在较干燥的环境下使用时，需采用人工加湿措施，如定期用软布蘸水擦拭家具
		3. 定期打蜡，每隔 6～12 个月，用膏状蜡为家具上一层蜡。上蜡之前，应先用较温和的非碱性肥皂水将旧蜡抹除
		4. 如果家具不小心被刮伤，但未触及漆膜以下的木质，可用软布沾少许溶化的蜡液，涂在漆膜伤处，覆盖伤痕。待蜡质变硬后，再涂上一层。如此反复多涂几次，即可将其膜伤痕掩盖
	皮质	皮质家具一般保养只需使用干净、柔软的布料轻轻擦拭即可。如需清理顽固污垢，首先使用温水稀释中性清洁剂先行擦拭，现以拧干的湿布擦去清洁液，最后以干布擦亮，待全干后使用适量的皮革保养剂均匀擦拭即可
	钢制	钢制家具可使用软布擦拭，但避免使用粗糙、有机溶剂（如松脂油、去污油）或湿的布块擦拭，这些都是造成刮痕、生锈的主要原因
	丝绒	丝绒家具不可蘸水，应使用干洗剂，所有布套及衬套都应以干洗方式清洗，不可水洗，更不能漂白。如发现线松脱，不要用手扯断，最好用剪刀整齐地将线头剪平
	布艺沙发	布艺沙发靠墙部位同墙壁要保留 0.5cm 的间隙，每周至少要吸尘 1 次，当沾上灰尘等干性污垢时，轻轻拍去或用吸尘器吸净即可，成粒的砂土可用毛刷顺手向内轻刷。如沾到饮料，可先用擦手纸巾吸去水分，再以温水溶解中性洗洁剂擦拭，然后使用干净的软布擦干，最后低温烘干即可
餐厅家具	实木	由于实木是不断呼吸的有机体，应避免将饮料、化学药剂或过热的物体放置在其表面，以免损伤木质表面的天然色泽。只有重视日常的清洁与保养，才能使实木家具历久弥新
	烤漆	日常可用干净的纱布擦拭灰尘。不宜使用化学光亮剂，以免漆膜发粘受损。为了保持家具漆膜的光亮度，可把核桃碾碎、去皮，再用三层纱布去油抛光。用于保养家具的核桃油只适用于上漆、用打蜡方式处理的家具。使用频率不宜过高，一般情况下 2～3 个月使用一次即可，在比较干燥的环境中可以适当缩短保养间隔时间，一个月左右保养一次。但是平常使用时一定要注意用量。油都有吸尘的特性，用量太大会让尘土附着，产生油腻腻的感觉。

续表

种类	材质	标准操作
	大理石	大理石餐厅家具应少用水，以微湿并带有温和洗涤剂的抹布进行擦拭，然后用清洁的软布抹干和擦亮。磨损严重的大理石家具难以处理，可用钢丝绒擦拭，然后用电动磨光机磨光，使它恢复光泽。或者用液态擦洗剂仔细擦拭，再用柠檬汁或醋清洁污痕，但柠檬汁停留在上面的时间最好不超过 2 分钟，必要时可重复操作，然后清洗并弄干。
饰品	陶瓷	陶瓷饰品属易碎品，保存时注意防震、防压、防撞，应对陶器定期除尘，最好不要骤冷骤热地使用陶瓷制品，以免产生裂纹或碎裂。
	玻璃	玻璃水晶饰品要注意防重压、防摔、防高温、防强碱和强酸。提起时应抓紧底座或整体。储放时要事先在搁架上铺好垫布，并以底朝天的方式放好。如果长时间存放水晶制品，应避光保存。不要使用发泡胶纸或塑料袋。
	金属	镀银产品如氧化，可用干净的细棉湿布沾一点牙膏轻轻擦拭，然后用干棉布擦干，银器使用后应尽早用湿水加洗洁精清洗，用柔软的棉布擦干，存放在干燥且不含硫与燃气的地方。定期使用擦银布擦拭保养银器，必要时可使用洗银水
壁纸	壁纸	1. 壁纸要按时间周期清洁维护，每 2 ~ 3 个月定期用吸尘器或鸡毛掸做表面的浮尘清理，每半年或一年做 1 次表面清洁
		2. 壁纸分不同材料保养，PVC 胶面壁纸可先采用清水擦洗或无色的干净湿毛巾轻轻擦拭，如有明显污渍再选用中性洗涤剂稀释后擦拭；天然材质的壁纸建议采用干的毛巾或鸡毛掸清洁；纯纸只能采用海绵或无色的干净湿毛巾轻轻擦拭，且要控制水分。注意不要用椅背、桌边等硬物撞击或摩擦墙面，以免强面被破坏
灯具	灯具	1. 在对灯具进行日常表面清洁时，首先要断开电源，然后视灯具灯饰外表面材质的不同采取不同的清洁方法，在对经过电镀处理或烤漆等化学处理过的金属材质灯具外表面，不能用带有腐蚀性的清洁剂和湿毛巾进行清洁，应使用比较干燥的毛巾或棉布进行清洁，否则会破坏灯具的安全性、美观性及缩短其使用寿命
		2. 对灯具上的玻璃进行清洁时，应将玻璃从灯具上拆下，放入有适当清洁剂的水中进行清洗，从水中拿出后必需使用较干净的棉布将水渍擦拭干净，以免在玻璃上留下水渍痕迹影响其外观。在对灯具的电器部件进行清洁时也不能使用湿毛巾进行擦拭

续表

种类	材质	标准操作
		3. 在对光源进行更换时，要注意先将灯具断电，待灯珠冷却后再更换同一型号、同一功率的光源。一般在灯具的说明书中灯具的生产厂家会对光源有很明显的最大限值标示，应注意选择小于或等于其最大限值的光源
窗帘	窗帘	1. 窗帘应半年左右清洗一次，普通布料窗帘可用湿布擦洗，但易缩水的面料应尽量干洗；帆布或麻制的窗帘最好用海绵蘸些温水或肥皂液擦拭，待晾干后卷起即可
		2. 天鹅绒面料在清洗时应先把窗帘浸泡在中性清洁液中，用手轻压、洗净后放在架子上，使水自动滴干，这样会使窗帘清洁如新
		3. 静电植绒布制成的窗帘，不太容易脏，无需经常清洗，如要清洗切忌将其泡在水中揉洗或刷洗，只需用棉纱布蘸上酒精或汽油轻轻地擦拭即可，不能用力拧绞以免绒毛脱掉，影响美观
		4. 卷帘或软性成品帘，则可用抹布蘸些温水溶开的洗涤剂或少许氨溶液擦拭。有些部位有用胶黏合的，要注意不要进水
		5. 滚轴窗帘在清洗时，需先将脏了的滚轴窗帘拉下，铺平，用布擦，由于滚轴的中间通常是空的，可用一根长棍，一端系着绒毛伸进去不停地转动，就可把灰尘除去
装饰画	装饰画	装饰画切忌不能用清洁剂、海绵或吸尘器来清除画框的灰尘，要用专门的清洁用具来清洁装饰画。平时可以用软毛刷或者鸡毛掸清扫一遍装饰画，然后用干净的棉布蘸水擦拭。如果装饰画被弄得比较脏，可以用水沾一些中性肥皂水擦拭，然后用清水多擦一遍。不过要记得，如果是胶底的油画，要把棉布中的水拧干才可以擦拭。平时应该避免杀虫剂、喷雾剂、香烟等碰触到装饰画。如果是把装饰画保存起来，要记得防湿，不要接触墙面和接近窗户
床上用品	床上用品	1. 棉质面料柔软舒适，天然、无刺激性，防静电，透汗性好。需以30℃温水机洗，不可干洗，不可使用漂白剂洗涤，浸泡时间不要超过半小时，低温熨烫，低温烘干
		2. 竹纤维柔软爽滑，吸湿透气，干爽舒适，抗菌保健。需以30℃温水机洗，不可干洗，不可使用漂白剂洗涤，不能用高温水浸泡，水洗、机洗时不能甩干，不能用力拧干，洗后在通风避光处晾干即可，不能在日光下暴晒，低温熨烫，低温烘干
		3. 丝棉是一种绿色环保面料，具有优良的透气性、吸湿性、保暖性。需要以30℃温水机洗，不可干洗，使用丝毛洗涤剂洗涤的同时，不能使用含有生物酶的洗涤剂，水洗时不能甩干，不能用力拧干，不能在日光下暴晒，低温熨烫，低温烘干

（三）店面设备管理

1. 设备管理原则

（1）店面的其他物品增加或减少时必须按照公司统一规定进行变动，否则须经店长或其上级同意才可执行。

（2）店面物品只作为与工作相关用途使用，不可用于私人用途，更不可私自带出。

（3）店面水电、消防用品等需定期全面检修，并注意各类用品的使用期限，及时更新。

2. 设备管理标准

附：店面设备管理标准，如表 7－11 所示。

表 7－11　店面设备管理标准

项目	时间	操作
空调温度	夏季	最适宜的空调温度为 24℃－27℃
	冬季	最适宜的空调温度为 20℃－24℃
	春季、秋季	根据当地实际情况进行温度调节，以 24℃左右为宜
音乐	9：00－11：00	激扬、清新
	11：00－14：00	欢快、动感
	14：00－17：00	优雅、舒心
	17：00－打烊	宁静、祥和
灯光	上午	顾客较少，只开照明灯（筒灯）；有顾客时再开启射灯（金卤灯、LED 等），以烘托店内氛围
	下午	开启照明灯及畅销和主推产品区射灯；客流量较多时，全部开启
	晚上	部分独立门店，如晚上营业，参考上午建议
香味	全年	部分门店如有异味时，可喷洒空气清新剂；如无异味，不建议使用
茶点	全年	可准备些袋装饼干、糖果、时令水果及矿泉水、茶及咖啡等供选择

3. 设备操作说明

(1) 店面灯光使用规范

第一，店内灯光应用说明。

良好的灯光可以产生很神奇的效果，灯光是产品展示的有效工具，对销售周转期的长短有着重要的影响。灯光所产生的效果远远超出了光线本身，好的灯光效果可以营造出舒适的购物环境，将产品陈列以很具诱惑力的方式表现出来。

第二，照明方式分类，如表 7－12 所示。

表 7－12　店内灯光照明方式分类

照明方式分类	内容	备注
基础照明	基础照明开始就被固定在相应的位置，之后无需对它们进行调整，唯一需要注意的是：确保所有灯具正常运作	灯具正常工作
重点照明	天花板上作为重点照明的射灯，需要有效地投射到需要突出的产品上。每次调整墙面及店铺内的陈列方式后都需要去调整投射的角度。同时需要注意的是，每当顾客或者因为清洁移动过店铺内的道具及商品后，必须将他们归位到灯光的照射下	照射位置与角度
装饰照明	用来点缀和烘托气氛，营造一些情景氛围，在门店一般是一些小射灯	灯具正常工作
应急照明	每月需放电一次，维护其性能，确保需要时的使用	

第三，使用注意事项（如表 7－13 所示）

表 7－13　店内照明灯使用注意事项

注意点	内容	备注
合理使用灯光	由于店面内部的灯非常多，所以合理开灯也是店面利润管理的一项重要工作。 1. 在店面装修时，必须确认每个灯具的电路是每个区域独立开关的，这样能保证不需要使用的区域灯不必一直点亮而浪费电源。	灯具正常工作

续表

注意点	内容	备注
	2. 单独区域的基础、重点、装饰三种照明设备也需要独立设置开关，这样可以按需求开灯，比如：在打扫卫生时就只需要开照明灯。 3. 店面人员要养成随手关灯的习惯，避免不必要的浪费。 4. 当顾客进店，必须打开基础、重点、装饰 3 种灯，这时不要因为省电而影响顾客感受，得不偿失。 5. 员工之间应该养成团结互助的习惯，帮助带顾客的导购提前开灯，或提醒导购不要忘记关灯。有的店面一些样板间是声控灯，顾客走进灯就亮起，离开一段时间就自动熄灭，这样的声控灯也值得推荐	
灯具损坏与报备	灯具损坏后要及时更换，避免影响顾客感受。 1. 员工发现灯泡或灯具损坏后，必须第一时间报备前台，由前台记录并追踪处理情况。 2. 店面的灯具和灯泡维修与更换必须由电工负责。 3. 自报告时间起，3 日内必须完成维修与更换	报备流程
配件准备	1. 统计店面的灯泡型号，用量大的类型至少储存使用量的 5%，便于更换。 2. 将灯泡定位储存，由专人负责管理，以便于及时检查	储备
存放与搬运	1. 未拆封灯具存放必须按照包装箱的箭头，避免存放不当压坏。 2. 灯具装拆必须将零部件数量进行核对，避免零件丢失。 3. 若整个灯具存放，必须用软布将灯具包好，用一个周转纸箱存放，上面不能堆重物	避免受压

（2）店面影音使用规范

规范门店的影音，其实包含两层意思：一个是音乐的播放，一个是视频的放映。播放和放映可以通过电脑或者专门的播放设备。视频放映公司的企业文化宣传短片、风景片等都可以。

门店的音乐播放一定要选择让人心情舒畅，愉悦欢快的音乐，如注重旋律，结合不同电子音乐元素的轻音乐和名族、古典、爵士之类的名曲。同时，注意在特殊节日，播放与节日主题有关的背景音乐。

特别注意的是节日（3.15、五一、国庆等）促销活动的音乐要特别选择，一般选择比较欢快、流行的乐曲。

要求：店面需进行音响功放的调音测试，在合适的音量调节处做标记。

备注：根据国际惯例，在经营场所通过专业技术设备播放的音乐必须要考虑到是否产生侵权，以免造成投诉，引起不必要的麻烦，如表7－14所示。

表7－14　店面影音使用规范表

管理分类	内容	备注
设备管理	包括：功放、音响、话筒、电视机、U盘、各种连接线等： 1. 必须有登记，即固定资产编码 2. 必须有保养，定期 3. 必须有人管，专人 4. 有标准使用方法和定位 5. 建立维修和保养登记表，及时追踪	建立固定资产明细、定人管理
素材管理	包括：音乐光碟、培训光碟、电子文件（视频、歌曲收录等）： 1. 有分类，有编码（统一放在DVD收纳盒中） 2. 有定位，有记录（建立目录） 3. 必须有人管，专人（检查与维护）	定位、定人

（四）低值易耗品管理

低值易耗品虽然小，看上去也不值钱，但也需要进行规范管理，例行节约，避免浪费。

1. 店面低值易耗品分类

低值易耗品范围为公司办公文具用品、清洁用品、维修相关物料，其他物品根据公司管理需要可列入管理范围。

2. 店面低值易耗品管理办法

（1）店面易耗品由店长助理管理。

（2）店面人员申领时须填写《店面低值易耗品领用表》，须店长签字批准，在店长助理处领取，此表每周汇总一次。

（3）由店长助理填写《店面低值易耗品统计表》，每周统计一次，并由店长签字确认。

（4）店面用品只可做与工作相关用途使用，不可用于私人用途，更不可私自带出。

（5）每个店面需根据消耗品的消耗速度和补货周期设定安全库存，以免造成空缺状况，影响销售或服务质量。

附表：店面低值易耗品领用表与统计表，如表 7 – 15，17 – 16 所示。

表 7 – 15　店面低值易耗品领用表

日期：　　　　　　　　　　　　　制表人：

编号	品名	单位	数量	申领人	店长签字	发放人
1						
2						
3						
4						
5						
……						

表 7 – 16　店面低值易耗品统计表

日期：　　　　　　　　　　　　　制表人：

编号	品名	单位	数量	前期库存	本周入库	本周发放	本周结存
1							

续表

编号	品名	单位	数量	前期库存	本周入库	本周发放	本周结存
2							
3							
4							
5							
……							

店长签字：

（五）私人物品及销售工具的管理

接待台需保持干净整洁，私人物品如服饰、包、餐具、化妆袋、手机等不允许放置在接待台面，可放置在杂物室或抽屉里。

用专用文件夹放置销售工具，如计算器、笔、订单纸、名片等，接待顾客时随身携带。

四、销售管理

（一）日常管理

附：日常运营流程图，如图 7－2 所示。

1. 开门事项

店面上班时间应设定为市场或店面正式营业前半小时，并由店长召开全体人员晨会，进行当日工作安排和重点事项的说明。

2. 晨会管理

（1）时长：20～30 分钟。

（2）晨会内容，如表 7－20 所示。

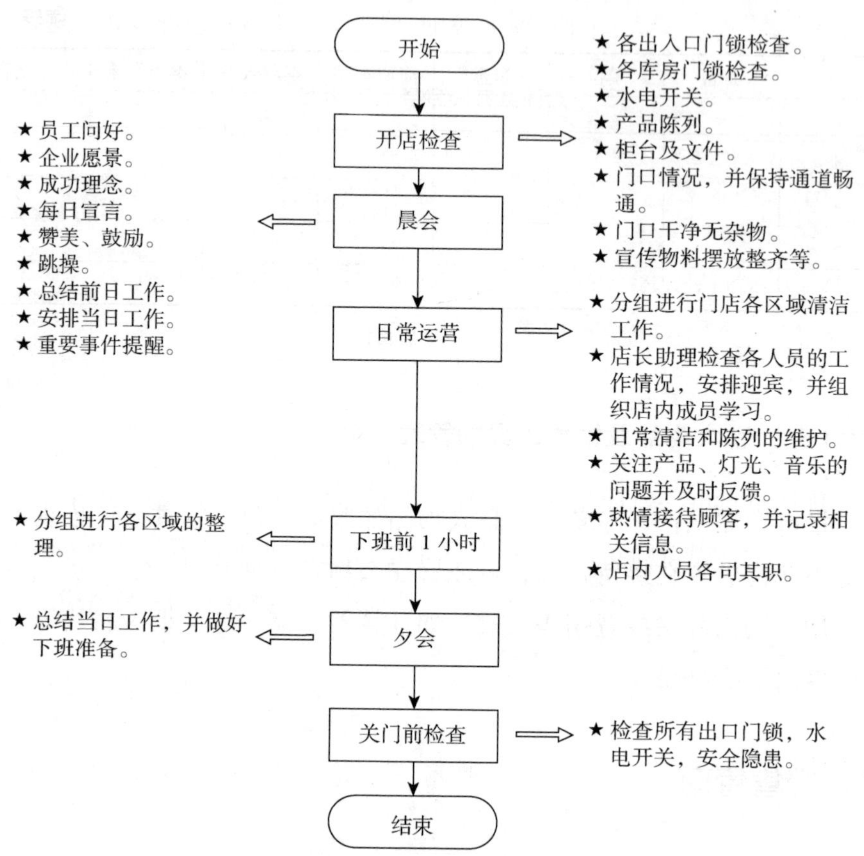

图7－2　店面日常运营流程图

表7－20　晨会内容

序号	项目	内容	备注	参与人员	主持人员
1	点名	考勤依据		导购、业务员、客服、物流、驻店设计师、收银、其他	店员轮值
2	晨操	运动操/唱歌	体现企业精神的、激人奋进的歌曲		
3	制度宣讲	公司制度、文件传达、促销信息、公司其他重大事项通知等内容	可补充学习建材行业新闻事件等		
3	当日安排	1. 对未处理问题即时安排；2. 安排当日工作，明确目标	包括量房、设计方案、施工指导、送货安排、销售任务、顾客邀约等		

续表

序号	项目	内容	备注	参与人员	主持人员
4	知识抽查	活动内容、改动政策、设计师政策、主卖产品推介			
5	礼仪训练	站姿、走姿、坐姿等训练			
6	互检/自检	仪容仪表			

3. 夕会管理

（1）夕会事项，如表7－21所示

表7－21　夕会事项表

序号	项目	内容	备注	参与人员	主持人员
1	点名	考勤依据		导购、业务员、驻店设计师、其他。	店员轮值
2	当日总结	1. 对未处理问题即时安排；2. 安排当日工作，明确目标	包括量房、设计方案、施工指导、送货安排、销售任务、顾客邀约		
3	问题、经验交流	遇到问题、谈单技巧、产品推介	各人根据当天工作心得，分享典型案例		

（2）销售日报

根据夕会相关人员介绍，由店长助理协助填写《店面销售日报表》，作为一天的记录。没有记录和总结，就很难有提升，这是在终端管理提升中特别要注意的事项，如表7－22所示。

表7－22　店面销售日报表

年　　月　　日

填报人		本月销售目标		已完成	
当日接待顾客人员		当日意向顾客人数		当日签约顾客人数	

续表

今日接待、拜访顾客记录 （同时注意填写顾客提到的竞品信息、顾客主要的顾虑和想法等，为日后市场决策和为顾客提供更好的服务作准备。）				
序号	顾客姓名	单位或住址	联系方式	沟通结果
1				
2				
3				
4				
5				
……				

4. 下班管理

（1）店长负责监督款项整理及现金入库。

（2）将需持续追踪事项记录于店面工作记录本，以利于第二天或交班人员可持续跟踪。

（3）对店面做简单清洁和展品复位。

（4）统计消耗品使用数量，并在《店面低值易耗品领用表》上作记录。对需增补项目，若当天无法处理，需记录，第二天上班即处理。

（5）将当天单据整理存放至指定位置。

（6）关闭电器电源及拉下总电闸（无则免），确保安全无误。

（7）店长检查并确认所有门窗关好后锁门。

（二）服务管理

1. 量房流程

（1）量房原则：售后为主，导购协助。

（2）量房流程，如表7－23所示。

表7－23　量房流程表

步骤	内容	操　作
第一步	接顾客需求	门店顾客确定产品后，顾客提出需要上门量房需求
第二步	处理顾客需求	门店安排量房专员，与顾客预约量房时
第三步	现场处理	专员到达现场后，与顾客沟通，了解清楚顾客需求，进行量房
第四步	结果确认	量房结束后，与顾客确定量房结果，并将结果交由门店，由导购与顾客沟通下一步工作

2. 送货流程

附表：送货流程，如表7－24所示。

表7－24　送货流程表

步　骤	操　作
第一步	订单下达，由门店或者单证部门人员将订单进行整理汇总
第二步	移交配送需求订单到物流运输部门，由物流运输部门统一分类安排车辆
第三步	仓库部门接受运输部门的备货发运指令，根据订单信息进行备货发运
第四步	货物装运完毕后，物流客服部门根据预计到货时间与司机或者顾客进行沟通，说明货物的进展情况
第五步	货物送到，签收出现问题时，立即由司机反馈至物流部门，当场给出解决方案

（三）运营分析

店面运营中，产品是非常重要的，作为店面管理者应该时时掌握店内产品状况，及时与公司保持沟通，并统计相关数据进行反馈。

在产品分析中，主要包括店面总销售分析、展示样品月度分析、主推产品月度分析和样板间产品分析等。通过这些销售的分析，掌握关键产品销售的动态并分析原因，找出应对的策略，为以后店面产品能够带来最大化销量打下基础。

1. 店面月度总销售分析

附：店面月度总销售分析，如表 7 – 25 所示。

表 7 – 25 店面月度总销售分析表

项目 \ 月份	1	2	3	4	5	6	7	8	9	10	11	12	合计
当月目标													
当月销量													
当月完成率													
累计完成率 *													
去年同期													
同比增长率													
累计增长率													

累计完成率：1 月到统计月内的总实际销量与计划销量之比，如 6 月份统计，即 1 ~6 月份实际销量与 1 ~6 月份计划销量之比；

累计增长率：当年 1 月到统计月内实际销量与上年同期的销量的增量比率，如 6 月份统计，即当年 1 ~6 月份实际销量和上年 1 ~6 月份销量之差，与上年 1 ~6 月份销量之比。

实际意义：

◇ 清晰反映整个店面当年的销售走势、当年销量与上年的成长对比。

◇ 对比上年同期销量有大幅成长或衰退的销售数字形成鲜明的对比。

◇ 引导店长对异常销售数字，做出备注和差异说明。

2. 店面样品月度销售分析

这主要是指出样产品的销售状况，对于选择什么样的产品出样有较好的指导意义。

附：店面样品月度销售分析，如表 7 – 26 所示。

表 7-26 店面样品月度销售分析表

负责人：　　　　　　　　　　时间：　　　　年　　月

样品编号	销售数量	销售金额	销售占比	改进意见

运用说明：

（1）要关注所有样品的市场销售情况，尤其是公司、店面主推的产品。

（2）产品旺季来到前要及早做好样品更换工作，为换季销售、展示做准备。

（3）提高店面各级人员的销售敏感度。

（4）公司、店面主推的新样品销售状况要特别关注。

（5）每自然月统计一次。

3. 店面主推产品月度销售情况分析

公司的主推产品，数量一般不多，要做具体跟踪，这将直接影响店面整体业绩和公司的决策。

附：店面主推产品月度销售情况分析，如表 7-27 所示。

表 7-27 店面主推产品月度销售情况分析表

时间：　　　　年　　月

产品型号	当月销售额	任务完成率	占比	排名	改进意见	备注

续表

产品型号	当月销售额	任务完成率	占比	排名	改进意见	备注

4. 店面样板间销售分析

样板间占用了大量的空间，花费了较多的心思，其销量必须要重点关注，以每月销售的情况分析，找出相应的对策，最大化样板间的单位产出。

附：店面样板间销售分析，如表 7－28 所示。

表 7－28　店面样板间销售分析表

样板间	产品构成	产品销售数量	销售金额	销售占比	提升建议
……					

五、安全管理

店面安全管理涉及公司的建筑物、人员、钱财、物品、设备甚至顾客的安危，故不得不慎重。各项安全管理的重点，主要在事前预防，事中处理，及事后检讨改善。

(一) 消防安全管理

1. 预防、处理、检讨

附：消防安全管理流程，如表 7－29 所示。

表 7－29　消防安全管理流程

步骤	内　容	备注
事前预防	1. 准备抽水马达、灭火器等防灾设备 2. 灭火器设置，依消防法规于各店明显处，设置足量的灭火器，并定期检查 3. 店面和库房内严禁吸烟 4. 随时检验插座、插头的绝缘体是否脱落损坏 5. 清理垃圾时，应确定其中无火种等易燃物 6. 全体门店人员皆应知道总电源开关、灭火器的位置及使用方式，店内人员完成防火灾编组，平时应随时演练；发生火警时，各同仁分派责任工作 7. 建立紧急联络电话（员工的联系方式、家庭住址）	对员工进行定期安全教育
事中处理	1. 立刻拨打 119，报告店面经理，并立即报告总经理 2. 若有人员或顾客在场，以疏散人员为第一位 3. 把总电源开关关掉 4. 消防小组成员依平日的训练，抢救财物、重要资料等 5. 各成员的抢救工作，以本身安全为最优先考虑 6. 抢救的财物、重要资料等要有专人负责看管，以防趁火打劫	有序处理，不慌乱
事后检讨改善	1. 检查灾后门店，并做损坏评估 2. 配合公安消防单位，调查原因及责任 3. 事件处理检讨及灾后重整报告	总结并找出事故原因

2. 日常注意事项

附：消防安全日常注意事项，如表 7－30 所示。

表7－30 消防安全日常注意事项

源头管理	管理方法	备注
危险物品储存、装卸管理	1. 危险物品的总储存量必须符合防火规范的规定，特别是对于稀释剂一类的危险品应当最大限度地降低库存 2. 危险物品的摆放一定要整齐、合理 3. 储存场所必须保持通风良好，特别是炎热季节一定要采取降温措施，严格控制温度 4. 物品入库前必须认真检查，确定无火种等隐患后，方准入库 5. 危险物品的包装容器应当牢固密封，发现破损、残缺、变形时应当及时进行安全处理，发现跑、冒、滴、漏时，必须马上处理，严禁继续储存 6. 包装破损的危险品不得进行运输 7. 所有营业区、库区的卫生必须保持整洁、干净，使用过的沾油纤维物品以及可燃包装品，严禁在营业区、库区出现 8. 稀释剂应存放在阴凉通风的角落，与油漆隔离存放 9. 打烊前必须对库区、营业区进行安全、卫生巡视检查，确认安全后方可离人	油漆等可燃性物料必须加强管理，并由专人负责
火源管理	1. 严禁在店内使用明火 2. 严禁在店内吸烟，所有人员有义务遵守并劝导顾客	加强火源管理意识
电器管理	1. 需按有关规定的标准架设电源 2. 公司系统的所有用电设备，一律登记备案，未经批准，严禁私拉乱接电线、增加用电设备 3. 严禁使用不合格的保险装置 4. 库房内铺设的配电线路需穿金属管或用非燃硬塑料管保护 5. 库房内照明设备必须加装防爆装置 6. 每个库房应当在库房外安装开关箱，保管人员离开时必须拉闸断电	正确使用电器设备

3. 相关设施与应急预案

附：店面消防安全设施与应急预案，如表7－31所示。

表 7－31　消防安全相关设施与应急预案

设施及预案	管理方法	备注
消防器材与疏散通道管理	1. 所有防火区域必须按照国家有关消防技术规范，设置配备消防设施和器材 2. 消防器材应当设置在明显和便于取用的地点，周围不准堆放杂物 3. 消防设施和器材应定期检查、维修、保养、更换和添置，保证完好有效 4. 防火区安全出口、疏散楼梯等消防通道，严禁堆放物品	遵守消防制度
应急疏散方案	1. 火情发生后立即拨打 119 报警，遵循救人第一的原则 2. 各门店加强消防培训，掌握消防知识，提高消防自救技能 3. 各门店店员必须熟悉本店防火区域的建筑结构和消防通道，以便出现火情后能迅速组织疏散 4. 疏散时如人员较多或能见度很差时，应在熟悉疏散通道的人员带领下一并撤离危险区，带领人可用绳子牵领，用“跟着我”的喊话或前后扯着衣襟的办法，将人员撤离至室外或安全地点。 5. 撤离途中被浓烟所困时，由于烟雾一般是向上流动，地面烟雾相对比较稀薄，因此可采用低姿行走或匍匐穿过浓烟区的方法，如有条件可用湿毛巾等捂住嘴，以便迅速撤离出浓烟区 6. 一旦自身着火一定要迅速拍打，或迅速脱掉衣服，切记不能奔跑，那样会使身上的火越烧越旺，还会把火种带到其他场所。身上着火也可倒地打滚，在场的其他人员可用湿麻袋、毯子等物把着火人包裹起来以扑灭火焰 7. 为最大限度地减少损失，防止火势蔓延和扩大，应有选择地迅速疏散物资，保证人身安全 8. 疏散可能扩大火势和引爆危险的物资，如液化气钢瓶、稀释剂等 9. 疏散重要的、价格昂贵的物资 10. 疏散影响灭火的物资，如怕水、怕污染的物资等	定期组织员工进行消防演习，熟悉疏散路线，明确消防器材的位置

（二）现金安全管理

1. 防骗管理

附：现金安全管理，如表7－32所示。

表7－32 现金安全防骗管理流程

步 骤	内 容	备 注
事前预防	1. 不要背对或离开已打开的钱财放置处或保险箱 2. 视线不要离开已打开的钱财放置处或保险箱 3. 收到顾客所付钱财，应等顾客确定找对了钱后才能将钱放入钱财放置处 4. 收到顾客大钞时，应注意钞票上有无特别记号及识别假钞 5. 注意顾客以其他手法来骗取钱财 6. 闲杂人员未经允许不得进入收银台内	时刻警惕
事中处理	1. 不可因人手不足，顾客拥入，而自乱阵脚，疏忽了上述防范措施 2. 事件发生后马上将被骗事件上报店面经理，并报警	不能慌乱
事后检讨改善	做成示范个案，通报各门店注意，避免再中圈套	反思

2. 防盗、抢管理

附：现金防盗、抢管理，如表7－33所示。

表7－33 现金安全防盗、抢管理流程

步 骤	内 容	备 注
事前预防	1. 强盗最容易下手的四种状况，应随时避免：太多钱财露白、暗淡的灯光、没有目击者、有容易逃走的路线 2. 装置监视器 3. 钱财放置处不得存放太多钱，大钞应尽量少，随时投入保险柜内或存入银行 4. 尽量保持店内的明亮度 5. 打开钱财放置处时不可露出太多现金	时刻警惕

续表

步　骤	内　容	备　注
	6. 不要在顾客面前数大钞 7. 留意店外徘徊、鬼鬼祟祟的人 8. 提高警觉，发现可疑人物，尽快通知全体服务人员及向公司报告 9. 收银台下装置联机的警报系统，门店明显处张贴警示 110 报警标志 10. 注意携带特别包装，如长柄物品或类以枪炮、弹药的包装物 11. 店内金钱管理依收银管理规定，每日存入指定银行 12. 平时应注意员工的生活作息是否正常，言行举止是否有怪异现象	
事中处理	1. 尽量稳住歹徒，给予他所要的财物 2. 不必试图说服歹徒，须记忆歹徒的体貌、口音特征 3. 以生命安全为重要原则，不与歹徒吵架 4. 应让歹徒看得到并告知店内还有多少人 5. 不要去碰歹徒双手触摸过的物品及设备 6. 歹徒离开后应立即报警，并尽快通知本公司有关人员 7. 店内人员监守自盗的状况，若查有实情，依规定送警处理	不能慌乱，不要逞强
事后检讨改善	1. 往往被抢的店，容易再度成为歹徒目标，故应针对事前防范的各项重点，改进缺失 2. 联络管区警察，列为巡逻路线 3. 被抢的店内人员须做调整，增加男性员工比重	反思

（三）防止意外伤害

附：防止意外伤害，如表 7－34 所示。

表 7－34　店面防止意外伤害流程

步　骤	内　容	备　注
事前预防	1. 店里店外打破的玻璃碎片应立即清扫干净 2. 店内地面应保持干净，不可太湿，以防止顾客滑倒	养成习惯，避免伤害

续表

步 骤	内 容	备 注
	3. 店内地面不得有钉子、玻璃碎片、铁制碎片以防止踩到受伤。 4. 随时注意设备是否有毛边缺口，以防止顾客被割伤 5. 店内服务人员登高必须用牢固的梯子 6. 不可站到纸箱、木箱或其他较软而易下陷、倾倒的物品上，抬重物应先蹲下，再将腿伸直抬起物品 7. 发现过道上有任何障碍物，应立即清除，以免撞到或跌倒	
事中处理	1. 若受伤者系本公司员工，视情况送医治疗，并汇报上级主管，严重者并通知家人 2. 若受伤者系顾客，若属轻微伤，则由店长赠送小礼物致歉；若须送医治疗者，则须通报上级出面致歉并赠送礼物，且负担医药费，严重者通知其家人。以抢救、送医治疗为第一优先，不要在现场争吵或追究责任 3. 现场要尽速清理，以免影响继续营业或再度发生意外	有序处理
事后检讨改善	1. 检讨事情发生的原因及评价实际处理的结果 2. 做成个案，通报各门店 3. 建立事故档案，以避免类似事故发生	档案建立

（四）危机处理程序

（1）凡是遇到各项安全事故发生，门店当班应于事件发生后迅速通知相关主管；

（2）紧急联络之流程及办法：

◇ 遇有紧急状况发生时，按下列程序之先后，联络有关人员：

第一顺位：店长

第二顺位：店面经理

第三顺位：总经理

◇ 若联络中发生联络不到人时，可直接越级向其他主管联络。

◇ 若发生安全危机状况，除了公司联络人，应尽快联络有关之单位，如：消防队、警政单位、区域派出所、医院。

（3）店内应将上述电话由店长制作成表格张贴于收银前台。

（4）危机处理原则

分为三组，每组分工不同，三组人员共同协助处理现场紧急事件：

第一组寻找原因，并做事件处理；

第二组安抚顾客，并让其安全离开现场；

第三组寻求专业组织或机构帮助，查看店面人员、物品安全。

（五）危机处理列举

1. 接待台电源插座进茶水，怎么办？

（1）切断电源插座，移走电器。

（2）拿干抹布/纸巾擦拭干净。

（3）确认阴干或烘干后，才可以再次使用电源插座。

2. 进店的小孩、宠物现场小便，怎么办？

（1）通知小孩的父母及宠物的主人。

（2）给小孩或宠物准备纸巾。

（3）清理地面。

3. 进店顾客滑倒了，怎么办？

（1）询问顾客伤势，如伤势严重，不要移动顾客，做紧急处理。如无大碍，搀扶顾客起身。

（2）查看原因，如果是地面问题，给顾客道歉，送小礼物安抚顾客，并马上清理地面。如果不能马上清理干净，在醒目位置标注“注意滑倒“字眼，提醒顾客注意。

（3）如果是顾客自身原因，送上热饮，为其压惊。

4. 店内着火了，怎么办？

（1）判定起火位置、着火物质以及火势大小。

（2）如火势不大，迅速利用店面中备有的简易灭火器材，采取有效措施，控制和扑灭火势。

（3）家用电器或线路着火，要先切断电源，再用干粉或气体灭火器灭火，不可直接泼水灭火以防触电或电器爆炸伤人。

（4）救火时不要贸然开窗，以免空气对流，加速火势蔓延。

5. 店内被水淹了，怎么办？

（1）一部分人员先撤离贵重或易潮物品。

（2）一部分人员察看水淹原因，尽量切断水源。

（3）使用工具清理店面。

6. 碰到顾客砸店/闹事/严重客诉，怎么办？

（1）带到安静的地方，让顾客发泄情绪，缓和顾客情绪。

（2）自己能力范围内能解决的事情，与顾客解释，争取顾客谅解，赠送礼物安抚顾客。

（3）如顾客提条件，自己范围内解决不了的事情，请店长或经理来处理。

（4）如果顾客的条件不能接受，先稳定顾客情绪，与顾客达成共识，待现场察看再做处理决定。

7. 停电了，店面一片漆黑，怎么办？

（1）设置紧急照明灯，以引导顾客疏散。

（2）收银区应设立紧急照明灯，以防止顾客偷窃或夹带的行为。

（3）出口处以紧急照明灯照明，以利顾客出店，并向顾客致歉。

（4）听从店长指挥，沉着、冷静应付，以免造成顾客惊慌。

（5）关闭总电源及办公室一切机器设备。

8. 发生鼠灾、虫灾，怎么办？

（1）可查看原因，找专业人员处理。

（2）日常店面内不能存放食物，残渣及时清理。可薰檀香，减少患灾风险。

六、卫生管理

店面卫生是很容易逐渐被忽视的问题，慢慢地就习以为常了，店员对缓慢的脏乱差变化不易察觉，但对于到店顾客来说，则是另外一个视角。就像人与人之间的接触，第一次留有记忆的多是看着不顺眼的地方；时间久了，人熟悉了，留有记忆的都是看着顺眼的地方。顾客和店员对于店面的印象差异也是如此。

对于店面的形象维护，必须是坚持不懈，持之以恒。

（一）建立卫生标准

（1）店面打扫区域划分，并责任到人，每星期进行轮换，如表 7－35 所示。

表 7－35　店面打扫周期表

项目	打扫周期	项目	打扫周期	项目	打扫周期
地面	每天	样板间	每天	绿色植物	每天
墙面	每天	办公桌面	每天	卫生间	每天
产品	每天	销售工具	每天	蚊蝇清洁	每天
展示架	每天	橱窗	每天	楼梯	每天

说明：

◇ 打扫顺序由上往下进行，店长负责检查监督。

◇ 在半小时内完成店面清洁和营业准备工作。

（2）清洁与维护标准，如表 7－36 所示。

表 7－36 清洁与维护标准

指 标	标 准
清洁指标	店面展品无灰尘，玻璃光洁明亮无痕迹
	样板间、展柜、饰品、地面无污迹，无灰尘
	形象墙、工作台、洽谈桌等无杂物
物品摆放	宣传物料张贴摆放不得有破损、翘角、褶皱
	店面展示样品不得有破损，照明设备完好
	产品资料、办公用品要充足，摆放整齐有序
	清洁用品、个人物品摆放在视线不可及处
	禁止退补货产品、小推车及助销用品存放在展示区内
标签粘贴	新产品、促销品有明显标识标签并粘贴整齐
	价签保持同一平面，同一高度
	价签保持清洁，无褪色、翘角、褶皱现象
	价签内容准确无误
	产品辅助宣传标签，整洁平整，无破损翘角，按价签张贴标准执行

（3）由店长助理根据《终端门店清洁维护检查表》逐项检查，不符合要求的，由相关人员处理至达标为止，如表 7－37 所示。

表 7－37 终端门店清洁维护检查表

区域	位置	检查情况	处理意见（保持或改进）	检查人	检查时间
门口	台阶	台阶是否干净、无水渍			
	灯箱、橱窗	是否干净清亮、有灰尘污垢			
	门头	是否干净清亮、有灰尘污垢			
	玻璃门窗	是否干净清亮、有灰尘污垢			
	地毯	是否摆放整齐，是否干净整洁			
	停车位置	车辆摆放是否整齐、流动顺畅			

续表

区域	位置	检查情况	处理意见（保持或改进）	检查人	检查时间
店面空间	地面	地面是否保持清洁光亮；地砖是否破损；物品摆放是否整齐			
	前台	桌面是否整洁，物品是否分类整齐、是否有私人物品			
	物料检查	吊旗是否脱落、地贴是否损坏、展架是否损坏、单页是否摆放整齐、标签是否卷角破旧			
	展具	展具是否摆放整齐；展具表面是否有灰尘污垢；是否有破损缺失			
	饮水机	是否需要加水，外表是否干净，无明显污渍、灰尘；饮水机水槽是否需清理			
	垃圾桶	店面垃圾桶是否摆放整齐；表面是否干净清洁；垃圾袋是否需要更换			
样板房	墙面	是否有蜘蛛网；是否有部分脱落，有其他划痕			
	地面	地面是否保持清洁光亮；地砖是否破损；物品摆放是否整齐			
	小饰品	小饰品摆放是否凌乱，搭配是否合理			
	软装	软装是否破损，是否摆放整齐			
洽谈区	地面	地面是否保持干净，无纸屑杂物			
	凳椅	凳椅是否摆放整齐，抱枕是否归位			
	桌面	是否有烟灰缸、茶点是否需要补充			
卫生间	地面、洗手台	地面是否干净，没有积水杂物；洗手台是否有明显污垢或积水，无异味			
	洗手液	是否需要补充			
	垃圾桶	是否需要清理			
	卫生纸	是否需要补充			

（二）店面各区域维护具体要求

（1）门口区域

门口区域是顾客对店面形象的第一感知，也是吸引顾客进入店面的有效工具，门口的日常维护是非常重要的，每天在早会前或早会后需对门口进行整理和清洁，如表 7－38 所示。

表 7－38　店面各区域维护要求

位置	要　求
外立面	3 个月一次整体大清洁
灯箱橱窗	店外灯箱或橱窗的清洁是非常重要的，每周进行一次清洗清洁
门口地面	保持地面清洁光亮，人在直立视线内无纸屑、塑料垃圾、水渍等污染物。可用扫把打扫干净后，再用拖把拖两遍。每天至少清洁 1 次
玻璃门窗	用玻璃专用清洁水进行清洁，用抹布擦拭门窗，时刻保持玻璃门窗的光洁明亮，在半米视线内从各个角度不能看到或摸到灰尘和污渍。每天擦洗 1 次
地毯	“欢迎光临”地毯摆放在门口的正中处，占门口的约 3/5，每天下班前需要进行清洗和回收
停车位	专门划分一区域用于员工自行车、电动车的停放，并画好停车标志；如有顾客需要停车，可由店面导购来引导顾客停车，尽量停放在门口两边，不要挡住正门

（2）前台

前台是导购办公最方便的地方，也是顾客刷卡或付现场所，前台放有常规办公用品，如电脑、固定电话、文件夹、打印机、销售工具等。前台需要对这些物品按用途分类，摆放整齐，私人物品不得放置在桌面上。前台最好设置私人物品放置处，如抽屉、柜子等。

前台的具体陈设要求如下：

◇ 电脑、固定电话、打印机等每日进行常规维护，主要是电源开关、插座线路的维护；

◇ 文件夹的分类管理，个人的文件、产品宣传手册、促销活动资料、公司文件等进行不同文件夹的分类，并整理整齐；

◇ 导购销售工具都必须确保人手一份，并注上导购姓名，每天下班前检查各自销售工具，看是否齐全，并放置固定区域，由店长每日进行清点。

前台的清洁要求：

◇ 前台在半米的视线内从各个角度不能直视到或摸到灰尘和污渍；

◇ 前台内不得放有与工作无关的物品（如服饰、镜子、照片、化妆品、食品等），前台桌面必须保持清洁有序；

◇ 必须保持电脑、电话机、打印机表面无灰尘、无污染、保证线路摆放整齐，通讯畅通；

◇ 迎宾台下方不得堆放物品（如服装、包等产品）；

◇ 前台桌面摆放名片、活动促销单页、产品手册，成一直线摆放，注意保持整齐。

（3）洽谈区

洽谈区是顾客坐下来达成交易的地方，洽谈区的整洁干净有利于促进顾客达成交易。洽谈区的清洁标准要求如下：

◇ 在顾客走后第一时间进行清洁清扫，如果没有清洁阿姨的情况下，由接待导购做及时的清洁工作；

◇ 烟灰缸应及时清理，把烟头倒入垃圾桶内，保证烟灰缸内无烟头、烟灰、口香糖、纸屑等杂物，并擦拭干净，摆放整齐于桌子中间；

◇ 将垃圾清理后即刻擦桌子以及清扫地面，桌面物品重新归位，摆放整齐，茶点需要及时补充。

（4）饮水机

饮水机表面无灰尘、无污渍、饮水机下方存水盒内水不得超过1/3，按时清洁干净，饮水机的水槽需在早会前后清理，保持盒内无茶叶等杂物。

饮水机桶内没水时应及时通知更换新水，确保饮水机保持长期有水。

如饮水机加热或制冷等功能损坏时，店员应在3天时间内要求维修人员进行修理。

如果有未使用的纸杯应放入杯柜内，柜子内无污染水渍；除未用过的水杯外，不得放入其他无关物品；饮水杯没有时，应及时补充，保证顾客随时取用。

（5）杂物区

专卖店杂物区，是店面设计需要融入的空间设计元素，可设置在展厅后区、楼梯下或模拟间背后。杂物区也相当于展厅的小仓库，所以维护和管理好杂物区同样是一项非常重要的工作。

杂物区按照空间的大小进行区域划分，可以设置清洁工具区域、促销礼品区域、废弃物品区域等，用黄色的线划分好，进行统一管理。

定期对杂物区进行整理清洁，包括地面、墙面、天花板等，以7天为一个周期。如有顾客需要自提的小数量产品放在杂物区的，2天之内必须提走，如有延期，则负责导购要负责清理。

（6）垃圾桶

店面的垃圾桶统一采购，统一样式，统一摆放，样式以沉稳为主，颜色一般选择金黄加黑色为主；摆放位置在前台两侧、过道两头以及洽谈区周边或者角落。每一个垃圾桶都有固定位置，包干负责人在每天9：00、12：00、15：00、17：00都进行一次检查。

垃圾桶摆放必须整齐规范，不能胡乱摆放、占过道或者阻碍视觉；垃圾桶表面应随时擦拭，清洁明亮，无明显污渍，无异味，垃圾的容量不得超1/3，要注意及时清理。

（7）卫生间

卫生间是否清洁也是专卖店整体形象的体现，卫生间的常规清洁每日至少两次。

卫生间不能有异味、脏物，垃圾不可超过纸篓的1/3，卫生纸、洗手液及时补充。如有异味可适当地喷点空气清新剂，保持卫生间干燥通风。

以上的店面清洁，如果有清洁工阿姨，店面导购可以随时检查，发现问题及时叫清洁工阿姨处理。如果没有清洁工，需要安排导购值日生负责，由值日生负责监管，每天需对展厅各个位置进行检查，如有异味、脏物、污水等值日生安排导购一起清除。每天定时检查，间隔周期为 3 小时。

第八章
导购销售技能提升

销售技能的提升所依托的不是某一招一式，或某一句销售词，而是一套系统的销售话术与技巧的组合。市场上关于导购话术与技巧的手册繁多，我们认为万变不离其宗，导购的销售技能提升核心也没有那么复杂，关键是要满足顾客的需求！

除去顾客对产品本身的需求之外，更重要的在于导购会不会把握和满足顾客的心理需求，而这正是导购话术与技巧的本质所在，经过销售心理学研究认为顾客一般有以下三种心理需求：

第一种：要面子

人都是有虚荣心的，每个人都喜欢听到对自己的赞美。顾客在购买的过程中，总是希望能够得到导购员的重视。哪怕仅仅是买一根绣花针的顾客，也总是希望得到 VIP 大顾客般的接待。即使对于一些不买的顾客，也需要真诚地用心接待。

第二种：占便宜

所谓占便宜，指的是顾客总是希望自己与众不同，能够拿到比其他顾客更低的价格。其实，大多数顾客并不喜欢便宜货，他们喜欢的是占便宜。我们经常可以看到，30 元一件的衬衫无人问津；而标价 150 元的名牌衬衫打折到 99 元的时候，引起排队抢购风潮。很多顾客都有这种奇怪的优越心理，同样的产品，只要我比你拿到的价格低，我就赚了。

第三种：求保障

当顾客觉得自己已经享受到优惠的价格之后，又会转而担心：给我这么便宜的价格，会不会产品本身有什么瑕疵，或者在服务上面做手脚？特别是像建材家居这样的产品，大多数顾客一生也就买个一两次而已，所以必须在短时间内想方设法建立顾客信任，减少担心，给予保障。

必须谨记的是：以上三点心理需求是贯穿在整个导购过程中的，所有的话术与技巧都是围绕怎么去满足这三大心理需求而开展的。

本章将顾客接待过程进行了步骤分解，分析其关键环节，把看似复杂的销售技能技巧进行简化。结合建材市场销售特性，总结出销售七大步骤，**即终端销售七字决：调、迎、探、证、化、订、追，来全面提升导购员的销售技能**，如表 8－1 所示。

表 8－1　终端导购销售七步骤概要

步骤	目的	关键词
调—端正心态	良好的心态准备，是服务顾客的前提	自信
迎—拉近距离	让顾客感知你的热情服务，展示品牌形象	热情
探—找出需求	找准顾客需求点，为后期产品销售，满足顾客需求打好基础	精准
证—体验产品	引领顾客充分体验产品的好处，塑造产品价值，以降低顾客对产品的价格抗拒心理	演示
化—化解异议	分别击破顾客对品牌、产品、价格等方面的异议，为成交扫清障碍	巧妙
订—建议下单	临门一脚，让顾客掏钱交订金，完成店面销售	果决
追—服务追踪	紧跟顾客装修进度，为顾客安排送货，收回全部货款，完成销售过程	关怀

整个销售过程持续连贯，环环相扣，导购员需掌握各步骤中的技巧和关键话术，才能够游刃有余，最终达成销售。

《七字歌诀》

烦恼琐事抛一边　调节心态士气展
微笑相迎真心显　寻话赞美距离短
名车包饰记心间　望闻问切需求探
特优利证配每款　工具道具现场演
化解异议价格砍　抚慰心理降价缓
捕捉信号促订单　提醒强化陪交款
追踪后续莫懒散　完美服务口碑传
调迎探证化订追　金牌导购七字言

一、调——端正心态：烦恼琐事抛一边　调节心态士气展

良好的心态是成功的基础，在销售开始前导购员要调整好自己的心态，做好充分的准备。要想心态好，要做好两个方面：一要拥有征服顾客的专业知识，二要有征服顾客的心态。

（一）知识储备

优秀的导购员应该拥有完善的系统专业知识，如表8－2所示。这些专业知识是导购员必备的，在进行销售前应该从多方面了解活动的硬性信息，必须全面掌握。

表8－2　导购员售前知识储备

基础知识	1. 对品牌文化的了解 2. 基本的产品施工注意事项 3. 产品使用量的计算方法 4. 基本的生产工艺流程
产品知识	5. 基本的产品搭配知识 6. 产品的技术优势、产品优劣分析 7. 检查库存，并根据库存情况及时调整当天的销售策略
竞争对手	8. 主要竞争品牌的文化及优劣势 9. 当地消费者喜好以及趋势产品的变更等 10. 定期对市场周边竞品进行调研 11. 掌握竞品的活动政策和主推产品
周围楼盘	12. 了解附近楼盘的高低档次、具体位置 13. 掌握新小区的业主装修进度

（二）心态调节

通过自我调节梳理自己的心态，让导购员进入一个最佳的销售状态中。导购员在销售一线每天经历不同的人和事，良好的心态是导购员创造骄人业绩的第一要素。

1. 不良心态

（1）害怕拒绝

被顾客拒绝是不可避免的，关键是怎么去看待它。不管做什么事情，要想有所收获，就必须勇敢地面对，敢于承担风险，敢于面对失败，去除畏惧心理的最好办法就是立即行动，能坦然地面对拒绝并鼓起勇气再去尝试。

（2）敷衍顾客

很多导购员工作一段时间后，对顾客是否购买有了基本的判断能力，于是对自己判断不会购买的顾客就敷衍了事，应付工作。这种心态严重地影响公司的形象和口碑，对自己的成长很不利，应该予以摒弃。

（3）不良情绪

“人有悲欢离合，月有阴晴圆缺”，很多时候情绪是不断变化的，而调节不好的导购员会把情绪直接带到店面中来，不知不觉地传播给顾客，从而影响店面工作，影响自己的业绩，所以导购员切记不要把不良情绪带到店内。

2. 积极心态

（1）积极

一个导购员站在顾客的立场上看问题，就比较容易抓住推销的重点。要处处为顾客着想，并相信这个顾客一定能够购买你的产品。只有积极的心态，才能寻找到最佳方案来满足顾客需求，才能与顾客保持长久的关系，而不只是想着订单。

（2）热情

热情在导购员的成功中所起到的作用非常重要。热情是有魔力的，它能够鼓舞和激励一个人朝着美好的目标前进。对工作无热情的人一定会到处碰壁，因此热情是做任何事情的必要条件。

（3）自信

自信是导购成功的第一秘诀。导购员在销售过程中，无论是对公司，对产品，还是对自己，一定要深具信心，因为你永远也销售不好连你自己都不认可的产品和服务。只有对自己服务的企业充满自信，对产品充满自信才能说服别人相信自己的产品。

二、迎——拉进距离：微笑相迎真心显　寻话赞美距离短

迎接顾客是很重要的一步，是销售成功的关键，导购员要有礼、有节、有法地拉近自己与顾客之间的距离。

（一）建立关系

把顾客当成我们的亲友，大家想一想，如果亲友来我们家做客时，我们是怎样对待他们的呢？我们打开房门，看见是我们的好朋友，立即换上一副笑脸，赶紧说："原来是你呀，来，快进来！"于是屋子里充满了久别重逢后的喜悦。

销售也是一样，销售需要一种良好的气氛，这种良好的气氛从一开始就需要营造并建立良好的关系。

1. 主动相迎

顾客来到我们的店面，是来到一个陌生的地方，在情势上是弱者，他希望一进门就被当作客人来对待，希望你主动相迎。在顾客眼里，导购代表的就是品牌的产品、品牌的服务水平，高质量的服务和热情的态

度将有效地提升品牌的形象和消费者口碑。

积极主动及良好的第一印象是增加成交率的核心。作为一个专业的导购员，要善待所有的顾客，不该对购买意向不强的顾客冷漠相对。要知道今天不买的顾客，他以后会买，以后不买的顾客，他的亲戚朋友会买。所以，从一开始就与顾客建立良好的关系。

2. 微笑接待

微笑是最重要的表达，我们时刻在强调微笑，热情不单单体现在言辞上，更重要的是表情。微笑是体现服务的第一个动作，也应是一个导购员必备的素质。

（二）拉近距离

1. 恰当赞美

恰到好处的赞美是顾客难以抵挡的“糖衣炮弹”，因此也是拉近顾客距离的“撒手锏”。导购要掌握这一门“绝技”，便要学会对不同人按照不同情境来表达不同的赞美。

（1）从顾客外表找赞美点，如表 8－3 所示。

表 8－3 从顾客外表找赞美点话术技巧

顾客外貌	赞美话术
留着短发	“先生，一看您的发型我就知道，您是一个非常精明强干的老板，现在的老板都喜欢留这种比较精神的短发”
留中分头	“先生，我一看您这个发型，就知道您是一位非常儒雅有文化的人，您一定是当教授的吧？还是作家？”
乱糟长发	称赞顾客有艺术感、有型、时尚
光头	称赞顾客有个性、有型、有智慧、聪明绝顶

（2）从顾客房屋信息找赞美点，如表 8－4 所示。

表 8－4　从顾客房屋信息找赞美点话术技巧

信息	分类	赞美话术
住房信息	住得远	您住得离这里挺远的，开车来的吧？先坐这休息下，喝杯水
	住得近	××小区啊？那有很多顾客都在我这买过
	新小区	真有眼光，你那个小区地段很好，升值潜力巨大，估计几年内房价就能翻一番
	老小区	老小区地段好，还清静，老房子住得舒服
	高档小区	那小区挺高档，一看您就是成功人士，好房子就得配好产品，住得舒心，也气派
房屋用途	出租房	出租房的话，产品不需要花太多的钱，简单实用的就行。那些房客一般不爱惜房东的东西，所以产品一定要选实惠的。换房客了稍微打理下又像新的一样。您看这款产品出租房选这款的比较多
	自住	装修最好是一步到位，好的产品都能用二三十年，关键是选款式和工艺。您装修的风格是什么样的
	婚房	恭喜恭喜！结婚是一辈子的大事，婚房装修都要喜庆点，来这边看一下专门为婚房设计的产品，相信你一定会喜欢
室内光线	采光好	您真会挑房子，光线好的房子最好装修了，您家里目前是什么装修风格呢
	采光弱	光线不好不怕，选好产品的话就能弥补，我们刚好有几款新上市的产品，您可以先过来这边，我给您详细介绍一下

（3）根据不同顾客人群找赞美点，如表 8－5 所示。

表 8－5　不同顾客群找赞美点话术技巧

分类	赞美话术
女性	夸发型好，问哪里做的？夸皮肤好，问平时怎么保养的
男性	夸见识多，赞美阅历高；夸品味好，赞美事业有成
老人	夸老人身体棒，问是怎么锻炼的？夸气色好，向他讨教怎么养生的
年轻人	夸年轻人有活力，问最喜欢什么运动？夸年轻人时尚，问最喜欢听哪位明星的歌
孩子	夸孩子乖巧，赞美父母教育有方；夸孩子聪明，赞美孩子像其父母

（4）赞美要点。（如表 8－6 所示）

表 8－6　赞美话术要点

要　点	说　明
真诚具体	如果与顾客有过沟通，可以说："先生，我觉得您刚才说的，×××中的×××，特别有道理，给我的启发很大，我觉得我以后做销售时，一定要注意这个问题。"这样顾客会觉得你很真诚
他人之口	在赞美顾客时，有时要让顾客感觉到真诚，可以借他人之口来赞美自己的顾客，比如："听您老婆的语气，我感觉到您在家，一定是个非常疼爱老婆的好男人，您挑选产品认真一点我完全可以理解。"
肢体动作	让顾客感觉到你真正赞美他最有效的方式就是肢体动作、表情，赞美顾客时，要真诚地看着顾客的眼睛，对顾客的某一个特点进行称赞

学会赞美有许多好处。通过赞美，可以巧妙地与产品介绍进行对接；通过赞美，可以在顾客讨价还价时为自己赢得主动权。

小贴士：

当获得顾客的信息后，谨记："三不管话术"

（1）不管是什么颜色，都要说"您眼光真好，这种颜色装在大厅（卧室）一定很好看！"

（2）不管是什么风格，都要说"您很有品味，这种风格将会成为流行。"

（3）不管是谁设计的，都要说很有创意而且考虑得很周全！

对顾客的装修风格，颜色喜好不要做负面评价，**导购切记不能把自己的想法与审美强加给顾客！**

2. 共同话题

90%的顾客进店，不仅仅单纯为了购买产品，更是来享受过程来的：寻找快乐，满足其社交的需求，这就需要我们导购有很多话题可以交流，但是很多导购平时知识面不广，在交流时就很难和顾客找到共同的话题，那么如何寻找共同点呢？如表 8－7 所示。

表 8－7　寻找顾客共同点

寻找共同点	
谈装修	比如："装修是不是很累？""没错，上次我们家装修也是，弄得特别疲惫！""是的，要买的东西太多了。"
谈教育	如果顾客带着小孩子来采购，那么小孩子就是一个很好的话题，比如："您家孩子真漂亮，您一定教育得非常好吧？有什么方法可以分享分享"？
聊天气	天气是陌生人之间开始聊天最好的话题切入点，比如："最近天气总是变化无常，您能光临，真的很高兴"。

不要小看这一小小的话题，在双方还不熟悉的时候，也许就是这么一个小小的话题，能够迅速拉近彼此的距离，销售精英们每周都会花很多时间去搜集素材，以便与顾客们交流。

（三）情景话术

附：导购情景话术表，如表 8－8 所示。

表 8－8　模拟情景话术

情　景	话　术
当顾客刚走进展厅时	话术一："您好，欢迎光临，今天外面的风刮得真大，来，先喝杯热水暖暖身子吧！" 话术二："您好，欢迎光临，哟，您的小孩可真可爱，一看您就是有福气的人，您打算看看什么产品？"
当顾客对导购爱理不理时	方法一：千万不能灰心，要心平气和，慢慢地和他聊家常，让他放低对你的戒心，再观察他想要什么产品和来店的目的 方法二：对顾客进行问候，对店面进行简单的布局介绍，之后采用顾客前我后的方式，保持在一定的距离内（1.5 米左右），以方便顾客有需要时能随时上前服务

续表

情 景	话 术
当顾客说“我随便看看，不用管我”时	方法一：“一看您就是个爽快人，没问题，您慢慢看，我先忙点儿别的。您看好了或者需要我的时候，招呼一声就行，我随叫随到。” 方法二：“没问题，先生，您可以看看我们的产品，多了解一下，以后也可以货比三家。您主要是想看哪个系列的呢？”
同时接待多位顾客	话术一：“真是不好意思，先生，今天店里的客人比较多，招待不周啦。您可以先看看我们的产品，如果有喜欢的就叫我一声，好吗？” 话术二：“啊呀，不好意思，这个时间点的顾客特别多，招待不周，真是抱歉。看您提了这么多东西，逛很久了吧，您是先坐下喝杯水休息一下呢，还是马上看看我们的产品呢？”

小贴士：

如何判断顾客的购买意愿呢？

一般来讲，无购买意向的顾客异议非常多，漫不经心的，对具体操作兴趣不大的。而有购买意向的顾客能看出来他对产品的功能、操作等方面感兴趣，并能看出赞许之意，也会有异议，但相对较少。

三、探——找出需求：名车包饰记心间　望闻问切需求探

中医一般诊断要经历“望、闻、问、切”，才能诊断病情。了解顾客需求，也要通过“望、闻、问、切”等环节来获取。

案例一：

一个披着长头发的年青男子来到店内，四处张望，导购员小张立即跑上前接待。

张：“这是我们这里销量最大的产品，花色虽然很大众化，但价格十分优惠。”

年青男子："太没特色了。"

张："特色是少了点，但很多家庭考虑的是实在。"

年青男子："我想买用在酒吧的产品，没特色肯定不行。我去其他店里看看。"

张："啊……"

案例二：

一个中年男子带着一个年轻女子，将车停在专卖店门口后来到店内。

导购员："欢迎光临。我们公司这个月正在进行优惠大酬宾活动，这款产品原价……现价……绝对超值、实惠，很多工薪阶层都选它。"

年轻女子："是不是嫌咱没钱呀！走，我们去别处看看。"

以上两个例子中的导购都犯了一个致命的错误，那就是在没有了解顾客需求的前提下就盲目地给顾客推荐产品。在实际的销售过程中，导致丢单的原因五花八门，而没有抓准需求是其中最多的一个，因此在销售过程中探寻顾客需求是非常重要的。

（一）望

人的外表是"内在自我"的延伸。在销售实战中，导购要善于从顾客的外表来观察顾客的购买力、购买需求、特点风格，从而指导销售工作的进行，促使交易顺利达成。一般而言，顾客的外表需要观察的部分分为：服饰、配饰、鞋子。

1. 服饰

"服饰写满一个人的社会符号。"服饰覆盖了人身上近 90% 的面积，通常人们的经济实力与他们的衣着密切相关。从服装的款式、质地很容易判断一个人的经济实力，如表 8－9 所示。

表 8-9　从顾客着装方面分析购买需求

性别	表现	分析	对策
男性	年轻男性：服装较为舒适、简洁	从事技术工作，收入较为丰厚的白领	推荐大众化，中档的产品
	中年男性：多为毛料、纯棉、真丝；光泽、平滑度都较好	成熟稳重的男性，是时代的消费主力	施展销售技巧，可以推荐高档产品
女性	打扮时髦、款式新颖、面料别致	收入不错，生活品质中上，经济负担轻	推荐时尚简约的产品
	款式端庄大方，做工精细	步入中年的成熟女性	有很强的购买力，可推荐高档产品

2. 配饰

配饰也是一种很强的社会语言，它能暗示出一个人的审美倾向、生活态度和人生观，也体现出一个人的经济实力，如图 8-1 所示。

【名表集合】

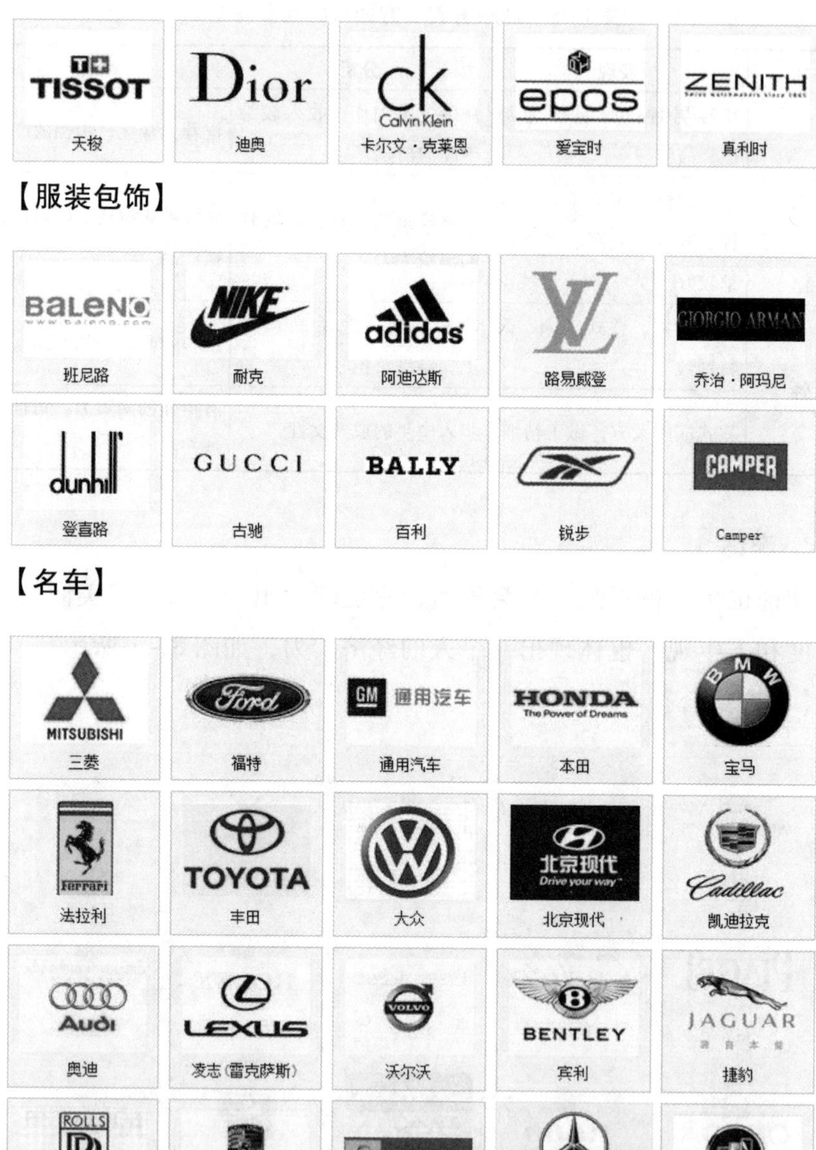

图 8－1　品牌商品图标集合

3. 鞋子

“鞋子最易泄露秘密。”鞋子不像衣服那么容易过时，因此打折也不会像衣服那样容易出现跳楼价的情况。一个人能用低廉的价格买来质量比较好的衣服，却很难用低廉的价格买到优质的鞋子。那些衣着不错，却穿了一双廉价鞋的人，大多是实力不强，算计着过日子的。而衣着普通，却穿了一双好鞋的人正相反。因为脚承载了人的身体，脚的健康对身体很重要。关注生活品质的人，即使对衣服要求比较随便，但对鞋却很看重，那些穿好鞋的人，大多经济实力不错。

小贴士：

观察心法

观察要自然：当你观察顾客时，顾客觉得你看他的目的是为了向他提供服务，他是受欢迎的，他便乐意接受你的服务。在观察顾客时，目光停在顾客脸上的时间不要超过 3 秒，超过 3 秒，会给顾客一种你在探究他的感觉。

留意顾客的特征：优秀的导购通常会留意顾客的特征，以便在顾客第二次光临展厅时能一眼识别顾客。如果第二次光临展厅时能被导购亲切地喊出名字，顾客会感觉自己得到了重视。

切勿以貌取人：不要以为穿着短裤和拖鞋进门的就一定是“屌丝”，他口袋里或许还藏着保时捷的车钥匙；不要以为蹬着自行车进门的就一定是“贫民”，也许他的宝马恰好今天借给儿子开去兜风了。我们要学会从顾客的外表获取信息，但是这不应作为你是否热情去接待顾客的依据。

（二）闻

除了认真观察之外，导购员还必须善于倾听。因为顾客不会非常明确地告诉你说“我就喜欢哪个花色”，他们的回答总是很隐讳，这就需要你认真听，仔细体会，才能从中发现顾客的真实想法。

1. 倾听的四要素

附：导购销售倾听四要素，如图 8－2 所示。

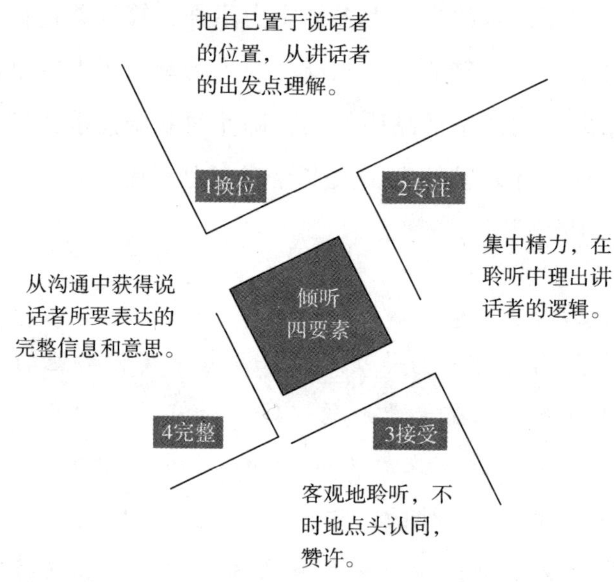

图 8－2　导购倾听四要素

2. 聆听的四个层次

附：导购聆听顾客需求的四个层次，如图 8－3 所示。

心不在焉地听	被动消极地听	用同理心地听	听出弦外之音
聆听者心不在焉，几乎没有注意说话人所说的话，心里考虑着其他毫无关联的事情，或内心只是一味地想着辩驳。	倾听者被动消极地听所说的字、词和内容，常常错过了讲话者通过表情、眼神等体态语言所表达的意思。	同理心积极主动地倾听，这不是一般的听，而是用心去听，感同身受的听，是一种感情注入的倾听方式，这是一个优秀倾听者的典型特征。	有时我们听一句话，不能只听字面上的意思，要仔细分析字面下隐藏的真实意思，也就是听出其弦外之音、言外之意。

图 8－3　导购聆听的四个层次

（三）问

世界销售大师汤姆·霍普金斯说过，“你说的话，顾客只会半信半疑，顾客自己说的话，则是真理”，沟通中要掌握主动权，必须要学会提问。

1. 询问的两种方式

附表：导购询问顾客的两种方式，如表8－10所示。

表8－10　导购询问顾客需求的两种方式

开放式问题	封闭式问题
描述：是指能让准顾客充分发挥地阐述自己的意见、看法以及陈述某些事实现状	描述：让顾客针对某个主题明确地回答“是”“否”或从中选各一个答案的二选一模式
例如： “您理想中的装修风格是什么样的？” “您对目前的建材市场有什么看法？”	例如： “您更在乎品质还是更在乎价格呢？” “您是刷卡还是交现金呢？” “你认为质量重要吗？” “您这是第一次来看产品吗？” “您有朋友用过我们的产品吗？ “您买产品的预算在什么范围内呢？”

2. 情景不同，问法不同

当你对顾客了解较少或较难判断顾客的情况时，你应该使用开放式问题，因为封闭式问题是预先设定了答案，如果你了解甚少，就无法预先设定答案。当然，当你对顾客了解较多时，你就可以开始使用封闭式问题，以便精准判断顾客需求，如表8－11所示。

表 8－11　根据顾客情况选择不同询问话术

问句形式	情景	话术
开放式	对顾客了解较少或较难判断顾客情况时	请问先生选什么样的产品啊
	当顾客性格外向开朗时，可使用开放式问题	先生准备买什么样的产品呀
封闭式	当你对顾客了解较多时，可使用封闭式问题	您是选……还是……
	顾客模棱两可时，可用封闭式问题缩小范围	您是本月用还是下个月用
	只有少数几款产品可供客人选择时	先生是要600的，还是800的呢
	当要确认顾客购买时间、购买需求时	先生，请问您是现在就急着要货吗
	当你想催促顾客交款时，可使用封闭式问题	你是刷卡还是付现金呢
	当顾客性格内向时，可使用封闭式问题	先生准备买……还是……呢

3. 专业程度不同，问法不同

对于建材家居产品来说，顾客并不专业，所以选择题比填空题要容易得多。如问“先生准备买什么样的产品呀?”顾客可能很难回答，因为他也不知道。但这时候如果你问：“先生准备买 A 产品还是 B 产品呢?”可能一下子就能知道顾客的需求了。

在我们销售工作中也是这样，比如：你的库存只有 A 和 B 两种产品。你可以问：“先生是要 A 产品，还是 B 产品呢?”这个时候如果问：“先生准备买什么样的产品呀?”你得到的答案有可能与你的库存相差甚远，到时再来给顾客解释就很费力气了。

4. “四必问”

附表：导购销售四必问，如表 8－12 所示。

表 8－12　导购销售“四必问”

内容	目的	话术
小区	了解辨识消费水平	“你的房子在哪个小区”
风格	根据风格推荐产品	“你的卧室/客厅有多大面积？有带房型图吗”
时间	掌握进度锁定时间	“你的房子装修得怎么样了”
电话	方便联系跟踪顾客	“这是我的名片，方便留一下您的联系方式，我们有新的折扣第一时间通知您”

（四）切

切，对症下药的意思。先把顾客的类别分清楚，然后逐个击破，找出针对的措施。

1. 顾客的分类

附：顾客分类表，如表 8－13 所示。

表 8－13　导购根据顾客购买需求分类

类别	需求特点	特征	针对措施
高端顾客	贵族需求	此类顾客大多依赖性较强，一般不会自己亲自去到终端，这部分资源一般都掌握在家装设计师手中	介绍产品应侧重于介绍产品的价值而不是纠结于价格；着重于产品的效果而不是产品的质量
中端顾客	改善型需求	此类顾客大多以产品体验为主，关注品牌，易受他人影响，但也有自己的判断力。他们关注产品的性价比优势，会自己上网了解产品知识	此类顾客比较难缠，属于较真型，有的会纠结于产品的产地；有的会很在乎产品的品质，面对此类顾客千万不能抱着忽悠和欺瞒的态度去应对，应该用专业的术语和强有力的证据（检测报告、演示等）去说服他们
低端顾客	刚性需求	相比质量和效果而言，对产品的价格更为敏感，购买产品以预算为主，且自主性很高	对于有品牌忠实度而确实没有消费能力的顾客，应耐心地遵照顾客的要求和预算来帮助顾客挑选适合的产品

2. 需求辨识

产品的销售是建立在实际功能、整体装修风格、顾客个性等多种需求的基础之上的，所以在销售中必须“量体裁衣”全方位去满足顾客的需求才能高效成交，如表 8－14 所示。

表 8－14　根据顾客购物需求判断

类别		需求
房屋用途	出租	简单、经济实惠、耐脏、好维修
	自住婚房	有档次、外观漂亮与整体装修风格完美匹配，且使用寿命长，好打理
使用位置	厨房	耐油烟、耐腐蚀、不沾油、不渗污、好擦洗
	卫生间	暖色调，防滑，不滴水、耐腐蚀
房间光线	室内采光好	需要用柔色、亚光的产品砖，否则会更亮导致刺眼
	室内采光弱	选择亮色的或暖色的产品，使得空间不太阴沉

3. 创造需求四步法

附：创造需求四步法，如表 8－15 所示。

表 8－15　导购话术创新四步法

步骤	话术举例（以瓷砖产品为例）
第一步：找痛点（背景问题）	“石材的辐射性很大”；“您家有老人吧，那瓷砖防滑就很重要”；“××砖很难清洁” “家里有小孩，瓷砖的环保性能好不好与有没有辐射就很重要”；“天天在家里做饭，瓷砖的清洁是不是很麻烦”
第二步：揭伤口（难点问题）	“选用××瓷砖已经过时了”、“你的观念已经落伍了（近几年绝大多数贵客都这样认为，……）
第三步：撒盐巴（暗示问题）	“如果抛光砖不防污，菜汁、饮料掉在砖上清洁不了，多难看呀？” “瓷砖不防滑，万一摔伤了老人，那多危险呀” “瓷砖是耐用品，如果当时买的砖质量不好，用不了几年就开裂，特别是大厅的砖，您想想看一个家的大厅就是一个家的脸面，要是铺的砖都开裂了，那多难看啊，到时候要更换的话，又要把铺过的砖全扒了重新铺，多费劲啊”
第四步：抚创伤（示意问题）	“××的玻化砖吸水率低，致密度高，很容易清洁保养，不可能出现菜汁掉在地上清洁不了的情况。”“××的玻化砖经过高温烧结而成，是绿色环保陶瓷，您可以放心使用”

四、证——体验产品：特优利证配每款　工具道具现场演

现在，企业与顾客之间诚信缺失，消费者习惯了品牌的夸大其词，对品牌的介绍也是半信半疑、打了不少折扣。所以，通过引导顾客体验产品，来证明我们的产品能带给顾客的好处是非常必要的。

然而，很多时候我们并不会介绍我们的产品，最容易犯的一个错误就是对产品的所有特点进行详细的描述，顾客听完后只是了解了产品的特征，却不知道到底能给自己带来什么利益，那么我们该如何来展示产品呢？

我们推荐采用 FABE 法和产品演示法。

（一）FABE 法

FABE 方法是“顾问式销售”、“专家销售”常用的一种销售方法。

F—特征，A—由这一特征所产生的优点，B—由这一优点能带给顾客的利益，E—证据（技术报告、顾客来信、报刊文章、照片、现场示范等）。针对我们产品的每一个卖点我们都要进行 FABE 分析，在推销产品时就不再是简单地罗列产品的功能！如图 8－4 所示。

1. FABE 解析

F：Features特征	A：Advantage优点	B：Benefit利益	E：Evidence证据
指产品的事实、数据、信息。如：“这是一款独创性的半透明产品”。主要突出是产品 本身的“特点”。	指产品或服务所具备的优点或卖点。如说：“装饰效果十分独特，防污性能更佳。”“比竞争对手 用料要细，致密度更好”。	顾客如果使用它，会有什么好处，利益是针对特定顾客的。如：“产品看起来美观大方，很上档次，在这样装饰的房间居住会非常温馨和舒适。”	证据能坚定顾客的购买决心，起到“临门一脚”的作用，证据一定要展示、说出来。如“你们小区 B 座的法院的王科长家 用的就是这产品。”就是证据。

图 8－4　FABE 销售方法解析

2. FABE 问答

（1）哪个卖点是最重要的

我们不能理解成哪个卖点是最重要的，而应理解成哪个卖点对顾客是最重要。同一款产品，面对不同的顾客，我们应该使用不同的卖点来说服他。

从顾客来说：设计师希望买到一些特别、怪异的能表现自己设计理念的产品；工薪家庭欢迎一些物美价廉的产品；而富豪则要买最好的。性价比高的产品，对工薪家庭是利益，对富豪来说则是对他的“不尊重”。同样一些销量很好的产品，对于一般顾客来说是利益，“很多人都买它，没错。”但对设计师来说，就是一款平庸的产品，因为太多人用过了。

（2）优点和利益的区别

优点只有转化为利益才有说服力。请看以下这段对话：

导购 A：“先生，我们的砖是用 7600 吨压机压制而成的。”

顾客：“哦，那我再看看”。

导购 B：“先生，我们的砖是用 7600 吨压机压制而成的。用 20 年都不会划花。”

顾客：“哦？用 20 年都不会划花？多少钱一块？”

7600 吨压机压制是“优点”，但对于顾客来说，经久耐用是最大的“利益”，不能准确地说出利益，顾客是没有感觉的，你的讲解说明是没有价值的。

（3）什么才是证据

现在的顾客对导购员说的话将信将疑，要排除异议、建立信任，证据是无声的“语言”。销售证据一般包括：

行业或相关部门发布的信息：公布的排名表、新闻报道等。

销售记录：店里的顾客档案、提货单等。

顾客证明：顾客出具的证明文件，如感谢信，回函。

真实案例：应用案例，如产品应用的工程项目等。

辉煌业绩：销售额、各种荣誉证书等。

3. FABE 应用

我们清楚了 FABE 的含义，企业应将每个产品按照 FABE 的方式进行各自的提炼和介绍，最终形成自己特有的 FABE 产品介绍方法。

下面（如表 8 – 16 所示）我们以瓷砖的几款产品为例，告诉大家如何使用 FABE 方法来介绍产品。

表 8 – 16　FABE 对于每个产品销售应用

举例	FABE 演绎
银河石	F 特征：这是第一款采用多管布料技术的玻化砖 A 优点：技术领先，仿石材效果逼真 B 利益：使用此款产品装修，走在潮流的前端，装饰效果即细腻自然又大气辉煌 E 证据：你们小区 B 座的刘老板家铺的就是这砖
纳福娜	F 特征：最新极度石材仿真技术 A 优点：每款产品对应一款名贵石材 B 利益：装饰效果胜过大理石，价格却是大理石的四分之一不到 E 证据：我们市里某某五星级酒店用的就是我们这个系列的砖

4. FABE 活用

关于 FABE，忌生搬硬套、依葫芦画瓢，而要因时制宜，活学活用。EBAF，FABE 反过来说亦可，如表 8 – 17 所示。

【举例】

表 8 – 17　活用 FABE 销售法

EBAF 法	角色	对　话
E 证据	导购	最近这款产品十分畅销

续表

EBAF 法	角色	对　话
	顾客	为什么？它好在哪里
B 利益	导购	使用这款产品装修效果非常大气，显档次，而且十分容易打理
A 优势	顾客	其他产品不都一样的吗
	导购	这款××，并且××性能更佳
	顾客	有什么独特的
F 特征	导购	这是一款独创性的××产品，采用了××技术，目前只有我们才有

（二）产品演示法

人在接受信息的时候，80% 的信息都来自视觉，只有 20% 来自听觉，所以就有了“百闻不如一见”的说法。顾客买产品的时候，比起你讲的话，他更相信自己看到的事实，顾客只有被自己说服，才会心甘情愿地买你的产品。

所以，企业针对自身产品所提炼的卖点，一定要设法进行相应的演示证明，或借助一些简要的工具和专门开发的道具。通过这些产品的演示，在顾客感到新奇的同时，对该品牌产品建立深刻的印象，决定购买就成了一个大概率事件。

由于产品演示根据不同的产品特点，差异较大，很难一概介绍。下面主要针对常见的情况进行简要的提示性描述。

（1）手感

顾客习惯用手摸一下产品，于是，产品的手感设计就很重要，很多产品在开发时就要考虑到这一点。手感好，是很多产品形成购买的重要因素。比如壁纸，之所以凹凸感花型比平滑纯纸好销售，就是因为手感比较好。根据产品的不同，产品的光滑、圆润、坚硬、柔韧等都可能成为其卖点。

（2）防污

对于建材家居产品来说，产品如能防污，易清洗则是很好的卖点。

可用的方法是，用白板笔（水性笔，非油性记号笔）在产品上写字，待几分钟后，就能用湿抹布轻轻擦拭掉刚才的痕迹。这一招对于确实能防污、易擦洗的产品来说，方便易用。如果产品没有这个功能，就要避免之，以防弄巧成拙。

（3）耐磨

如果产品比较耐磨，可以通过钥匙等工具在产品上用力划动，然后让顾客检视产品有无划痕。同上所述道理，这个要根据产品特性，确实耐磨才可以如此演示。

（4）平整

产品平整对于一些顾客来说体现了产品的工艺技术精湛，可以通过两个产品并放的方式来进行证明。

（5）产品对比

这也是一种常见的方式，把自己与竞品对比来突出自己的优点，通过眼睛、耳朵、鼻子、身体等直观感受来进行对比。需要指出的是，对比的产品不能有具体某品牌的痕迹，否则，其他品牌就要来找麻烦了。

以上只是简要列举几种常见的演示，更多的方法需结合产品自身的特点进行开发。

五、化——化解异议：化解异议价格砍　抚慰心理降价缓

在销售过程中，导购会发现，真正购买的人都会有不同的异议，对顾客的异议我们必须巧妙地化解，让顾客明晰自身品牌、产品及服务能给顾客带来的好处，消除顾客心中的疑虑，才能最终促成订单。

（一）处理原则

1. 态度积极

（1）热情自信：自信的态度是处理异议最重要的技巧。当顾客提

出异议时，导购平静、训练有素地回答，会给顾客很强的自信，甚至比回答本身还要重要。

（2）保持礼貌：顾客的有些异议并不是很礼貌地提出来的，听起来好像是故意在挑刺。专业的导购应保持礼貌、面带微笑，这本身就给顾客传达了一种非常有力的信心和信息。

（3）态度认真：顾客的异议是整个销售过程中必须认真处理的部分，也是销售的重点，对顾客异议的忽视，会导致顾客的抵触情绪，从而影响销售的进行。

2. 寻找原因

一定要了解顾客不满的原因，而不要动不动就摆出“我们的产品（服务）没问题”的，这样可能带来更大的冲突。顾客最初表达异议时，你对异议的本质可能不太清楚。如果你还没有十分清楚要面对哪一种异议，便应该询问，直到完全问清楚为止。即使你已经知道所面对的是哪一种异议，在回应之前，可能仍要询问，使自己能更全面地了解该异议，才能有针对性地处理，如表 8－18 所示。

（二）处理步骤

表 8－18　导购处理问题方法

步　骤	话　术
表示理解	“我能理解您有这样的看法，……” “选产品，当然希望买到物美价廉的产品……”
提出观点	“我能理解您希望购买的产品便宜一点的想法，我们现在的价格已经与进货价格相差无几了。”
给予证据	“您看，这是我们刚刚卖给别人的价格，您看这款，比我们给你的高了 20 元。”
询问可否	“您说这样的价格是不是已经很低了？”

小贴士：

如果有些异议无法提供证据，又该如何处理呢？

你可以提供增值服务的方式化解异议，如：终生保修、免费送货上门、赠送大礼，并提示顾客权衡利弊，让顾客接受你推荐的产品。

话术："我给您送几个实用的地垫吧，这个地垫很好用的，放在大门口，可以清除鞋底的灰尘，保持家里清洁，到市场上去买的话，要50多块钱一个呢。这样，我送您两个，好吧。您看，您的时间也很宝贵，我帮您把单开了吧。"

（三）常见异议

1. 价格异议

情景一：顾客对比竞争对手砍价

顾客会说"××牌子的产品和你们这个一模一样啊，价格怎么差那么多"等类似的话语，拿竞品来对比，从而要求导购降价。

首先，要沉住气，不能急，不能恶意攻击竞争对手，那只会自损形象，也不能说"别人能卖我也能卖！"这样就会落入价格战的陷阱。需要做的就是充分造势，如表8－19所示。

表8－19 导购对顾客砍价处理话术

步 骤	化解技巧
确定需要	"先生，价格好说，你确定是要这款？"顾客要优惠，先要确认顾客是不是确定要这个款式和型号，一是封堵顾客的后路，二是让顾客感觉导购是因为他的诚意而给实惠的价格。这时候导购员要确认顾客是不是就选择了这一款，确定之后就进入下一轮

续表

步　骤	化解技巧
表明难处	拿出价格表，“先生您看，我刚才告诉您的是最低价格，这是我们的价格表，我也想卖给您，但我只是一名导购，实在无权再让价。”表示自己无权让价，逼着顾客妥协
充分造势	拿出计算器，在计算器上经过多次运算，然后得出一个最低价，小声对顾客说：“先生，这是最低价！”用计算器报价，不用嘴，是怕别的顾客听到，用计算器算，说明你在思考，你在算什么价格才是最合理的；小声说是造势，给顾客一种感觉这个价格是专给他的，别的顾客不享受这个优惠
化解异议	拿出纸笔，在纸上写一个价格，然后用笔在价格上画几个圈，下定决心似的说：“先生，这是最低价！”一般人觉得嘴巴说的都不可靠，习惯性觉得白纸黑字才是可靠的

造势，是为了满足顾客心理，同时也给顾客一种压迫感，让顾客妥协。让价，幅度要小，如果你的权限能让价三百元，那你也要一百一百地让。同时如果以上话术报价失灵，顾客依然要求再降低价格，可以采用赠品转移顾客注意力，或者同伴配合的方式来处理。

情景二：应对顾客以不买为理由砍价

例如：在谈到最后，顾客说：“你看我也待了这么久，你的产品也不错，但就是价格太高，如果你不便宜些我就走。”或者“你不便宜××元我就走，再去其他店里看看。”顾客通过要挟的方式来让你降价。这时候，一定要坚守底线，逼迫顾客妥协；顾客不妥协，再请出领导让价。

请出领导，也要营造氛围：“熟人”购买，特殊照顾。

技巧1　成本计算

通过详细的成本计算来让顾客信服价格的公正，通过价格分解来化解顾客感觉贵的想法。此法是常见的处理价格异议的方法

是这样的，老板。我们这个148元是含着很多服务在里面的。别的店送货是送到楼下，我们是送货上门。您知道的，请搬运工的话，搬运

费是×元。而且我们这款产品是送安装的，安装费要×元，技术好一点的师傅还要增加，加上其他辅料，至少×元。这些服务的成本就××元了，把这些扣掉我们的产品也就差不多××元了。……算算这个成本和时间精力，我们的产品价格并不贵。

技巧2　价格分解

您再想想，我们的产品至少能用20年以上，算一下每年您只需××元，每天大概只要花×毛钱就能得到如此好的享受，何乐而不为呢？其实以这款产品的品质和档次，这个价格的性价比是非常高的，对您是非常划算的。来，我帮您开个票……

小贴士：

话术宝典一：

为什么隔壁的牌子和你一样的砖，却比你便宜那么多？

先生/女士，是这样的，一分钱一分货，相信您是知道这个道理的。产品的好坏光看外表是看不出来的，有些质量问题只有使用过后才会暴露出来。我们专注这个行业已经很多年了，金杯银杯不如消费者的口碑，××小区和××工程用的都是我们的产品，为啥别人用我们的，就是因为我们不仅有优质的产品，更有体贴的后期服务保障。您买我们的产品，不仅买的是我们优质的产品，更是我们保障的服务和消费者对我们的信任。

话术宝典二：

“等会你别说话，我跟领导说你是我的熟人，给你申请个内部价！”

“领导，这位先生/女士之前在我们这边买过，老顾客了，给个最低价吧！”

谨记一点：无论何时的砍价，造势为第一，让价为第二。

2. 品牌异议

品牌异议的处理，必须在真实的依据上，寻找最好的说服方式，如表 8－20 所示。

表 8－20　品牌异议时处理话术技巧

方　式	话术（以东鹏瓷砖为例）
举例证明	您看，这是我们这几天的购买顾客的销售信息，品牌好不好，关键是看身边的人用得多不多（拿出顾客档案资料）
明星代言	您看，我们是由意大利设计师协会主席卡罗贝利代言的，您可能不知道，像卡罗先生这样世界著名的设计师，最注重自己的形象了，由他选择代言的产品，一定是质量过硬，令人放心的品牌了
企业荣誉	我们东鹏连续 4 年蝉联“建陶行业唯一标志性品牌”；“中国制造行业内最具成长力自主品牌企业”的荣誉
市场销量	东鹏以品质铸就品牌、科技推动品牌、口碑传播品牌为宗旨，引进世界最先进的设备及技术，经自主研发，先后获得国家专利技术 192 项，成功研发了多项新技术填补了行业空白；成功推出“金花米黄”、“天山石”、“银河石”、“飞天石”、“砂岩石”、“珊瑚玉”等受消费者推崇的新产品，掀起全国“一片黄”与“一片白”的装饰潮流
技术创新	企业历程、承担的社会责任、领导的背景与荣誉、领导人参观、工业园面积的大小等，都是证明品牌实力的有力证据，当然，这都需要图片、资料来佐证

3. 其他异议

附：导购如何处理顾客对产品有其他异议的销售话术，如表 8－21 所示。

表 8－21　处理顾客对产品有其他异议话术技巧

异　议	话　术
怎么没什么礼品送？	“您的心情我们能理解，但很抱歉，这段时间我们没搞促销活动，所以没有礼品。但是买产品，重要的是质量可不可靠，其他都是次要的。再说，这些促销礼品又值几个钱呢？您说是吧？”

续表

异　议	话　术
设计不好?	“这是最经典的设计，流行的东西生命都很短暂，而且几年一个轮回，唯有经典的东西，是永恒的，永远不会过时。就像黑白颜色，十分耐看。”
不知质量好不好?	“很多顾客都有您这样的担心，毕竟这是耐用品，不是用一年两年的。我们是国家……，产品质量稳定可靠，请您放心。”
产品有问题怎么处理?	“很多顾客都有这样的担心。我们公司有专门的售后服务部门来跟踪、处理顾客的售后问题。我们的产品一般情况下是没有问题的。一旦出现问题，我们的服务人员 24 小时内上门处理，这是我们的售后服务电话，您有任何问题，随时可以打电话，这一点请您放心。”

六、订——建议下单：捕捉信号促订单　提醒强化陪交款

“订”是要促使顾客下决心，与顾客进行充分的沟通，优秀的导购员能捕捉到顾客的购买信号，果断地建议顾客购买。

（一）识别购买信号

建议购买的最佳时机，应是顾客已经在思想上接受了我们的产品。如果我们能将产品正确定位成顾客需求的满足物时，顾客就能够预见到他们的需求会得到满足，并向我们发出相应的信号，(如表 8－22 所示。

表 8－22　识别顾客购买信号

类　别	信　号
语言	◇ 询问价格：“多少钱?” ◇ 讨价还价：“能不能再便宜一点?” ◇ 表达对产品的兴趣（做一定的思考状）：“嗯……” ◇ 征求同伴意见（转头向旁边的同伴）：“你觉得怎么样?” ◇ 询问售后服务：“你们的售后服务怎样?” ◇ 关心一些细微的附加功能：“你们这个产品怎么样，家里住着老人?” ◇ 表示友好：“你对产品很熟悉啊”、“你真是个不错的售货员。”

续表

类 别	信 号
肢体	◇ 点头认同：顾客看着产品，有轻微地点头表示。 ◇ 对产品恋恋不舍：顾客拿着产品单页，全神贯注地研究。 ◇ 突然变得轻松起来：表示顾客赞同导购，站到了导购员一边，由对抗者变成朋友。朋友在一起相处的时候是非常放松的，从身体语言就能体会这一点。

当以上任何情形出现时，我们就可以尝试建议购买了，因为我们观察到了正确的购买信号。请密切注意顾客所说的和所做的一切，也许获得销售成功的最大绊脚石是导购本人太过健谈，从而忽视了顾客的购买信号。

（二）建议购买技巧

1. 直接建议法

当感到顾客基本满意时，应积极主动地建议购买并简述购买的好处。这里的程序是：建议购买→简述好处。简述好处的目的是给顾客信心，彻底消除他的敏感心理。例："我认为这款产品十分适合您家的装饰风格，而且这款产品健康环保，建议您就买这一款吧！"

2. 选择建议法

可以询问顾客："是买这款还是那款瓷砖呢？"这里运用封闭式问题的作用，让顾客在界定的答案中选择。

3. 假设成交法

假定顾客已经购买，拿起顾客信息表格准备填写，或说"那我帮您开单"，或相似的做法。

4. 饥饿成交法

很多产品的销售都有一些时限性的促销活动，如周末的促销、某个节假日的礼品赠送等，导购可以告诉顾客，如果错过了这些活动，会有什么样的后果。例："我们的这款产品今天正好是赠送活动的最后一天，您今天购买可以得到我们赠送的家电，请不要错过这样的机会哟。"

（三）帮助顾客购买

如果顾客确定购买，则我们按照协助顾客购买的程序帮助顾客购买开单，如表 8－23 所示。

表 8－23　帮助顾客购买步骤

步　骤	说　明
填写	按照展厅的要求填写表单
交款	在可能的情况下，应陪同顾客一起去交款，以防中途有变
提醒	作为销售顾问，应告诉顾客一些产品施工过程中的注意事项，免得顾客使用不当，出现问题
强化	在达成交易后，可以继续向顾客陈述利益："您今天买得很合适，有优惠，而且送礼品……"，进一步增强了顾客的信心 "您做了一个正确的选择，这款产品的销量非常好，很多人都喜欢。""我们这款产品刚调整价格不久，您现在买了非常合适"
送客	感谢顾客选择我们的品牌，欢迎顾客下次再光临！微笑着目送顾客离开

七、追——服务追踪：追踪后续莫懒散　完美服务口碑传

"追"是要做好售后服务，因为行业的特殊性，有时产品销售只是收取顾客的订金，在没有把产品送到顾客家里，全款未收回时，都是存在退单风险的，那么追就相当重要了。

通过良好的服务，提升顾客的满意度，增强品牌美誉度，让顾客转介绍，要想达到这样的效果，需要做到以下几点，如表 8－24 所示。

表 8-24　售后服务介绍

服　务	描　述
送货上门	这是基本的服务项目之一，现在还要做到换货上门、退货上门
施工指引	一定要将产品与保养的注意事项告知顾客，争取将施工指导手册赠送给顾客
满意程度	用电话或短信征询顾客对产品的满意度，说不定会令顾客惊喜
事故处理	一旦出现质量事故，在查明原因后，处理要快，绝对不能拖，有些小事拖成大事，大事拖成官司，甚至有可能拖垮一个企业
免费保养	有的门店还为顾客提供购买产品一个月后免费保养一次的服务，使产品历久弥新
电话回访	顾客成交之后，并不是把他们置于脑后，而是继续关心他们，并恰当地表示出来
猎犬计划	让顾客帮助你寻找顾客。一般成交的顾客对我们的品牌、产品或服务都是比较认可的。我们如果能够通过成交顾客的口碑与影响力去推介我们的产品，成功率会比我们自己去推介要高几倍
制造口碑	“金杯银杯不如顾客的口碑”，要知道口碑对产品销售来说非常重要

第九章
提升店员的服务能力

——建材家居门店销量提升

一、服务礼仪提升

顾客服务首选要有良好的服务礼仪，让顾客在店员的一举一动中体会到良好的气质和修养。礼仪能带来专业可信、优雅的导购形象，自信、自然、不卑不亢的态度，获得顾客的尊重和认可，以及提升产品的成交率。

（一）仪容仪表

1. 仪容

仪容的要求体现在：发型要求、面部要求、手部要求等，如表9-1所示。

表9-1 导购员“仪容”要求

部 位	要 求
发型	梳理整齐，不留怪发型，过肩发需束起来，尽量做到盘起来。头饰应用深色且大小不超过十厘米
耳朵	内外干净，定期进行清洁，无耳屎，可以戴一对素色耳钉
鼻子	鼻孔干净，鼻毛不外露
脖子	上班期间，可以戴一条简单的吊坠
指甲	必须保持指甲清洁，无黑边；女生可涂透明的护甲油，不得涂颜色夸张的指甲油。女生指甲要求2mm内，男生要求1mm内
眼睛	如近视，尽量戴隐形眼镜；是镜框的眼镜，则要求简单镜框
嘴巴	牙齿整齐洁白，上班期间不吃刺激食品，如葱姜蒜，牙齿无异物。饭后要吃口香糖，冲淡口气
手饰	手部可以带一枚戒指；手表要求简单、正式。不可戴其他首饰

2. 仪表

◇ 服装及领带要熨烫整齐、干净，不得有污损。

◇ 胸牌应佩在左胸前。

◇ 手伸直后，衣袖长度刚好齐到手腕。

◇ 衬衫下摆须束在裙内或裤内。

◇ 穿裙装时，必须穿连裤丝袜，颜色以肉色为宜，忌黑色。

◇ 着黑色皮鞋和深色袜子，不着拖鞋、运动鞋。女生鞋跟要求为5cm 左右。

◇ 裤脚穿上中跟鞋后齐到脚踝处。

3. 仪态

（1）**站姿**

等待顾客

头正、双眼平视、下颌微收，颈部挺直、展肩、立腰、收腹、并膝、丁字步。双臂自然垂于身体两侧，将双手自然叠放于左小腹前，右手叠加在左手上。

与顾客交流

两脚平行打开，距离约 10 厘米，双手放在腿部两侧，手指稍弯曲，呈半握拳状。切勿靠墙、手插口袋或相叉于胸前。

（2）**走姿**

两眼平视前方，腰挺直，下巴微收，左右两脚的后跟尽量成一直线，两肩相平，两臂摆动自然，保持微笑。每步约 32 厘米，速度为 2 步/秒，步伐轻松、矫健。

不可大甩手，扭腰摆臀，左顾右盼；也不可脚蹭地面，将手插在裤兜里。

（3）**坐姿**

左进左出，后起后坐，比顾客慢半拍；入座时小腿后撤一步，看椅子的位置。如果是裤装，坐下时，双手扶衣；如果是裙装，双手捋平裙子后，方可就座。

坐下后，小腿与大腿呈 80 度，大腿与上身呈 90 度，要正襟危坐。

如下蹲，需脚跟提起，脚掌着地，臀部向下。

（4）微笑

嘴角微微向上翘起，让嘴唇略呈弧形，不发出笑声、不露出整颗牙齿的前提下，轻轻一笑。“三米八齿”原则，即对方进入3米范围时向对方微笑，微笑以至多露出八颗牙齿为准。

（二）交流礼节

交流礼节是指导购员在销售过程中与顾客交流的礼仪。

1. 握手

导购员不要主动跟顾客握手，当顾客提出握手时，应遵守以下要求：

（1）手要洁净、干燥，先问候再握手。

（2）伸出右手，五指垂直并用，用力要适度，握手3秒左右。若戴手套，先脱手套再握手。握手时，应目视对方并面带微笑，不要旁顾他人他物。

2. 行礼

15度鞠躬礼

◇ 让顾客稍等时，行15度礼即可：“请您稍等一会！”

◇ 欢送顾客时，行15度礼：“欢迎您下次再来！”

30度鞠躬礼

◇ 欢迎顾客时，行30度礼：“您好，欢迎光临！”

3. 递接名片

导购员在适合的时机首先向顾客出示自己的名片，然后再向对方索要名片。若是一家人或者结伴同行，就给有决策权的顾客。如果是其他场合，则按地位、女士、老人优先的顺序递名片。递送名片时，面带微笑，注视对方，名片正对着对方，用双手的拇指和食指分别持握名片上端的两角送给对方；如果是坐着，应当起立或欠身递送。递送时对有决策权的顾客说："我是××，叫我小×就行了，这是我的名片，产品选购有需要帮忙的，可以联系我。"

接受名片：接受名片时，应尽快起身或欠身，用双手的拇指和食指接住名片的下方两角，态度也要毕恭毕敬，认真看对方的名片，并说："能得到您的名片，真是十分荣幸"，然后郑重地妥善保存。

4. 引路

（1）楼梯引路

走楼梯时，导购在前；如果顾客是老人或者有小孩，则要与之平行走，确保其安全。客人走在正方向（中间），自己走在客人左侧。遇拐弯或有楼梯台阶的地方应使用手势，并提醒客人"这边请"或"注意楼梯"等。

（2）走廊引路

在走廊引路时，应走在客人左前方的2～3步处，自己走在顾客的左边，让客人走在走廊中央，同时与客人的步伐保持一致，并适当做些介绍。

5. 引荐

客人、长辈、女士有优先知情权，所以在介绍同事的时候，应先把同事介绍给顾客，然后把顾客介绍给同事；先把晚辈介绍给长辈，然后把长辈介绍给晚辈；先把男士介绍给女士，然后把女士介绍给男士。

如果顾客人数较多时，则只需介绍主要的决策顾客，不必一一介绍。

举例：

先把店长介绍给顾客："×先生，您好！这是我们的店长，您在产品上有什么疑问，可以向我们的店长询问"；然后把顾客介绍给店长："店长，这是我们的大顾客，×先生，他有一些问题想咨询您！"

（三）销售礼仪

销售礼仪是指在销售产品过程中，导购人员所体现出来的礼仪、礼节。如图 9 – 1 所示。

图 9 – 1　销售礼仪流程

1. 待客礼仪

待客礼仪是指在店面没有顾客的情况下，所体现出来的形象与风貌。主要是指店面前台大堂的情况。

导购员在前台坐下，其坐姿可以比较悠闲，可以忙自己的事务，如整理单据，看产品知识，或者跟同事交流销售技巧。但要随时准备好迎接顾客的销售工具。导购员切忌把身体靠在前台或者坐在非前台的座位，也不能玩手机。

除了前台，导购人员不准在店面大堂范围内坐下休息或者跟同事交流。如果大堂有迎宾台，则要求导购人员按标准站姿来站立。

2. 开场礼仪

开场礼仪是指顾客来到店面的时候，导购员迎接顾客所体现出来的行为礼仪规范。这里有两种情况：迎宾台迎接和前台迎接。

当门口设立有迎宾台，导购人员见到顾客离自己三米左右时候，要进行标准的微笑，行 30 度的欠身礼，同时要进行礼貌问候："您好，欢迎光临 × × × ×"。

当没有迎宾台，前台的导购人员见到顾客走到门口时，拿好销售工具，立刻起身，走向顾客。走到顾客 3 米左右时，面带标准微笑，同时礼貌问候："您好！欢迎光临。请问我可以帮到您什么吗?" 切忌顾客走到大堂内时，才有导购员出来迎接。

3. 引导礼仪

引导礼仪是指与顾客开场后，对顾客进行空间上的引导。

导购进行开场后，顾客的反应有两种：

（1）顾客需要引导的，比如顾客说："我想看看产品"。

（2）顾客不需要引导的，比如顾客说："我先自己看看，不用管我"。

需要引导的：

应走在客人左前方的2~3步处，自己走在顾客左侧，让客人走在中央，同时与客人的步伐保持一致。用标准的手势进行引导，同时礼貌地说："先生（小姐）这边请。"在引导的过程中，可以适当地与顾客进行互动："先生（小姐）的房子是哪个地段的?"

不需要引导的：

这时导购员可以说："好的，先生（小姐），那您先慢慢看，如果有疑问，可以问我。"导购员不宜走在顾客的前面，应该让顾客走在走廊中间的前面，与顾客保持1.5米左右的距离。当顾客有疑问时，就上前去给顾客进行解答。

4. 介绍礼仪

产品介绍礼仪是指当顾客需要导购进行产品介绍时，所体现出来的礼仪。这里包括几个方面：

（1）距离及方向

在与顾客交流的时候，跟顾客的距离应该保持在0.8米左右，应先靠近产品的那一边，容易介绍产品，也容易引导顾客。

（2）站姿

腰挺直，两脚平行打开，间隔约10厘米，这种姿势不易疲劳，同时，头部前后摆动能保持平衡，也能缓和气氛。站的时候，不允许靠在墙面、样板间或出现休闲的站姿。

（3）手势

右手食指靠拢，拇指向内侧轻轻弯曲，手掌整体稍微向内弯曲，掌心向上；左手拿着销售工具。切忌插口袋、叉腰。

（4）交谈

导购与顾客交谈时，因为还不熟悉应该慢慢改变注视区域。首先，注视大三角（头和肩膀组成的区域）；跟顾客聊的时间比较长时，可以注视小三角（耳朵和嘴巴的区域），然后是倒三角（眼睛和鼻尖组成的区域）。在与顾客眼神对视时，不要超过三秒。

5. 座谈礼仪

当销售进行到座谈阶段时，导购人员可以说："×先生，辛苦了，请在休息区坐下，我帮您整理下我们刚才选购的产品。"座谈礼仪包括：入座、坐下、端茶水、会谈、手势和离座。

（1）入座

先帮顾客移椅子，让顾客座下来，然后自己在顾客的左手位置坐下，比较便于沟通和交谈。入座时，要轻而缓，走到座位前面转身，右脚后退半步，左脚跟上，然后轻轻地坐下。如果是裤装，坐下时，双手扶衣；如果是裙装，双手捋平裙子后，再坐下。

（2）坐下

坐下后，上身直正，头正目平，脸带微笑，腰背不准靠椅背，两手相交放在腹部或两腿上。小腿与大腿呈 80 度，大腿与上身呈 90 度。女士要双膝并拢，正襟危坐。

（3）上茶

无论多少人，应该使用托盘来端茶杯，茶杯装四分之三的茶水即可。送茶水时，应该从顾客的左后方送过去。先将托盘放在桌面上，双手捧杯，递给顾客时，要微笑点头示意。顺序为客人优先、职位高者在先。所有顾客递完后，双手拿起托盘，后退一步，行礼并致意说一句"打扰了"或"请您品尝"，然后再离开。

（4）会谈

交流时要保持自然微笑。当与顾客面对面交流时，眼神注视在顾客的鼻和眼之间，但不超过三秒钟。没有紧急事情，不接电话或打电话。如果要接电话，则先与顾客道歉后再接电话。

（5）手势

会谈时，手可以在小范围内进行小角度肢体动作，避免抬手过头或者伸手过长。切勿叉手在胸前！

6. 送客礼仪

当销售过程接近尾声，顾客需要离场时，导购人员就要对顾客进行送别。

这个时候，可以跟顾客平行走，与顾客的距离保持0.6米。同时与客人的步伐保持一致，并进行交流。

一般要送顾客到门口，送别语言："×先生（小姐），很高兴为您服务，期待您下次的光临"，同时向顾客行15度欠身礼，最后要等到顾客走远后，才回到店面。

7. 电话礼仪

（1）回访电话

接待完顾客后，在适当的时机，要对顾客进行回访，内容可以是通知顾客现在举行的活动、新产品的上架等，但要注意几点要求。

◇ 选定时间：尽量避开受话人休息、用餐、上午上班的时间，而且最好不在节假日打扰对方。如果对方不接电话，则过两个小时后再次拨打顾客电话。一天拨给顾客（包括不接的）不能超过三次。

◇ 通话准备：打电话时，需要准备好纸和笔，以免出现需记录内容的时候，没有准备而手忙脚乱。

◇ 通话时间：电话的内容应先准备好，通话时间尽量控制在三分钟。

◇ 通话开始："您好，×先生！这里是××。我是小张，想打扰您一分钟时间，请问您现在方便接电话吗？"

◇ 通话结束：当通话结束时，要记得给对方祝福："×先生，谢谢您对××的支持，祝您生活愉快”，然后等顾客先挂电话。

（2）**接听电话**

◇ 接听时间：要求在三到五声之内接起电话！如果超过五声，则要与对方道歉。

◇ 通话用语：如果是熟悉的顾客，则可以比较亲切地通话。如果电话中是不熟悉的顾客，则用语要求为：“您好，请问有什么可以帮到您的吗？”

（3）**通话要求**

通话时，要做到语调热情、大方自然、声量适中、表达清楚、简明扼要和文明礼貌。

（四）关怀礼仪

在店面遇到顾客带老人和小孩来店的时候，要进行特殊的招待和照顾，切忌忽视。

1. 带小孩的顾客

顾客怀中带小孩：在进行销售产品时，如果顾客怀中带小孩，则要对其礼貌地关怀与赞扬。如：“您的小孩好可爱，现在有多大了？”但不能用手去摸小孩。

顾客带较大的小孩：人手够的话，安排一位导购来照顾小孩。把小孩放在安静的休息区，给小孩一些糖果吃，防止其乱走，以免分散顾客的注意力。如果人手不够的话，要定期留意小孩的动态，不要只关注介绍产品。

2. 顾客为老人

顾客是老人：在上楼梯时，要主动提出搀扶顾客。在介绍产品时，定期让顾客坐下来休息，并提供热茶，给予足够的人文关怀。

若顾客带有老人，在指引和跟随时，都要与老人平行走，并处处留意老人的安全。要主动询问顾客需不需要安排老人去休息区，安排松软的沙发坐下，提供热茶。

（五）习惯培养

有好的礼仪标准，导购员执行过程中，就要养成一种习惯，使之成为自己工作和生活的一部分。养成好的习惯，要有他人的监督，也要有自己的严格要求。

（1）在开晨会时，需进行店面人员的仪容仪表检查，如表 9－2 所示。

表 9－2　店面人员仪容仪表检查表

日期：________月________日

<table>
<tr><th colspan="3">类型</th><th>导购 A</th><th>导购 B</th><th>导购 C</th><th>导购 D</th><th>导购 E</th><th>导购 F</th><th>导购 G</th></tr>
<tr><td rowspan="7">仪容</td><td colspan="2">发型</td><td></td><td></td><td></td><td></td><td></td><td></td><td></td></tr>
<tr><td rowspan="6">面部</td><td>眼睛</td><td></td><td></td><td></td><td></td><td></td><td></td><td></td></tr>
<tr><td>妆容</td><td></td><td></td><td></td><td></td><td></td><td></td><td></td></tr>
<tr><td>耳朵</td><td></td><td></td><td></td><td></td><td></td><td></td><td></td></tr>
<tr><td>鼻子</td><td></td><td></td><td></td><td></td><td></td><td></td><td></td></tr>
<tr><td>嘴巴</td><td></td><td></td><td></td><td></td><td></td><td></td><td></td></tr>
<tr><td>脖子</td><td></td><td></td><td></td><td></td><td></td><td></td><td></td></tr>
<tr><td rowspan="4">仪表</td><td rowspan="2">手部</td><td>指甲</td><td></td><td></td><td></td><td></td><td></td><td></td><td></td></tr>
<tr><td>手饰</td><td></td><td></td><td></td><td></td><td></td><td></td><td></td></tr>
<tr><td colspan="2">制服</td><td></td><td></td><td></td><td></td><td></td><td></td><td></td></tr>
<tr><td colspan="2">鞋子</td><td></td><td></td><td></td><td></td><td></td><td></td><td></td></tr>
</table>

填写说明：应在开晨会时检查仪容、仪表。对于没有做到的地方，进行打×。要每天进行填写，确保导购形象进行统一化，养成良好的习惯。对于这些结果，要纳入绩效考核范围。

（2）导购在接待顾客后，可自己进行总结与思考，逐步提升自己的服务礼仪水平，如表 9－3 所示。

表 9-3 导购接待顾客后自我总结表

类型		顾客一	顾客二	顾客三	顾客四	顾客五
开场		开场问候				
引导	指引问候					
	跟随					
产品介绍	距离					
	站姿					
	手势					
	会谈					
座谈	茶水					
	座姿					
	手势					
	会谈					
送客	跟随					
	位置					
	语言					

填写说明：导购接待完一位顾客后，在没有顾客的情况下，对之前接待顾客的形象礼仪进行自我评价。

（六）事件处理

1. 有事离场

在接待过程中，自己突然有急事要立刻处理，需要离场，必须遵循以下几点要求：

（1）表示道歉。对顾客表达："对不起，×先生，公司领导那边有急事找我，我要先离开一会儿。等会我的同事会过来接待您！"

（2）征求意见。有同事顶班接待后，要把同事介绍给顾客："×先生您好，这是我的同事××，暂时让她向您介绍，我稍后就回，很抱歉！"；然后把顾客介绍给同事："这是我们顾客，×先生，你先帮我接待”；然后向顾客行 15 度招呼礼，才能离开。

（3）回场。自己的事忙完后，回到顾客身边，先跟顾客说：“×先生，让您久等了！”然后跟自己同事说：“辛苦您了！”，

2. 竞争对手

在店面难免会遇到竞争对手进行暗访。如果发现是暗访的竞争对手，在产品价格、渠道和折扣方面对其进行保密。同时对竞争对手要礼貌对待，要求对方遵守店内规矩，保持品牌的良好形象，切忌对其出言不逊。

3. 顾客骚扰

在店面遇到顾客的骚扰时，不要对其使用过激的语言，仍要礼貌对待，同时要不卑不亢。如果是女性导购可以假装接电话或者是倒水，再叫其他男同事过来接待。如果对方有过激的语言与行为，请求店面经理处理。

二、客户服务优化

建材家居产品不同于快消品，其最大特点就是只有在消费者有装修需求时，才去了解相关的产品和品牌。当装修结束后，往往也就不再关注了。于是就有“顾客购买产品很多年只买一次，后续服务不重要”的思想。这种想法对吗？

让我们先看一个针对涂料行业的消费者购买因素调查，我们发现“邻居或亲朋好友推荐”在消费者购买因素中居首位，比例高达 80%！远超第二、三位的“油木工推荐”和“家装公司推荐”，如图 9－2 所示。

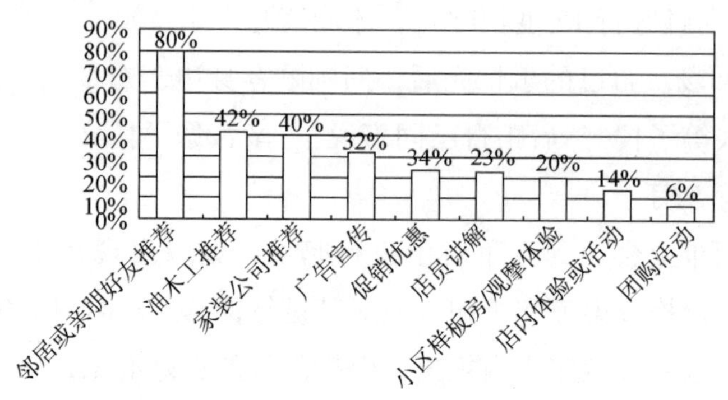

图9-2　涂料行业消费者购买因素调查

这给我们的启示是什么呢？**已购买的顾客虽然可能在几年内不会购买，但其对需要装修的邻居和亲朋好友影响很大，所以对已成交顾客的持续沟通和关注极其重要！**

对顾客的服务包括产品售前服务、产品售后服务、顾客客情维护等几个方面。对顾客服务的基础工作就是顾客信息的收集和建立。

（一）顾客建档

1. 来店顾客信息

来店暂时未成交的顾客，也可能是潜在的客户，争取能够留其信息，可以在日后有活动时进行告知。店长助理对其进行统一收集整理。

部分顾客提防心理较强，有时不愿意留其信息，导购可以介绍说有活动时告知或者进行团购时通知等，不会有其他的信息泄露或日常打扰。同时，也可以用很多已经填好的顾客信息来暗示，降低其警惕性。

2. 顾客转介绍信息

通过顾客服务，争取顾客转介绍。在确保顾客对产品十分满意、情感沟通到位的前提下，或者顾客自己提及认识某人正在装修的情况时，通过设置转介绍激励政策，如享受团购、赠送礼品等，推动顾客转介绍，最好强调双重受益，顾客方和被介绍方均受益。

3. 准客户信息

对于即将成交或已经成交的客户，要建立《顾客档案信息表》，便于以后更有针对性地提供服务，如表9－4所示。

表9－4 顾客档案信息表

<table>
<tr><td>信息来源</td><td></td><td>对接导购</td><td></td><td>登记日期</td><td></td></tr>
<tr><td>顾客姓名</td><td></td><td>电话</td><td></td><td>来店日期</td><td></td></tr>
<tr><td>所在小区</td><td></td><td>小区地址</td><td colspan="3"></td></tr>
<tr><td>预计装修日期</td><td></td><td>购买意向</td><td></td><td>可能竞品</td><td></td></tr>
<tr><td rowspan="5">跟踪记录</td><td>时间</td><td>沟通内容</td><td>施工阶段</td><td>沟通方式</td><td>沟通效果</td></tr>
<tr><td></td><td></td><td></td><td></td><td></td></tr>
<tr><td></td><td></td><td></td><td></td><td></td></tr>
<tr><td></td><td></td><td></td><td></td><td></td></tr>
<tr><td></td><td></td><td></td><td></td><td></td></tr>
<tr><td>订货日期</td><td></td><td>主要产品</td><td></td><td>金额</td><td></td></tr>
<tr><td>送货时间</td><td></td><td>送货地址</td><td colspan="3"></td></tr>
<tr><td rowspan="4">售后跟踪</td><td>时间</td><td>沟通内容</td><td>沟通方式</td><td>顾客反馈</td><td>备注</td></tr>
<tr><td></td><td></td><td></td><td></td><td></td></tr>
<tr><td></td><td></td><td></td><td></td><td></td></tr>
<tr><td></td><td></td><td></td><td></td><td></td></tr>
</table>

小贴士：

（1）信息来源包括：来店、顾客介绍、设计师介绍、小区推广、活动推广等。

（2）沟通方式包括：短信、微信、电话、见面沟通等。

（二）产品售前服务

在产品还没有成交之前，上述收集客户信息是第一步。对已经有信息者，关键是在后续沟通中，需要用一定的服务技巧，满足客户“要面子、占便宜、求保障”的心理。

要面子：在后续沟通中，应给予客户足够的尊重，让客户体会到自己对其用心，以“真诚心”打动顾客，换位思考，想其所想。比如，发一些感谢来店、气象关怀、节日祝福的短信等。

占便宜：客户总是想在保证品质和价值的前提下，希望得到更多的优惠，所以，可以在后续沟通中，聚焦于团购信息、促销信息等，让其感觉到机不可失。

求保障：客户的最终购买，一定是通过对品牌的最终信任来实现的。由于同类品牌多，顾客又仅仅是在装修时才去了解这些品牌，所以还需要加强对其内容的展示才能赢得信赖，比如周边邻居××的选择，获得什么荣誉等。

案例：

三棵树重庆某县经销商经验谈：追踪顾客购买——小区业主服务卡

该经销商建立了三棵树××小区业主服务卡，里面记载着数年来使用过三棵树的所有业主详细信息，这是同业主洽谈最给力的武器。他们在小区推广后，通过前期的品牌宣传和沟通，在让客户形成了一定的品牌认知之后，就把顾客带到店里来。在现场给他们介绍产品、性能、服务时，寻找合适机会，把这个业主服务卡作为“亲切例证”。

详细给顾客介绍各个小区已使用过三棵树的业主。通过介绍，顾客很可能就找到了自己认识的同小区业主，或者亲戚朋友，这样就成了“亲切例证”，使顾客有亲切感和认同感，就比较容易促进成交。其实这就是一个强化消费者认同、满足其“求保障”的过程。

同时，他们有良好的售后服务，比如施工期间经常电话询问满意度，待他们乔迁时也适当地送一些贺礼等，维护了良好的品牌口碑。

（三）产品售后服务

售后服务包括销售响应速度、产品送货情况、退换货及时性、交货期满意度、服务承诺等多个方面。产品的销售固然最重要，但在媒体宣传（微博、微信、社交圈等）日益扩大的今天，产品售后服务对顾客日益重要。

1. 提升售后重视度

对产品的售后服务，务必非常重视，现在很多企业只知道其重要性，但在执行遇到具体事情时，往往会走样，产生顾客抱怨。其原因有三：

（1）负责销售的是导购，是有销量提成的；而售后服务不再是导购，而且也没有提成，具体执行人员无标准、无考核、无激励，很难保证不出差错。

（2）销售是收入的增加，而售后服务往往是意味着成本的支出，对成本支出的心态往往就是能省就省，没有去考虑客户感受。

（3）店面负责人精力也多集中在前端销售，对售后服务的重视度不够，不愿意面对“麻烦事件”的处理，遇到问题，往往把责任推到客户身上。

其实，这是非常不对的！很多人都知道一个满意的客户会带来8笔潜在的生意，一个不满意的客户则可能影响25个人的购买意愿。这不仅仅是统计上的数据，实际上也确实如此，只是影响到了哪些顾客我们自己是没有办法统计的，只有通过消费者调查才能得知。

我们应该对售后服务保持什么样的态度呢？

首先，服务及时，重视客户感受。遇到问题，快速反应非常重要，即使客户不着急，也需要及时地给予沟通确认。这是一个顾客感受的“态度”问题，顾客心里有杆秤！企业产品出现问题，就必须小心呵护顾客感受，既然要去面对，为什么不早解决呢？

其次，要提升售后人员的相应话术。企业对导购销售的话术培训较多，但对售后人员的相应话术培训较少，因为话术艺术处理缺乏，小问题可能变成了大麻烦。售后人员应善于倾听，多向客户说几次对不起，也许就能处理很多不必要的争执。

最后，对售后人员要进行动态考核。售后服务不能直接增加收入，考核不能与销量挂钩，可以由客户满意度调查为基础，进行售后人员的奖金发放。客户满意度低的，要进行相应的奖金扣除。当然也有一些客户确实蛮不讲理的，可通过设立委屈奖来对这些人进行“心理安慰”。

2. 顾客投诉的处理

（1）顾客对店面的服务承诺不能履行或对产品、安装、设计、服务质量等问题不满且难以按正常程序同相关部门协调的，可直接向店面负责人投诉。店长助理负责收集、登记顾客各类投诉信息，填制《顾客投诉处理单》，如表9－5所示。

（2）当顾客对投诉的问题认为解决得比较满意时，顾客的投诉才算处理完毕。店长或相关处理人员应将《顾客投诉处理单》上“具体解决措施”一栏填写好并于1个工作日内反馈给店长助理存档登记。

（3）《顾客投诉处理单》由店长助理登记备案，在一个工作日内对此顾客进行电话回访，并对回访结果给予相应的填写。

（4）相关责任人对顾客投诉原因无法分析或无法确定解决方案的，或投诉原因含有特殊技术质量问题的，必须在当天书面反馈到总公司，等待公司回复后再确定解决定案回复顾客。

表 9－5　顾客投诉处理单

<table>
<tr><td>顾客名称</td><td colspan="3"></td><td>投诉时间</td><td></td></tr>
<tr><td>投诉方式</td><td colspan="3">□来访　□来电　□来函　□其他</td><td>联系电话</td><td></td></tr>
<tr><td>涉及订单</td><td colspan="3"></td><td>记录人</td><td></td></tr>
<tr><td colspan="6">投诉内容：
受理人：</td></tr>
<tr><td>责任处理部门/人</td><td></td><td>处理时限</td><td colspan="3">□当天　□3 日内　□____日内</td></tr>
<tr><td colspan="6">受理部门处理意见：
责任人签字：</td></tr>
<tr><td colspan="6">具体解决措施：
责任人签字：</td></tr>
</table>

续表

客户意见回访调查			
及时解决	□及时 □不及时	如未及时解决，是否向对方解释原因	□已解释 □未解释
顾客满意度	□满意　□较满意　□一般　□较差 调查人：		
备注	店内人员接到投诉后，必须当日给予答复，无法解决则移交店面经理处理。		

3. 客户回访

对所有已经完成产品交付的顾客需在一个月内进行回访，一方面，是显示对顾客很关心，企业很规范；另一方面，是从顾客的角度发现一些店面运营中存在的相关问题，以便于有针对性地解决。

对顾客的回访，可从送货上门的态度、送货及时性、交货期满意度、退换货及时性、服务承诺兑现、主要建议、综合打分等方面来听取客户意见，并用心作记录。每月例会上，通报客户回访的反馈。

（四）客情服务

在正常的售后服务之外，还需要加强对顾客的客情服务，让顾客感觉到企业不仅仅是关心其购买产品的使用情况，还要对其给予必要的人文关怀，从关心“物”向关心“人”转变，这样给予顾客的心理感受更深，可以形成很好的口碑传播。

客情服务可采用的方式包括：

◇ 短信维护：生日短信、促销短信、节日短信。

◇ 参与抽奖。

◇ 赠送礼品。

◇ 客户回访。

慕思的客情服务值得很多企业去学习，我们就碰到过一些人愿意拿慕思的服务去分享给他人。

网络上慕思客户的分享：

中午正在迷迷糊糊地睡午觉，一个电话打来，说有包裹到了小区的传达室，让记得去拿。我在迷茫中想了很久，都不记得买了什么，晚上回去一看，原来是慕思3D送来的圣诞礼包。

去年买的东西了，没想到现在了，还送圣诞礼包，真的是非常惊喜，跟JM分享一下，看坛子里面的JM是不是也收到了。

礼包的构成是：一个新年的台历，一个大浴巾（这个我非常喜欢，很漂亮），还有一个贺卡，以及他们请的代言明星的表演专辑吧（哎，对这个没啥兴趣）。

对顾客稍微用一点真诚心，就会换取很好的传播口碑。特别是在社会化媒体兴起的今天，每个人都是媒介的传播者，更应值得重视。早期社区、博客的流行，再到微博的应用，如今的微信等，虽然个人媒介的载体不断变化，但最终个人媒介的表达方式越来越方便和快捷，特别是与手机应用结合的微信，更是影响很深。消费者动辄就喜欢拍照与分享，也给店面经营者们一些启示：是不是要多做一些能让顾客喜欢拍照和乐于分享的内容呢？

三、督导系统构建

督导系统构建，是店面综合服务能力提升的保障，只有不断地进行自我检核和督导，才能发现问题、解决问题、提升服务，进而提升业绩。

（一）督导巡店

督导人员可由有经验的店员或店长兼职，如果经销商店面比较多，可以交互检查，也可以设立专职人员。

督导巡店目的

（1）通过实地的巡视，全面地了解店面的情况，包括店面陈列、店面运营、店员表现、促销执行、客户服务以及市场情况等。

（2）发现提高销量的机会，为制定改进的行动计划打下基础。

督导巡店步骤

督导巡店，要事先对店面巡视内容进行了解，以防缺项漏项，影响督导巡视效果。这些巡店的步骤和内容包括：

步骤1：店外检查，检查店面的广告牌、灯箱、店招、橱窗、展架等是否符合要求。

步骤2：观察店员，看店员的仪容仪表、礼仪举止、客户接待等是否有不足之处。

步骤3：巡查店面，店面的陈列、布局、物料使用等是否符合规范。

步骤4：促销执行，促销活动的内容掌握情况，执行是否走样，促销效果如何。

步骤5：现场辅导，对现场发现的一些不适宜问题，及时进行纠正和辅导。

步骤6：门店沟通，与门店人员了解近期店面运营情况，有些什么问题，需要哪些支持，客户服务和投诉状况等。

步骤7：记录报告，把关键的问题进行记录、思考，专门会议进行研讨沟通，不足的找出解决方法，好的经验，及时传播扩散。

“神秘顾客”检查

督导人员，大家都认识，督导人员得到的信息就可能出现失真的情况，这时可采用的方法是由陌生人去门店体验。“神秘顾客”最早是由肯德基、诺基亚、摩托罗拉、飞利浦等一批跨国公司，引进国内为其连锁分部进行管理服务的。通过神秘顾客的方法可以有效地了解各个门店的最原始、最真实的情况。此部分神秘顾客，可采用从临近经销商借用店员的方式进行。

（二）督导制度

店面需要建立一套督导制度，以加强店面的日常运营督导，保证店面运营的质量，这是解决如何让督导发挥长效机制的手段。

督导人员通过店面的摸底和市场反馈，需要完成几个方面的事项：

（1）店面软件、硬件的检查。

（2）现场发现问题的督促整改。

（3）产品销售、顾客服务问题的督察。

（4）共性问题的培训课题拟定。

（三）培训体系

打造员工的培训体系，使得员工的培训具有针对性。通过公司的培训、指导和监督，优化资源，提高店面的整体质量；通过有效的培训、指导和监督，提高店面的有效性（店面形象、销售服务、销售业绩）等。

（1）培训时机。在新人入职、有新的工作内容要求、希望改进工作、希望提升能力以及月度总结时，都是培训的时间点。

（2）培训内容。根据不同的对象，培训内容可以包括人格的培养、工作制度、工作流程、知识的学习、销售技巧和心态等方面。

（3）**培训方式。**可有口头培训、工作示范、晨会、实战演练、月度总结、封闭集中培训、机构培训、考试等，培训的分类介绍，如表9-6所示。

表9-6　店员培训的分类介绍

培训种类	培训对象	培训目标	培训时间
入职培训	新进店员	◇ 熟悉公司制度和流程 ◇ 掌握基础产品知识和销售技巧 ◇ 完成最初的业务实习	入职1~3个月内
在职培训	店员及其他	◇ 了解最新的公司和市场信息 ◇ 强化产品知识和销售技巧 ◇ 分享业务活动中的成功案例	周、月度例会 定期举行（高频率）
外派培训	部分表现好的店员	◇ 获得更新的销售理念和技巧 ◇ 与其他地区的同行分享经验 ◇ 奖励优秀的销售人员	总部培训日程 定期/不定期举行（低频率）

第十章
打造好团队

——建材家居门店销量提升

当前，企业对各种各样的方法与技巧看得很重，往往忽视了团队的建设，殊不知，这些方法与技巧最终都是需要靠人去执行的！方法、技巧固然很重要，但相比较于团队建设来说，还是次之的！团队打造好了，店员自己会去找方法、学技巧；团队建设不给力，培训的各种方法、技巧也如同走过场，起不到真正的效果。

我们知道，现在是快速发展的年代，人的欲望膨胀得甚至更快，在快速的生活节奏下，团队的建设比以前更难了。负面的影响主要表现在员工的急功近利、跳槽频繁、人情淡薄、一切向钱看等。

店员越来越忙碌，各种战略战术、技能技巧、方式方法层出不穷；各种各样的报表、总结、会议让员工喘不过气，打鸡血式的培训如同鸦片只能让员工兴奋一时。

一些品牌提倡团队拥有“狼性”，让店员“疯狂”。试想，店员具有了“狼性”，或者已经“疯狂”，店员还是个“人”吗，还具有正常人的思维吗？

于是，店员工作效率开始低下，应付工作，工作质量不高，问题频现；员工流失率开始居高不下，企业花了真金白银培养的员工跑去为竞品服务；企业部门间的矛盾不断，员工越来越难以管理……

企业在拖着疲惫的身躯奔走，透支了多少，未来无人知晓，但自然规律必让企业付出相应的代价。方法越来越不灵，手段越来越不奏效，徒有其表的强压式管理，让员工失去了主动性，员工的原动力也消失殆尽。

团队建设不能只是一个口号，关键是真的要落到实处，而一切的关键，还是企业家要承担起最大的责任。企业家的行为方式、管理方法、沟通技巧等，都影响整个团队的建设成果。MBA 教材上说团队的管理是一门科学和艺术，确实如此，一点不过。

一、团队沟通

沟通分语言沟通和非语言沟通。语言沟通包括口头沟通和书面沟通，重要的事项、需要实现的考核，要形成书面记录。

非语言沟通，包括声音语气、肢体语言。据一项调查显示，人在沟通时，7%的人关注对方在说什么，38%的人关注对方是怎么说的，55%的人关注对方的身体语言。从这个数字上，我们就要了解，不是什么事情说了就完了，关键是在什么场景中，又是怎么说的！

（一）沟通障碍及应对

由于“噪声”的干扰，可能导致信息传递的“本意”与“理解意”不同，造成信息理解偏差。哪些“噪声”会造成沟通障碍呢？这些因素包括：信息筛选、个性偏好、不良情绪、信息过多、防卫心理、语境行话和民族文化等。

（1）**信息筛选**。每个人对信息的重要性或者权重看的不同，会主观地对信息进行过滤和筛选，这样，就可能会把发送者认为重要的信息看成不重要，故而造成信息失真。比如影响一件事情的因素有A、B、C、D、E5种原因，发送者认为重要性排序为A、B、C、D、E，但在接收者看来，可能的排序为A、C、D、E、B，这样就产生了沟通的障碍。

（2）**个性偏好**。每个人的喜好不同，兴趣和视角也有所差异，这样对同样一件事情的看法和点评角度也不同，也会造成沟通的障碍。比如会议中，店长告诉大家要有《亮剑》精神，如果与会人员有没看过这个电视剧的，那么对这种精神的理解肯定与看过的有些偏差；即使有看过的人，对这种精神的理解也会有所侧重而不完全相同。

（3）**不良情绪**。人在心情高兴、悲伤、恐惧、发怒等不同状态下，对同样一件事情的反馈差异会很大的。聪明的人往往会在上级高兴的时候去签字报销。

（4）**信息过多**。如果一次信息传送的较多，发送者就可能对信息有遗漏、缺失，表述不完整。对于接收者来说，更会难以短时间内接受大量的信息，造成信息接收的障碍。所谓“填鸭式”的灌输就是如此，一下子传送的信息过多，效果较差。所以，那些认为只要是说过了，接收者就会明白的想法简直是太傻、太天真。

（5）**防卫心理**。人们在心里产生防卫时，会对信息的理解产生对立情绪，造成信息的失真。比如，对于员工裁员、薪水待遇的相关调查，往往当事人会心里产生防卫情绪，会思考这些调查的真正目的，从而在接受调查时，会掩盖一部分信息、夸大或弱化一些信息，造成信息失真，产生沟通障碍。

（6）**语境、行话**。每个人专业不同，对非自己专业的一些语境、行话就可能产生一些不同理解，甚至造成误解。比如在营销上，终端是指店面等产品售卖的地方；而如果对通讯公司来说，终端则指手机等用户通讯接收的设备；其他行业还有其他的含义。一些行业的字母缩写、网络的缩写语等，有些因语境不同而产生差异，遇到不熟悉者就会造成理解困难，导致沟通不畅。

（7）**民族文化**。各民族之间的文化、习俗的不同，也会造成对传送信息理解的差异。

对于上述的一些沟通可能遇到的沟通障碍，如何能够减少差异，使接收到的信息与原信息一致呢？**这就需要运用一些沟通方法，进行障碍的扫除。**

◇ **运用反馈**。最方便的减少沟通障碍的方法就是反馈，接收者简要重复发送者的信息，反馈给发送者。这样就可以很好地检核是否有理解的偏差。

◇ **简化用语**。根据接受对象的不同，少用行话，简化用语，尽可能地让受众不产生歧义。

◇ **积极倾听**。作为信息的接收者，需要用心去听，防止思想开小差，减少信息的遗漏，对不理解的及时沟通，保障信息沟通的畅通。

◇ **控制情绪**。信息的发送者与接收者，都需要保持平静的情绪，不在过喜、过悲、过怒等非正常状态下进行信息的传递和接收，不在这些状态下做决策。

◇ **非语言提示**。可通过非语言提示，如面部表情、手势等，对一些难以表达的信息进行综合传递，使得信息饱满充分。

（二）沟通心态建设

祸从口出，这个词大家都熟悉，作为员工一定要多传播一些正能量。中国具有优秀的传统文化，造字上就可以看出，“一个口和心”，是“忠”；一个人两张嘴，就成“患”了！在公司的沟通上，一定要做到“不妄语、不两舌、不恶口”，即不无中生有，不搬弄是非，语言文明得体。

中国传统文化代表思想，《弟子规》里也有相关的要求和描述，摘录于下，供大家学习参考。

《弟子规》节选

凡出言，信为先，诈与妄，奚可焉！

话说多，不如少，惟其是，勿佞巧。

奸巧语，秽污词，市井气，切戒之。

见未真，勿轻言；知未的，勿轻传。

简要解释：

凡是开口说话，诚实守信是最重要的前提。在同别人交往的过程中也要守信，如果欺骗别人，或者不说实话、信口开河，那怎么能行得通呢！

话说得多不如说得少，言多必失；说话要严格遵照事实，实话实说，不可以用一些不切实际的花言巧语迷惑别人。

刻薄挖苦的语句，肮脏下流的词汇，粗俗不雅的小市民习气，我们要切实避免或戒除。

任何事情，在没有弄清楚真相之前，不要随便乱说；对于事情了解得不够清楚明白时，不要轻易传出去。

二、团队激励

一提及激励，很多人的脑海里浮现更多的估计都是金钱。诚然，金钱是激励直接、有效的一种手段，但仅仅有金钱是远远不够的。团队的激励也存在个体差异，对于一些激励理论的了解，有利于我们找出比较有效的激励手段，进而提升团队建设的成效。

（一）动机的过程

动机理论研究认为，人做某件事情的动因是有未满足的需求，从而造成“紧张”，然后这种压力会转变成驱动力，进而寻求一些行为来实现这种未满足的需求。当需求获得满足后，“紧张”也就不存在了，行为的动力就消失殆尽，如图 10－1 所示。

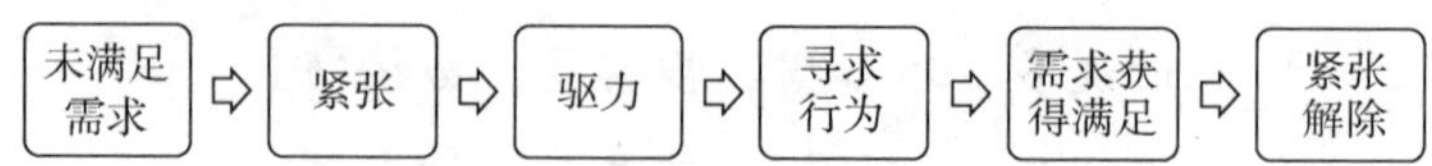

图 10－1　需求满足动机过程

此理论给予我们的启示是，要清楚地了解员工当前未满足的需求是什么，然后才能有针对性地激励。

期望理论认为，个人的行为都存在一种对未来的“期望”，如果期望达成率高，个人就会比较努力。反之，员工将会失去动力。个人努力是期望有更好的绩效，更好的个人绩效则是期望更好的组织奖赏，最后通过组织奖赏，进而实现个人目标。如果在中间某个环节期望与现实结果的差异较大，就可能造成个人努力的中断，如下图 10－2 所示。

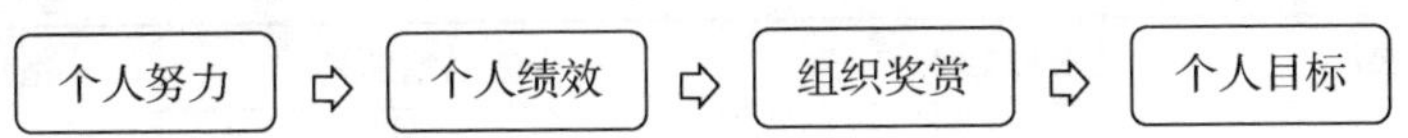

图 10－2　个人期望理论图

◇ **个人努力－个人绩效：** 绩效达成度，员工感到通过一定程度的努力可以达到某种工作绩效的可能性。如果员工通过个人努力所达成的个人绩效与期望相当，则会激励员工继续努力。

◇ **个人绩效－组织奖赏：** 员工相信达到一定绩效水平后即可获得理想结果的奖赏程度。如果员工认为组织奖赏能体现个人绩效，则对员工形成正激励。

◇ **组织奖赏－个人目标：** 奖赏吸引力，是从工作中可以获得的结果或奖赏对个体的重要性程度。如果员工通过组织奖赏感觉实现个人目标有望，则会是良性的；如果感觉组织奖赏与个人目标相差很远，甚至遥不可及，个人努力则会受到影响。

（二）员工激励因素与措施

根据马斯洛需求层级理论，人有五种需求层次，从初级的生理需要、安全需要，到进一步的社交需要、尊重需要，以至最后的自我实现需要。虽然后来又产生了其他的激励理论，但对人们影响最大的，显然是马斯洛的这个需求层次理论。

员工层级越低，需求层次也越低；随着员工层级的提升，相应的需求层次也在提高。在很多企业里，特别是高层人员的离开，更多的原因就是尊重需要和自我实现的需要没有得到满足，很多老板还以为是金钱的问题，实在令人叹息。

各需求层次对应的员工激励因素和激励措施概述如下。如表 10－1 所示。

表 10－1　员工层次需求分类

需求层次	激励因素	激励措施	适用人员
生理需要	食物 住所	工作报酬、物质待遇 工作条件	基层员工
安全需要	安全、保障、稳定	安全的工作条件 稳定的收入	一般员工
社交需要	归属 接纳 友谊	人性化的管理 公司的关怀 同事的友谊	中层员工
尊重需要	认可 地位 关注	工作职称/职位 上级/同事认可；表彰 赋予责任	中高层员工
自我实现需要	成长与发展 发挥自身潜能 实现理想	挑战性的工作 创造性的发挥 事业的成就感；股份开放	高层员工

（1）对于基层员工来说，提供基本的工作报酬和物质待遇即可，满足其基本的生活需要，对其的激励，多是从金钱上去考量。

（2）一般员工，都希望有个健康的工作环境、稳定的收入，保障日常生活不受影响。因为有基本的生活开支和生活压力，收入的稳定性比较重要，包括工资发放的准时性。有些店老板甚至不准时发放工资，殊不知，这对一般员工有多大的影响，这不仅是诚信的问题，而且也影响到他们生活开支的节奏。企业老板的这种错误实属不应该，早晚都是要支出的，何必要拖延而又影响员工的积极性呢？

（3）中层员工开始关注社会交往，对公司的人性化管理、和谐的团队工作环境比较看重。一个较为人性化的公司，对中层的吸引力是很大的。员工甚至会选择待遇比同类水平低20%，但工作氛围好的团队。公司的关怀，包括对员工家庭的关照、基本福利的保障、多种活动的组织、公司制度建设的参与、工作能力的培养、公平的晋升机会等。

（4）中高层员工则看中地位与认可，注重“面子”，比较看中职位和头衔，因为这些都是展示给别人的；同时，可多赋予其责任，以达到激励的目的。

（5）高层员工，自主性很强，与当老板只是一步之遥，特别是针对开设几家店面的区域经销商而言更是如此。他们更注重自己能力的发挥，以及创造性的工作，股份的开放也是可选激励之一。

（三）归属感的建立

激励的核心是培养员工的归属感，现在多数经销商很少考虑这些了，思考更多的或许是如何让员工好好干活，提升经营业绩。

归属感包括身体、情感、理想和精神的归属，需要从这几个方面进行思考：

（1）身体的归属，包括办公硬件、物质、基本的生活工作条件。

（2）情感的归属，包括快乐、被关心、被认可，以及安全感。

（3）理想的归属，包括个人利益在团队利益框架内得以实现。

（4）精神的归属，包括认同团队价值观，店面成为员工精神的家园。

三、团队领导

团队的领导是一门科学，也是一门艺术。我们更愿意把所有的责任与问题都归结到团队的领导，而不是普通的员工，因为也只有这样，才能解决真正的问题，找到问题的关键。所谓“问题出在前三排，根子就在主席台”是非常有道理的！

（一）团队领导的角色

作为团队的领导，先要了解自身角色，才可能担当好角色的重任。

（1）**冲突管理者**。团队领导在团队决策不一致、内部出现纷乱时，能够化解冲突，达成一致。将团队目标形成合力，而不是各自为政。

（2）**教练**。团队领导在专业和经验上要优于团队，并能对团队进行培训、指导，帮助团队成员提升，共同进步。这样的教练角色能够树立领导的形象，让团队心服。

（3）**对外联络官**。对外的沟通联络、跨部门的沟通等，都是团队领导行使的角色之一。

（4）**困难处理专家**。在团队遇到困难时，能及时进行处理，给予团队信心，展现良好的问题解决能力。

（二）领导影响力的来源

领导的影响力主要来自于三个方面：岗位权力、专业影响和人格魅力。

（1）**岗位权力**——占有职位所据之权势。在岗位权力上，具有决策权，能够影响员工的工作分配、升迁与奖惩，故岗位权力是领导具有影响力的“法定”权力。但作为企业的领导，在这三种影响力的来源中，岗位权力占比越大，团队凝聚力越低。有些领导者，动辄拿自己的岗位权力说事，实在是不敢恭维，因为一旦岗位调整，一切都不复存在。

（2）**专业影响**——运用专业技能所表现出的实力。此为领导影响力的专业技能来源，由于领导在专业上积累经验较多，对于经验较少者，就成了可以帮助自身学习、提升的对象，故可以吸引一些积极奋进者，从而形成较好的影响力和凝聚力。

（3）**人格魅力**——发挥个人外在的特质及个性优点所产生的影响力。这种影响最持久、凝聚力最强，一旦形成，不会因工作岗位、领导关系调整而改变。作为团队领导，应该努力加强修身养性，努力拼搏，展现自己独特的人格魅力。

（三）不称职领导的表现

作为一个团队的领导，确实承担了很多的压力和责任，付出要比一般员工多得多。团队领导主要容易犯的错误列举如下，以示警醒。

（1）**缺乏有效方法**。领导如果都没有效工作的方法，那怎么能够服众？当然这不是说所有的方法都是需要领导去想，而是领导要创造出这样的工作氛围，能带领大家一起找方法。要充分调动团队的积极性，切莫简单粗暴、思想陈旧、缺乏创新。

（2）**缺乏原则**。制度面前人人平等，不能因人而异，也不能朝令夕改，有制度不执行，不能失去原则，否则制度都成了一句漂亮的口号，华而不实。有些领导只当哥们，制度执行不严格，这是要不得的，工作就是工作，生活是生活。有些领导只对自己喜欢的员工或以往部下比较关照，有心偏袒，不能做到“公平、公正、公开”，这样会分裂团队，埋下较大隐患。

（3）**拒绝承担责任**。遇到问题和麻烦，总是觉得团队执行不利，总是想着是员工的问题，而拒绝承担责任，“这事不赖我”，不能从自身找问题，这是非常不利于团队建设的。领导掌握着丰富的资源，也有员工的考核和生杀大权，遇到问题，还进行责任推卸，理从何来？遇到问题，领导是第一责任人，如果每个团队领导都能处处想着是自己哪方面做得不够，肯定自己的团队领导能力也会突飞猛进。

(4) **缺乏长期思想**。只看眼前，不看未来；人无远虑，必有近忧”。对一些事情，只看结果，不了解过程，也容易产生偏见。如果缺乏长期发展的规划，追求短期效应，那结果往往也只有短期的效果，很难保持团队的稳定。

(四) 提升人格魅力的要素

前面提到，团队领导的影响力最持久的还是人格魅力的吸引。那么怎么才能提升人格魅力呢？关键是团队领导要具有一颗“平等心”，大家都是平等的人，都同样有自己的追求和目标，领导要理解和尊重团队成员，为他们多想，他们才会为自己着想。团队领导应该惜缘，珍惜团队在一起的时光，因为这是最宝贵的时光，没有必要浪费在冲突上。

我们还是愿意从中国传统文化的瑰宝中，与大家一起找到更好的答案，请参见《弟子规》中相关节选内容的介绍。

《弟子规》节选（非连续）

闻过怒，闻誉乐，损友来，益友却。
己有能，勿自私，人所能，勿轻訾。
将加人，先问己，己不欲，即速已。
势服人，心不然，理服人，方无言。

简要解释：

(1) 如果听见别人指出自己的缺点就生气，听见别人称赞自己的优点就高兴，那么坏的朋友就会越来越多，而真正对自己有益的朋友就会离自己而去了。

(2) 如果自己有才能，就不要自私自利、不去分享，而应该做一些对大家有益的事情。别人有才能，也不要不服气，更不要随便说别人的坏话，诋毁别人。

（3）我们想让别人做一件事情之前，首先要问问自己：如果是我，愿意去做这件事情吗？如果连自己都不愿意去做的事情，就赶快停止，不要去勉强别人。

（4）用权势去制服别人，虽然表面上，他们服从自己了，但心里还是不服；只有以理服人，才会让别人心悦诚服。

四、团队管控

为什么要进行团队管控？这里有一个假设的前提，那就是每个人对工作安排的认知水平是有差异的，所有的员工并不一定能够完全理解和执行店面的决策，有可能会产生偏差，这就需要过程的跟踪和督导。

（一）管控内容

（1）**把握工作方向**。管控首先是把握工作的方向，工作的方向发生了偏差，甚至南辕北辙，那就根本达不到事情预期的结果。

（2）**了解工作状态**。领导需要对店员的工作状态进行了解，看是否有消极怠工的行为出现，或者员工理解偏差，工作陷入困境而不知道如何继续开展的。随时抽查店员的工作状态，可以对店员形成威慑，有利于其进入较好的工作状态，结果按预期完成。

（3）**清晰主要流程**。主要是对过程的管理，作为领导，应该清楚了解每一件事情的步骤和关键点，并帮扶和监督店员也要按照这些主要步骤去完成。对于那些只看中结果而不注重过程的管理者，我们认为是不称职的，因为只有对每个过程清楚了解，出现了问题，才可能找到应对的方法，否则会永远“蒙在鼓里”。

（4）**掌控关键节点**。每件事情的顺利完成，都可以分为多个关键节点，只要把握各个关键节点，就能很好地保障事情的进展。

（二）管控形式

团队管控的形式包括日报表、调研抽查及工作例会等。

1. 日报表

对于日报表，多数员工都会有抵制情绪，结果日报表成了走过场，员工为应付而填，领导也不去看。其实，这是对日报表错误的对待。作为员工，日报表能够总结一天的工作，找出问题的所在，可以帮助自己不断地提升，是一个很好的自我总结工具。对于领导来说，由于时间和精力有限，日报表也便于对员工工作过程有所了解，能够及时发现问题，找出应对措施。日报表绝不能看成是领导监督员工的手段，它其实是一个员工和团队共同提升的工具。

日报表内容包括：

（1）主要工作内容及动向的描述。

（2）市场信息的收集。

（3）竞争者情报的收集。

（4）目标达成程度的反馈。

（5）遇到问题的反馈及解决思路。

（6）销售统计等。

2. 调研抽查

为了了解真实的工作状况，领导需要对店员的工作进行抽查跟踪，以保证对工作进展真实情况的了解，对于店员遇到的工作问题进行指导和及时解决，同时也可以督促后进店员转变工作状态，努力赶上。

调研抽查要保证必要的调研频率，团队领导可以根据自身工作进行合理安排。另外，对店员的调研抽查要有一定的覆盖性和代表性，保证每个店员都具有同等的机会。

3. 工作例会

（1）**例会的目的**。工作例会主要是为了表彰先进、激励团队、收集/传递信息、解决问题以及培训研讨。不能为了开例会而开会，成了走过场，每次例会一定要有明确的目的。现在企业被各种各样的会议充斥着，很多都是无效的会议，令员工不厌其烦，关键问题就是会议目的性不强。

(2) 例会的形式。例会的形式种类也较多，对于一个店面来说，包括晨会、夕会、周例会、月度会议、季度会议、半年度会议以及年度会议。这些都是有固定时间的会议，另外还有一些时间不定的专项会议，是为了某件重要的事项而专门研讨和召开的。

例会的要点。盲目地开会，是对时间的最大浪费，所以要把握几个例会的要点：

◇ 会前要准备，越重要的会议，准备应该越充分。

◇ 会议上尽量避免批评个体，最好是对几个员工出现的共性问题进行及时批评、提醒，而不是批评哪一个人。

◇ 要注意控制时间，注重效率。

◇ 每次会议一定要形成会议纪要，向与会人员都发送，对于会上的关键事项也要再次提醒相关人员。

◇ 会议事项有跟进，保证会上的事项有落实，对于重大事项，后期可专项沟通跟进。

记住例会的三个公式：

开会 + 不落实 = 零

布置工作 + 不检查 = 零

抓住不落实的事 + 追究不落实的人 = 落实

案例：三星的高效会议

三星的成功，在消费者看来是其产品的吸引力；对于内部来说，高效的“会议文化”体系，也是成功因素之一。我们来看看三星公司是如何高效开会的。

1. 凡是会议，必有准备

在三星，永远不开没有准备的会议，会议最大的成本是时间成本，没有准备的会议就等于一场集体谋杀。所以，在三星重大的会议由事先检查制度，没有准备好的会议必须取消。

2. 凡是会议，必有主题

没有主题和流程的会议，就好比让大家来喝茶聊天，浪费大家的生命。会议的主题，要事先通知与会人员。

3. 凡是会议，必有纪律

在三星，会议前先宣布会议纪律，对于迟到要处罚，对于会议上不安流程进行要提醒，对于发言带情绪要提醒，对于开小会私下讨论的行为要提醒和处罚，对于在会上发恶劣脾气和攻击他人行为进行处罚。

4. 凡是会议，会前必有议程

会前将会议议程书面发给各参会人员，使他们能了解会议的目的、时间、内容，使他们能有充分的时间准备相关的资料和安排好相关工作。每一项讨论必须控制时间，不能泛泛而谈，海阔天空。

5. 凡是会议，必有结果

开会的目的就是解决问题，会议的决议要形成记录，并当场宣读出来确认。没有确认的结论，可以另外再讨论，达成决议并确认的结论，马上进入执行程序。

6. 凡是开会，必有训练

三星把培训是看成节约时间成本的投资，让员工快速成长。培养员工，让员工减少犯错，提升技能，本质是提高了时间价值。

7. 凡是开会，必须守时

设定时间，准时开始、准时结束，这就是尊重别人的时间。对每个议程定个大致的时间限制，一个议题不能讨论过久，如不能得出结论可暂放一下避免影响其他议题。

8. 凡是开会，必有记录

一定要有一个准确完整的会议记录，每次会议要形成决议，会议的各项决议一定要有具体执行人员及完成期限，如此项决议的完成需要多方资源，一定要在决议记录中明确说明，避免会后互相推诿，影响决议的完成。

9. 凡是散会，必有事后追踪

“散会不追踪，开会一场空”。要建立会议事后追踪程序，会议每项决议都要有跟踪、稽核检查，如有意外可及时发现适时调整，确保各项会议决议都能完成。

（以上案例资料根据网络信息整理，感谢分享者。）

（三）团队执行力打造

团队执行力，可以从以下几个方面进行提升：

（1）**目标数字化**。对于所涉及的目标、要求等，尽可能的量化，少用“大约、差不多”等词语，尽量数字化。

（2）**行动措施具体化**。对于每一项行动，要把采取的措施和步骤与店员沟通清楚，尽可能具体，不要告知了事。

（3）**执行步骤定时化**。每个步骤都要有一定的时间要求，有了时间限定，就多了执行的保障。

（4）**责任明确化**。事项谁负责，有什么样的责任必须要明确，让责任人减少推诿、敷衍。

（5）**结果考核化**。每一项结果都需要考核，没有考核的事项就很难得到很好的重视和执行，团队不能全靠自觉的方式，需要强有力的文化推动才行。

（6）**策略方案流程化**。确定相关工作流程，少走弯路，便于对关键节点的把握和控制。

（7）**工具手册傻瓜化。**要编制店面相关接待、服务、沟通话术等工具手册，而且内容尽可能简单易操作。

（8）**过程管理精细化。**我们反对只追求结果，不重视过程的管理；不从过程上去思考和优化，就很难找到问题的解决方法，提升作业效果。

五、团队文化

对中小企业或只有几家店面的经销商来说，团队文化就是老板文化。团队往往是根据老板的兴趣、爱好而构建的，团队的最高领导者信奉什么，就可能推行什么样的文化。最终执行什么样文化都无可厚非，关键是搭建对该文化认同的团队，这样才能形成较强的凝聚力。

我们在这里提倡建设有正能量的团队文化。

（一）阳光——选择成员的考量

团队成员的技能、知识，与个人品质相比，显得更加重要。技能包括沟通技能、专业技能等，这些都可以培养；知识包括业务知识、行业知识、产品知识等，而这些知识也可以学习。最根本的，则是员工的品质！

团队成员品质的基本要求是：孝亲尊师、阳光上进！而这一点恰恰是现在团队在选择成员时所忽视的。

有人会疑问，孝亲尊师这些品质跟这个人尽职工作有关系吗？当然有！一位员工如果连最基本的孝道、尊敬老师都做不到，你还能奢望他团结同事、为团队多付出吗？连最亲近的人都不懂得去爱、不懂得去感恩的人，你还能希望他去爱他的团队？

阳光上进是对工作的态度，有些员工抱怨不断，工作上推诿，总是觉得别人这不好那不行，唯独没有思考自身的问题。这些员工，没有阳光上进的心态，在团队中也影响了一些踏实工作者，应该及早清除之。

（二）整体——团队的责任观

树立团队的整体观，一个团队就如同人的各个器官一样，是一个整体，大家都是相互合作的，哪个出现了问题，整个团队都会受到影响。既然是一个整体，个体之间就要互相包容，共同成长，责任共担。

在路上遇到堵车时，我们就会明白，只有其他车辆通畅，我们自己的车也才能通畅。团队何尝不是如此，团队之间配合是相互的，责任是均等的。

团队要明白：做小事，靠个人；成大业，靠团队。没有团队整体的力量，所有的工作都难以开展，个人抱负更无从实现。

（三）平等——制度的建设和执行

制度建设，需要团队成员的共同参与，要建立在平等的基础上，每一项制度都要公平、合理。制度一旦确定，“王子犯法与庶民同罪”，要平等地执行，特别是团队领导，必须以身作则，不能有特权思想。

阳光、整体、平等是团队文化建设的基本精神，在基础物质保障的前提下，通过团队文化调整行为，逐步显现团队文化的魅力。只有文化建设好的团队和企业，才会走得更远、更持久！

2014 新书预告:“变局”系列丛书

实体店销量下滑、线上线下冲突不断,互联网、大数据、OTO……,市场一线的压力让企业痛苦,扑面而来的新名词、新玩法又让企业焦虑甚至恐惧。

谁都不想成为恐龙,怎么办?希望2014 年陆续推出的“变局”系列丛书,能帮助企业看清方向,心中有数!

- 《变局下的**营销模式**升级》程绍珊　叶宁著

营销模式怎么变,无外乎三种方式:客户驱动模式、技术驱动模式、资源驱动模式!

- 《变局下的**白酒**企业重构》杨永华著

白酒行业从扩容式增长——“你增长,我也增长”,变成竞争式增长——“你死我活”,产业整合大势中,谁能活下来?需要哪些条件?怎样才能做到?

- 《变局下的**快消品**营销实战策略》杨永华著

通胀了,成本增加,涨价也不是长久办法,如何从一招一式的被迫应战变成心中有数的“系统战”?

- 《变局下的**工业品**企业 7 大机遇》叶敦明著

产业链条的整合机会、盈利模式的复制机会、营销红利的机会、工业服务商转型机会、渠道的合纵连横机会、借船出海的资本机会、电商机会……

- 《变局下的**农牧**企业 9 大成长策略》彭志雄著

食品安全、纵向延伸、横向联合、品牌建设……是挑战,又都是机遇!

- 《变局下的……》敬请关注

BRACE 北京博瑞森图书 图书导读

为了帮助读者更快、更方便地找到自己需要的书，让书发挥最大价值，我们精心制作了这份导读，希望对大家有所帮助！

博瑞森的书，最适合谁来读？

经营者（老板、总经理、董事长、企业家、合伙人、厂长等）和**管理者**（企业高层、中层和部分基层管理者）以及企业的**骨干员工**（思考如何为企业创造更大的价值），你就是我们的读者，共同的战友！

因为我们相信，你就是影响企业发展大局的关键人物，影响你，帮助你，和你共同学习成长，就是和中国企业一起成长！

博瑞森的书，最大特点？

我们坚持"企业视角，本土实践"的出版理念，要对企业实践产生实实在在的作用。

"本土"——理论和思想可以来自古今中外，但一定要适应本土；

"实战"——作者都是从企业、市场中摸爬滚打出来的，实战性是渗到骨子里的；

博瑞森的书，怎样"读"，作用好？

免费电子版，手机随时"读"

我们**90%**的书都提供**免费**的**全文电子版**，下载到手机（或 Pad、电脑）里，让惜时如金的你，获得最大程度的阅读自由！

操作方法：回复图书编号（封底下部或内文第 1 页底部的 4 位数字）和你的邮箱地址。例如回复"1205 + zhang＊＊＊@126. com"到手机 13611149991，2 个工作日内即可在邮箱收到图书的全文电子版。

QQ 群，读者间讨论着"读"

加入"**博瑞森读者群（202230847、190415943）**"的 QQ 讨论群，你的困惑、感受和读者、作者随时深入讨论！

操作方法：入群口令为"图书名称 + 手机号"。提个醒，群里有事说事，别乱发广告、搞笑段子，会被踢的。

作者见面会，带着问题"读"

"书看了，很好，但还是不知道该怎么做！"——正常，实践没有那么容易。参加作者见面会，带着自己的问题，现场指点很重要！

操作方法：作者见面会每月都有，不收取任何费用。加入我们的微信公号

(bookgood2005)查看或给 bookgood2014@126.com 发封邮件,咨询详情。

微信、书摘邮件,天天点滴"读"

"书太厚,不容易读"——通过我们的微信公号(bookgood2005)或者你的个人邮箱,你每周都会收到2次博瑞森书的精品书摘,三五百字,便于精华快速地吸收。

操作方法:加入我们的微信公号,或回复你的邮箱地址即可。

更多方式的"读"

我们知道,以上这些还远远不够,你的感受、不满随时告诉我们(13611149991,bookgood@126.com),我们一起创造更多、更精彩的"读"……

分类导读图+书目

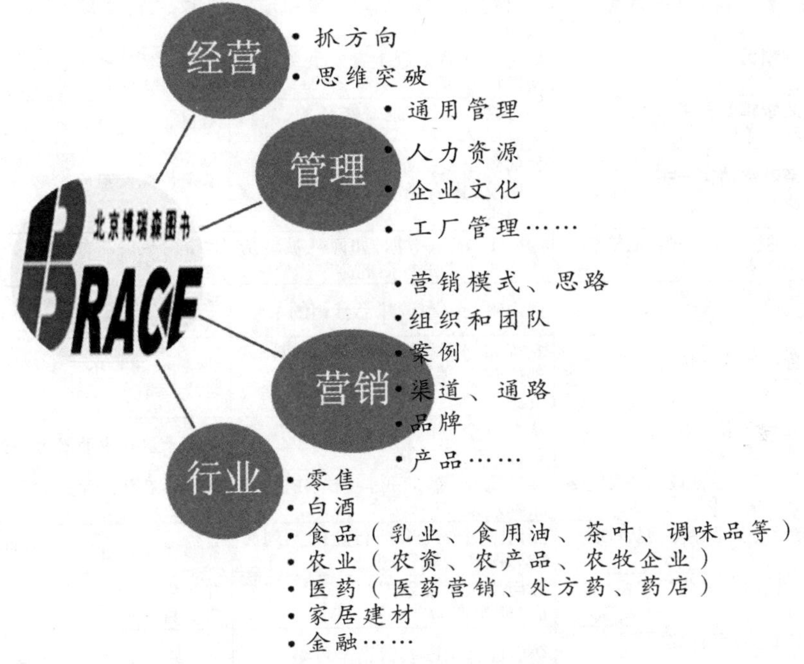

更多实战好书,请关注"**博瑞森图书直营店—淘宝网**"

淘 http://qiyeshudian.taobao.com/

行业类：零售、白酒、食品/快消品、农业、医药、建材家居

	书名．作者	内容/特色	读者价值
零售	涨价也能卖到翻 村松达夫 【日】	提升客单价的15种实用、有效的方法	日本企业在这方面非常值得学习和借鉴
	1. 总部有多强大，门店就能走多远 2. 超市卖场定价策略与品类管理 3. 连锁零售企业招聘与培训破解之道 【3待出版】 IBMG国际商业管理集团 著	国内外标杆企业的经验+本土实践量化数据+操作步骤、方法	通俗易懂，行业经验丰富，宝贵的行业量化数据，关键思路和步骤
	零售：把客流变成购买力 丁昀 著	如何通过不断升级产品和体验式服务来经营客流	如何进行体验营销，国外的好经营，这方面有启发
白酒	变局下的白酒企业重构 杨永华 郭旭 著	帮助白酒企业从产业视角看清趋势，找准位置，实现弯道超车的书	行业内企业要减少90%，自己在什么位置，怎么做，都清楚了
	1. 白酒营销的第一本书 2. 白酒经销商的第一本书 唐江华 著	华泽集团湖南开口笑公司品牌部长，擅长酒类新品推广、新市场拓展	扎根一线，实战
食品	乳业营销第一书 侯军伟 著	对区域乳品企业生存发展关键性问题的梳理	唯一的区域乳业营销书，区域乳品企业一定要看
	食用油营销第一书 余胜 著	10多年油脂企业工作经验，从行业到具体实操	食用油行业第一书，当之无愧
	中国茶叶营销第一书 柏龑 著	如何跳出茶行业“大文化小产业”的困境，作者给出了自己的观察和思考	不是传统做茶的思路，而是现在商业做茶的思路
	变局下的快消品营销实战策略 杨永华 著	通胀了，成本增加，如何从被动应战变成主动的“系统战”	作者对快消品行业非常熟悉、非常实战
	调味品营销第一书 陈小龙 著	国内唯一一本调味品营销的书	唯一的调味品营销的书，调味品的从业者一定要看
农业	农资营销实战全指导 张博 著	农资如何向“深度营销”转型，从理论到实践进行系统剖析，经验资深	朴实、使用！不可多得的农资营销实战指导
	农产品营销第一书 胡浪球 著	从农业企业战略到市场开拓、营销、品牌、模式等	来源于实践中的思考，有启发
	变局下的农牧企业成长9大策略 彭志雄 著 【待出版】	食品安全、纵向延伸、横向联合、品牌建设……	唯一的农牧企业经营实操的书，农牧企业一定要看
医药	新医改下医药营销与团队管理 史立臣 著	探讨新医改对医药行业的系列影响和医药团队管理	帮助理清思路，有一个框架
	医药营销与处方药学术推广 马宝琳 著	如何用医学策划把“平民产品”变成“明星产品”	有真货、讲真话的作者，堪称处方药营销的经典！
	新医改了，药店就要这样开 尚锋 著	药店经营、管理、营销全攻略	有很强的实战性和可操作性
建材家居	建材家居营销实务 程绍珊 杨鸿贵 主编	价值营销运用到建材家居，每一步都让客户增值	有自己的系统、实战
	建材家居门店销量提升 贾同领 著	店面选址、广告投放、推广助销、空间布局、生动展示、店面运营等	门店销量提升是一个系统工程，非常系统、实战
工业品	工业品解决方案营销真案例 刘祖轲 著 【待出版】	用10个真案例讲明白什么是工业品的解决方案式营销，实战、实用	有干货、真正操作过的才能写得出来
	变局下的工业品企业7大机遇 叶敦明 著 【待出版】	产业链条的整合机会、盈利模式的复制机会、营销红利的机会、工业服务商转型机会……	工业品企业还可以这样做，思维大突破
金融	精品银行管理之道 崔海鹏 何屹 主编	中小银行转型的实战经验总结	中小银行的教材很多，实战类的书很少，可以看看

续表

经营类:企业如何赚钱,如何抓机会,如何突破,如何“开源”			
	书名. 作者	内容/特色	读者价值
抓方向	让经营回归简单. 升级版 宋新宇 著	化繁为简抓住经营本质:战略、客户、产品、员工、成长	经典,做企业就这几个关键点!
	公司由小到大要过哪些坎 卢 强 著	老板手里的一张“企业成长路线图”	现在我在哪儿,未来还要走哪些路,都清楚了
	企业二次创业成功路线图 夏惊鸣 著	企业曾经抓住机会成功了,但下一步该怎么办?	企业怎样获得第二次成功,心里有个大框架了
	老板经理人双赢之道 陈 明 著	经理人怎养选平台、怎么开局,老板怎样选/育/用/留	老板生闷气,经理人牢骚大,这次知道该怎么办了
	企业文化的逻辑 王祥伍 黄健江 著	为什么企业绩效如此不同,解开绩效背后的文化密码	少有的深刻,有品质,读起来很流畅
	使命驱动企业成长 高可为 著	钱能让一个人今天努力,使命能让一群人长期努力	对于想做事业的人,‘使命’是绕不过去的
思维突破	跳出同质思维,从跟随到领先 郭 剑 著	66个精彩案例剖析,帮助老板突破行业长期思维惯性	做企业竟然有这么多玩法,开眼界
	7个转变,让公司3年胜出 李 蓓 著	消费者主权时代,企业该怎么办	这就是互联网思维,老板有能这样想,肯定倒不了
	麻烦就是需求 难题就是商机 卢根鑫 著	如何借助客户的眼睛发现商机	什么是真商机,怎么判断、怎么抓,有借鉴
管理类:效率如何提升,如何实现经营目标,如何“节流”			
	书名. 作者	内容/特色	读者价值
通用管理	1. 让管理回归简单. 升级版 2. 让用人回归简单 3. 让经营回归简单. 升级版 宋新宇 著	宋博士的“简单”三部曲,影响20万读者,非常经典	被读者热情地称作“中小企业的管理圣经”
	边干边学做老板 黄中强 著	创业20多年的老板,有经验、能写、又愿意分享,这样的书很少	处处共鸣,帮助中小企业老板少走弯路
	阿米巴经营的中国模式 李志华 著	让员工从“要我干”到“我要干”,价值量化出来	阿米巴在企业如何落地,明白思路了
	欧博心法:好管理靠修行 曾 伟 著	用佛家的智慧,深刻剖析管理问题,见解独到	如果真的有‘中国式管理’,曾老师是其中标志性人物
	1. 用流程解放管理者 2. 用流程解放管理者2 张国祥 著	中小企业阅读的流程管理、企业规范化的书	通俗易懂,理论和实践的结合恰到好
人力资源	走出薪酬管理误区 全怀周 著	剖析薪酬管理的8大误区,真正发挥好枢纽作用	值得企业深读的实用教案
	回归本源看绩效 孙 波 著	让绩效回顾“改进工具”的本源,真正为企业所用	确实是来源于实践的思考,有共鸣
	集团化人力资源管理实践 李小勇 著	对搭建集团化的企业很有帮助,务实,实用	最大的亮点不是理论,而是结合实际的深入剖析
	人才评价中心. 超级漫画版 邢 雷 著	专业的主题,漫画的形式,只此一本	没想到一本专业的书,能写成这效果
	我的人力资源咨询笔记 张 伟 著	管理咨询师的视角,思考企业的HR管理	通过咨询师的眼睛对比很多企业,有启发
	本土化人力资源管理8大思维 周 剑 著	成熟HR理论,在本土中小企业实践中的探索和思考	对企业的现实困境有真切体会,有启发
企业文化	华夏基石方法:企业文化落地本土实践 王祥伍 谭俊峰 著	十年积累、原创方法、一线资料,和盘托出	在文化落地方面真正有洞察,有实操价值的书
	企业文化的逻辑 王祥伍 著	为什么企业之间如此不同,解开绩效背后的文化密码	少有的深刻,有品质,读起来很流畅
	企业文化激活沟通 宋杼宸 安琪 著	透过新任HR总经理的眼睛,揭示出沟通与企业文化的关系	有实际指导作用的文化落地读本

续表

生产管理	高员工流失率下的精益生产 余伟辉　著	中国的精益生产必须面对和解决高员工流失率问题	确实来源于本土的工厂车间，很务实
	车间人员管理那些事儿 岑立聪　著	车间人员管理中处理各种“疑难杂症”的经验和方法	基层车间管理者最闹心、头疼的事，‘打包’解决
	1. 欧博心法：好管理靠修行 2. 欧博心法：好工厂这样管 曾　伟　著	他是本土最大的制造业管理咨询机构创始人，他从400多个项目、上万家企业实践中锤炼出的欧博心法	中小制造型企业，一定会有很强的共鸣
	欧博工厂案例1：生产计划管控对话录 欧博工厂案例2：品质技术改善对话录 欧博工厂案例3：员工执行力提升对话录 曾　伟　著　【待出版】	最典型的问题、最详尽的解析，工厂管理9大问题27个经典案例	没想到说得这么细，超出想象，案例很典型，照搬都可以了

营销类：把客户需求融入企业各环节，提供“客户认为”有价值的东西

	书名．作者	内容/特色	读者价值
营销模式	变局下的营销模式升级 程绍珊　叶宁　著	客户驱动模式、技术驱动模式、资源驱动模式	很多行业的营销模式被颠覆，调整的思路有了！
	卖轮子 科克斯　【美】	小说版的营销学！营销核心理念巧妙贯穿其中，贵在既有趣，又有深度	经典、有趣！一个故事读懂营销精髓
	弱势品牌如何做营销 李政权　著	中小企业虽有品牌但没名气，营销照样能做的有声有色	没有丰富的实操经验，写不出这么具体、详实的案例和步骤，很有启发
组织和团队	升级你的营销组织 程绍珊　吴越舟　著	用“有机性”的营销组织力替代“营销能人”，把营销团队变成“铁营盘”	营销队伍最难管，程老师不愧是营销第1操盘手，步骤、方法都很成熟
	用数字解放营销人 黄润霖　著	通过量化帮助营销人员提高工作效率	作者很用心，很好的常备工具书
	成为优秀的快消品区域经理 伯建新　著	37个“怎么办”分析区域经理的工作关键点	可以作为区域经理的‘速成催化器’
	一位销售经理的工作心得 蒋　军　著	一线营销管理人员想提升业绩却无从下手时，可以看看这本书	一线的真实感悟
案例	我们的营销真案例 联纵智达研究院　著	五芳斋粽子从区域到全国/诺贝尔瓷砖门店销量提升/利豪家具出口转内销/汤臣倍健的营销模式/娃哈哈联销体	选择的案例都很有代表性，实在、实操！
	招招见销量的营销常识 刘文新　著	如何让每一个营销动作都直指销量	适合中小企业，看了就能用
产品	产品炼金术 史贤龙　著	帮助企业对打造畅销产品有一个全局性、框架性的认识	必须具备的思维和方法，避免在产品上再犯大的错
品牌	中小企业如何建品牌 梁小平　著	中小企业建品牌的入门读本，通俗、易懂	对建品牌有了一个整体框架
	采纳方法：破解本土营销8大难题 朱玉童　编著	全面、系统、案例丰富、图文并茂	希望在品牌营销方面有所突破的人，应该看看
渠道通路	传统行业如何用网络拿订单 张　进　著	给老板看的第一本网络营销书	适合不懂网络技术的经营决策者看
	采纳方法：化解渠道冲突 朱玉童　编著	系统剖析渠道冲突，21个最新的渠道冲突案例、情景式讲解，37篇专题讲义	系统、全面
	快消品营销与渠道管理 谭长春　著	将快消品标杆企业渠道管理的经验和方法分享出来	可口可乐、华润的一些具体的渠道管理经验，实战

联纵智达营销丛书

书名及作者	内容简介
我们的营销真案例 联纵智达研究院　著	本书精选和系统阐述了5个专注营销咨询16年的联纵智达公司的真实营销案例
建材家居门店销量提升 贾同领　著	本书立足建材家居行业，主要从影响门店销量的多种因素出发，系统、全面的分析影响门店销量的因素，并提出相应的对策，以期破解门店销量提升的密码
弱势品牌如何做营销 李政权　著	联纵智达著名营销管理专家经典著作。在瞬息万变的市场中，在强势品牌的打压下，广大的弱势品牌们出路何在——本书作为弱势品牌坚守阵地，走向强势的"秘密武器"是一部中小企业的必读书